INTELIGÊNCIA ARTIFICIAL × HUMANOS

E98i Eysenck, Michael W.
Inteligência artificial × humanos : o que a ciência cognitiva nos ensina ao colocar frente a frente a mente humana e a IA / Michael W. Eysenck, Christine Eysenck ; tradução: Gisele Klein ; revisão técnica: Vitor Geraldi Haase. – Porto Alegre : Artmed, 2023.
x, 348 p. : il. ; 23 cm.

ISBN 978-65-5882-109-0

1. Psicologia cognitiva. 2. Inteligência artificial. I. Eysenck, Christine. II. Título.

CDU 159.92

Catalogação na publicação: Karin Lorien Menoncin – CRB 10/2147

Michael W. **EYSENCK** Christine **EYSENCK**

INTELIGÊNCIA ARTIFICIAL × HUMANOS

O que a **ciência cognitiva** nos ensina ao colocar frente a frente a mente humana e a IA

Tradução:
Gisele Klein

Revisão técnica:
Vitor Geraldi Haase
Professor titular do Departamento de Psicologia da Universidade Federal de Minas Gerais.
Doutor em Psicologia Médica pela Ludwig-Maximilians-Universität zu München, Alemanha.

artmed

Porto Alegre
2023

Obra originalmente intitulada *AI vs humans*, 1st Edition
ISBN 9780367754952

Copyright © 2022 All Rights Reserved. Authorised translation from the English language edition published by Routledge, a member of the Taylor & Francis Group.

Gerente editorial: *Letícia Bispo de Lima*

Colaboraram nesta edição:

Coordenadora editorial: *Cláudia Bittencourt*

Editor: *Lucas Reis Gonçalves*

Capa sobre arte original: *Kaéle Finalizando Ideias*

Preparação de originais: *Joice Monticelli Furtado*

Leitura final: *Luísa Branchi Araújo*

Editoração: *Clic Editoração Eletrônica Ltda.*

Reservados todos os direitos de publicação, em língua portuguesa, ao
GRUPO A EDUCAÇÃO S.A.
(Artmed é um selo editorial do GRUPO A EDUCAÇÃO S.A.)
Rua Ernesto Alves, 150 – Bairro Floresta
90220-190 – Porto Alegre – RS
Fone: (51) 3027-7000

SAC 0800 703 3444 – www.grupoa.com.br

É proibida a duplicação ou reprodução deste volume, no todo ou em parte, sob quaisquer formas ou por quaisquer meios (eletrônico, mecânico, gravação, fotocópia, distribuição na Web e outros), sem permissão expressa da Editora.

IMPRESSO NO BRASIL
PRINTED IN BRAZIL

Autores

Michael W. Eysenck é Professor Emérito em psicologia e Honorary Fellow na Royal Holloway University de Londres. Também é Professor Emérito da University of Roehampton e autor de diversos livros-texto na lista dos mais vendidos, como as obras publicadas pelo selo Artmed *Manual de psicologia cognitiva* e *Memória* (com Alan Baddeley e Michael C. Anderson) e os livros *Fundamentals of cognition* (com Marc Brysbaert) e *Simply psychology*. Como psicólogo cognitivo, acha fascinante comparar a cognição humana com as conquistas (e as falhas) da IA.

Christine Eysenck é professora aposentada de psicologia e tem uma curiosidade incessante sobre o comportamento humano. A vida no século XXI fez surgir em nós questões sobre a eficácia da tecnologia e de que forma os desenvolvimentos em IA podem contribuir para as necessidades das gerações futuras. Como leiga nessa área, aborda, à sua maneira, a questão não resolvida de quão bons os dispositivos eletrônicos realmente são na reprodução do comportamento humano.

*Aos nossos filhos (Fleur, William e Juliet)
e à nossa gata (Lola).*

Prefácio

Os autores, ambos psicólogos, há muito são fascinados pelas capacidades e pelas limitações da mente humana. O fascínio existe em grande parte porque, devido à sua complexidade, ninguém foi capaz de entendê-la completamente.

Este livro é basicamente fruto do *lockdown*. Nos sucessivos isolamentos que caracterizaram a maior parte de 2020 e o início de 2021, nós nos deparamos (como milhões de outras pessoas) com tempo livre. Parte desse tempo foi dedicada a discussões (e algumas discordâncias!) sobre se a inteligência humana é superior ou inferior à inteligência artificial. Felizmente, adotamos uma gatinha (Lola) em 2020, e ela foi a árbitra nessas discussões (embora esteja mais interessada em saber se os superiores são os gatos ou os cães). Em suma, o *lockdown* nos proporcionou uma oportunidade única de pensar de forma criativa e divergente sobre questões importantes.

Neste livro, nosso foco é precisamente por que e como a espécie humana tem sido muito mais bem-sucedida do que qualquer outra. Uma das descobertas mais importantes do passado recente, por exemplo, é a de um vírus de nanômetros de diâmetro. O seu tamanho é inversamente proporcional à devastação que pode causar em toda a humanidade.

Nós dois gostaríamos de agradecer a Ceri McLardy por seu apoio, paciência e incentivo durante a gestação deste livro. Sem a ajuda dela, ele talvez nunca tivesse visto a luz do dia.

Michael W. Eysenck e Christine Eysenck

"Parece provável que, uma vez estabelecido o método de pensar das máquinas, não demoraria muito para superarem nossos frágeis poderes... Elas seriam capazes de conversar umas com as outras para aguçar sua inteligência. Portanto, devemos esperar que, em algum momento, as máquinas assumam o controle."

Alan Turing (matemático e cientista inglês,
pioneiro da computação)

"As máquinas ainda são muito, muito estúpidas. Os sistemas de IA mais inteligentes de hoje têm menos noção que um gato."

Yann LeCun (cientista da computação francês)
(Lola, nossa gata, "curtiu" isso [👍])

"Até 2050, um computador de mil dólares será superior ao poder de processamento de todos os cérebros humanos na Terra."

Ray Kurzweil (futurista e inventor americano)

"Esqueça a inteligência artificial – no admirável mundo novo do *big data*, é idiotice artificial que deveríamos estar procurando."

Tom Chatfield (filósofo tecnológico inglês)

- Qual das citações contrastantes anteriores está mais próxima da verdade?
- Máquinas foram (ou podem ser) projetadas para superar os humanos?
- As máquinas devem ter direitos?
- A revolução da IA é boa ou má notícia para a raça humana?

Sumário

1	Breve história da IA e da robótica	1
2	O domínio da IA	19
3	Trunfos humanos	60
4	Quão (não) inteligente é a IA?	95
5	Limitações humanas	137
6	Robôs e moralidade	184
7	E o vencedor é…	216
8	O futuro	269
	Referências	296
	Índice	339

1

Breve história da IA e da robótica

A inteligência artificial é importante: os gastos mundiais com IA são superiores a US$ 40 bilhões. Não é de surpreender que haja mais livros sobre inteligência artificial do que se possa imaginar. Nosso livro é diferente, porque somos psicólogos e, assim, bem aparelhados para comparar as conquistas da IA com nosso conhecimento sobre cognição e inteligência humana.

DOMÍNIO HUMANO

Quão importantes são os humanos no grande esquema das coisas? No passado, parecia óbvio que éramos muito especiais. Dominamos todas as outras espécies, a Terra era o centro do universo, e éramos muito superiores a todas as outras espécies, porque temos uma alma e uma mente.

Bilhões de pessoas religiosas (por razões totalmente compreensíveis) continuam acreditando que a espécie humana é especial. No entanto, várias descobertas científicas lançaram dúvidas sobre isso. Em primeiro lugar, não podemos mais fingir que a Terra tem importância central no universo. Todo o universo tem aproximadamente 93 bilhões de anos-luz de diâmetro (e será ainda maior antes de terminarmos de escrever esta frase).

É sensato pensar que existam pelo menos 100 bilhões de galáxias no universo (possivelmente o dobro – mas o que são 100 bilhões entre amigos?) e que a Terra forma uma fração de minuto de uma galáxia. Se você segurar um grão de areia no ar, a pequena área do céu que ele cobre contém aproximadamente 10 mil galáxias. Mesmo dentro de nossa própria galáxia (a Via Láctea), a Terra é minúscula: aproximadamente 17 bilhões de Terras poderiam caber nela!

Como disse o físico teórico americano Richard Feynman: "Não me parece que esse universo fantástico e maravilhoso, essa tremenda gama de tempo e espaço e diferentes tipos de animais, e todos esses planetas diferentes, e todos esses átomos com todos os seus movimentos, e assim por diante, toda essa coisa complicada possa ser apenas um palco para que Deus possa assistir os seres humanos lutando pelo bem e pelo mal – que é a visão que a religião tem. O palco é muito grande para a peça" (citado em Gleick, 1992).

Em segundo lugar, o biólogo Charles Darwin argumentou, de forma persuasiva, que a espécie humana é menos especial e única do que se acreditava antes de sua teoria da evolução, publicada em *A origem das espécies* (1859). Posteriormente, pesquisas identificaram semelhanças surpreendentemente significantes entre o ser humano e outras espécies, até mesmo de plantas. Por exemplo, você deve ter ouvido que 50% do nosso DNA se assemelham ao das bananas. Mas isso está totalmente errado. Na verdade, apenas 1% do nosso DNA se assemelha ao das bananas (que alívio!). No entanto, a má notícia é que 50% de nossos *genes* se assemelham aos das bananas. Pior ainda, 70% de nossos genes se assemelham aos das esponjas-do-mar. Isso nos coloca em nosso devido lugar, mas as esponjas-do-mar podem considerar essa uma notícia promissora.

Qual é a diferença entre DNA e genes? Nosso genoma consiste em todo o DNA em nossas células: temos aproximadamente 3 bilhões de pares de base do DNA. Genes são aquelas seções do genoma que cumprem alguma função (por exemplo, determinar a cor dos olhos). Os humanos têm aproximadamente 23 mil genes, mas esses genes formam menos de 2% dos 3 bilhões de pares de base do DNA que temos. Estranhamente, a maior parte do nosso DNA não tem uso óbvio e é frequentemente descrita como "DNA-lixo". Na realidade, deve-se ressaltar que os geneticistas estão cada vez mais descobrindo que o chamado "DNA-lixo" é mais útil do que parece.

Os humanos também têm numerosos pseudogenes – seções de DNA que se assemelham a genes funcionais, mas não são funcionais. Eis um exemplo: humanos privados de vitamina C (por exemplo, marinheiros com uma dieta muito limitada enquanto estão no mar) frequentemente desenvolvem uma doença desagradável chamada escorbuto. Ela faz com que sangrem profusamente e seus ossos se tornem quebradiços, o que, muitas vezes, é seguido de uma morte dolorosa.

Em contraste, a grande maioria das espécies animais não sofre de escorbuto ou de doenças semelhantes ao escorbuto. Essas espécies têm genes que garantem a produção de muita vitamina C no fígado, o que significa que elas não dependem da ingestão de alimentos que contenham essa vitamina. Infelizmente, os humanos têm todos os genes necessários para produzir vitamina C, mas um deles (o gene GULO) não funciona. O que aconteceu durante o curso da evolução foi algo como remover a vela de ignição de um carro (Lents, 2018): quase tudo o que deveria estar lá está presente, mas a parte que falta é crucial.

Como devemos responder aos diversos desafios à singularidade humana discutidos acima? Poderíamos nos concentrar em nossos poderes superiores de pensamento e raciocínio. De fato, esses poderes (em vez de nosso tamanho ou de nossa força superior) nos tornaram a espécie dominante na Terra. Nos últimos anos, no entanto, a crença reconfortante de que os humanos são as entidades mais inteligentes da Terra tem sido cada vez mais questionada. As duas partidas de xadrez entre o grande mestre russo Garry Kasparov (o então jogador de xadrez mais bem avaliado de todos os tempos) e Deep Blue, um computador da IBM, constituíram um grande ponto de virada (veja a Figura 1.1).

Na primeira partida (realizada em 1996), Kasparov triunfou por três jogos a um. Em razão desse resultado, estava confiante antes do segundo jogo um ano depois. Ele e Chung-Jen Tan, o cientista que gerenciava a equipe da IBM, se provocaram antes do jogo. Quando Tan disse que a IBM estava fortemente decidida a vencer a partida, Kasparov respondeu: "Não acho que seja apropriado discutir a eventualidade de que eu possa perder. Nunca perdi na minha vida".

Figura 1.1

Um dos dois *racks* do Deep Blue da IBM, que venceu Garry Kasparov, o campeão mundial, em 1997.

A segunda partida marcou época. Faltando um jogo, Kasparov e Deep Blue estavam empatados. Assim, o último jogo, em 11 de maio de 1997, foi absolutamente crucial. Kasparov foi derrotado pelo computador em 19 jogadas – a primeira vez em toda sua carreira como jogador de xadrez em que ele perdia um jogo em menos de 20 jogadas. Nunca antes um computador havia derrotado o campeão mundial humano em um embate intelectual tão complexo. Como o jornal *The Guardian* escreveu, Kasparov foi "humilhado por uma montanha de 1,4 tonelada de silício... É um dia deprimente para a humanidade".

O que o futuro trará? Ray Kurzweil (2005), um especialista americano em IA, previu que até 2045 os computadores serão um bilhão de vezes mais poderosos do que todos os 8 bilhões de cérebros humanos juntos! Caramba, será que é verdade o que Ray diz? Ele pode estar certo? Sabemos que algumas de suas previsões se provaram corretas. Em 1990, ele previu que um computador derrotaria o Campeão Mundial de Xadrez até 1998. Ele também previu um aumento gigantesco no uso da internet (o Google agora é usado por um bilhão de pessoas todos os dias) bem antes de ela se tornar popular.

Kurzweil foi fortemente endossado por Bill Gates, que o descreve como "a melhor pessoa que conheço para prever o futuro da inteligência artificial". Outros especialistas, porém, são menos positivos. De acordo com o cientista cognitivo americano Doug Hofstadter, Kurzweil propôs "uma mistura muito bizarra de ideias sólidas e boas com ideias loucas. É como se você pegasse muita comida gostosa e um pouco de cocô de cachorro e misturasse tudo, sendo quase impossível saber o que é bom e o que é ruim".

INTELIGÊNCIA ARTIFICIAL

Este livro diz respeito à relação entre os poderes e as capacidades humanas e os de máquinas alimentadas pela IA. O que é exatamente "IA"? De acordo com o *Oxford Dictionary of Psychology*, de Andrew Colman (2015), IA é "o *design* de programas ou máquinas de computador hipotéticos ou reais para fazer coisas normalmente feitas pela mente, como jogar xadrez, pensar logicamente, escrever poesia, compor música ou analisar substâncias químicas".

Existem duas maneiras radicalmente diferentes pelas quais máquinas alimentadas por IA podem produzir resultados semelhantes aos dos humanos. Em primeiro lugar, as máquinas poderiam ser programadas para modelar ou imitar o funcionamento cognitivo humano. Por exemplo, programas de IA podem resolver muitos problemas usando estratégias bastante semelhantes às que usamos. Um dos principais objetivos dessa abordagem é aumentar nossa compreensão sobre a mente humana.

Historicamente, o primeiro programa que mostrou o valor dessa abordagem foi o General Problem Solver (GPS, em português "Solucionador de Problemas Gerais") criado por Allen Newell, John Shaw e Herb Simon (1958). Esse programa de computador foi projetado para resolver vários problemas, um dos quais era a Torre de Hanói. Nesse problema, há três pinos verticais enfileirados. Inicialmente, há vários discos no primeiro pino, com o maior disco na parte inferior, e o menor, na parte superior. A tarefa é terminar com os discos todos nessa mesma ordem, do maior na parte inferior para o menor na parte superior, no último pino. Apenas um disco pode ser movido de cada vez, e um disco maior nunca deve ser colocado em cima de um menor.

Humanos têm uma capacidade limitada de memória de curto prazo e, por isso, podem ter dificuldade de planejar antecipadamente em problemas como a Torre de Hanói. Newell *et al.* (1958) conseguiram produzir um programa usando estratégias de processamento semelhantes às dos humanos.

Além disso, as máquinas poderiam simplesmente ser programadas para realizar tarefas complexas (e fáceis também) ignorando totalmente os processos cognitivos que os humanos usariam. O computador de xadrez Deep Blue, que venceu Garry Kasparov, exemplifica essa abordagem. Ele tinha um fantástico poder computacional, avaliando até 200 milhões de posições de xadrez por segundo. Assim, a grande vantagem do Deep Blue era sua incrível velocidade de processamento, e não a complexidade cognitiva de suas operações.

Os sistemas de IA também poderiam, a princípio, ser programados para imitar aspectos importantes do funcionamento físico do cérebro humano. O objetivo final nesse caso seria elaborar sistemas de IA que tenham "plausibilidade biológica" (van Gerven & Bohte, 2017). Alguns progressos foram feitos nessa direção. Por exemplo, redes neurais profundas (que serão discutidas em breve) são usadas amplamente em IA. São chamadas redes neurais porque há semelhanças entre sua estrutura e as relações entre neurônios biológicos no cérebro humano. No entanto, as diferenças são muito maiores do que as semelhanças. Os neurônios biológicos são muito mais complexos do que os neurônios em redes neurais profundas, e nossos cérebros contêm um número surpreendente de neurônios (aproximadamente 100 bilhões). De modo mais geral, aqueles que desenvolvem redes neurais profundas "geralmente não tentam modelar explicitamente a variedade de diferentes tipos de neurônios cerebrais, nem os efeitos de neurotransmissores e hormônios. Além disso, está longe de ficar claro se o cérebro contém o tipo de conexões inversas que seriam necessárias se ele aprendesse por um processo como a retropropagação (usando informações sobre erros para melhorar o desempenho)" (Garson, 2019).

HISTÓRIA DA INTELIGÊNCIA ARTIFICIAL

O termo "inteligência artificial" foi cunhado por McCarthy *et al.* (1955). Eles a definiram como uma máquina que se comporta "de maneiras que seriam chamadas de inteligentes se um humano estivesse se comportando assim". No entanto, Herb Simon (ganhador do Prêmio Nobel de Economia) argumentou que o termo "processamento complexo de informações" era preferível.

Grande parte deste livro diz respeito à questão de saber se podemos considerar que há inteligência genuína envolvida na área geralmente conhecida como "inteligência artificial". O que é "inteligência"? É a capacidade de se comportar de forma adaptativa e resolver *novos* problemas. A inteligência é uma habilidade crucial e *geral*, que é exibida em relação a inúmeros novos problemas muito diferentes, em vez de se limitar a problemas de um só tipo (por exemplo, problemas de matemática) (veja o Capítulo 3).

As verdadeiras origens da IA ocorreram muito antes de 1955. Ada Lovelace (1815-1852), filha de Lord Byron (1788-1824) e Anne Isabella Milbanke (1792-1860), foi a primeira programadora de computadores da história. Ela produziu o primeiro algoritmo de máquina do mundo (um conjunto de regras usadas para resolver um determinado problema) para uma máquina de computação que existia no papel, embora não tenha sido realmente construída durante sua vida.

Aproximadamente 100 anos depois, em 1937, Alan Turing (1912-1954. Figura 1.2) publicou um artigo incrivelmente clarividente. Segundo ele, seria possível, usando apenas 0s e 1s, construir máquinas que resolvessem qualquer problema que os humanos fossem capazes de

Figura 1.2

Fotografia do brilhante matemático e cientista da computação inglês aos 16 anos.

resolver. Muito famoso, ele posteriormente desenvolveu uma máquina de decifração de códigos (a Bombe) que pesava uma tonelada. Foi o primeiro computador eletromecânico do mundo e decifrou o código Enigma usado pelo exército alemão durante a Segunda Guerra Mundial para codificar mensagens importantes. As informações obtidas da Bombe reduziram consideravelmente o número de navios aliados afundados por submarinos alemães (U-boats).

Programas de computador fazem uso extensivo de algoritmos. O que é um algoritmo? Em essência, é um conjunto de instruções que fornecem um procedimento passo a passo para resolver inúmeros problemas lógicos e matemáticos. Este é um exemplo simples de um algoritmo projetado para adicionar dois números de dois dígitos (por exemplo, 46 + 79): o primeiro passo é somar as dezenas (40 + 70 = 110); o segundo passo é adicionar as unidades (6 + 9 = 15); o terceiro e último passo é adicionar os resultados dos dois primeiros passos (110 + 15 = 125). Assim, a resposta é 125.

A IA desenvolveu-se consideravelmente entre 1945 e 1975. No entanto, houve poucos avanços significativos, uma promoção excessiva de suas perspectivas futuras e um aumento rápido do custo da pesquisa. No final daquela época, os especialistas tinham dúvidas sobre a rapidez com que a IA se desenvolveria. Michie (1973) pediu a dezenas de especialistas em IA que estimassem o número de anos até a chegada da "computação com inteligência de nível humano adulto". Apenas 1% estimou 10 anos, e 19% estimaram 50 anos. Como consequência do decepcionante e lento progresso feito pela IA, os governos estadunidense e britânico reduziram o financiamento para a área, levando ao chamado "inverno da IA" entre 1975 e 1995.

Após o inverno da IA, os objetivos dos cientistas da computação tornaram-se menos ambiciosos. Sua ênfase mudou para projetos pequenos de natureza prática e comercial. Essa mudança, juntamente com um aumento substancial no poder da computação, fez com que a IA se tornasse cada vez mais bem-sucedida. Outra razão para seu crescente sucesso foi o desenvolvimento do *deep learning* (em português, "aprendizado profundo"), que permitiu que os sistemas de IA alcançassem níveis muito altos de desempenho em inúmeras tarefas (veja a seguir). De fato, as conquistas do *deep learning* são as principais responsáveis pelo chamado "renascimento da inteligência artificial" (Tan & Lim, 2018, p. 1).

DEEP LEARNING

O que é *deep learning*? Não há uma resposta única ou simples. Mas é fácil explicar sua essência. Em muitos sistemas de IA, o conhecimento necessário para executar as tarefas é explicitamente programado no início; sistemas assim (como as calculadoras) não têm capacidade de aprendizado. Em contraste, outros sistemas de IA têm um desempenho inicial muito ruim na maioria das tarefas, mas que melhora progressivamente ao longo do tempo devido à capacidade de aprendizado. O *deep learning* pertence à última categoria. Você deve conhecer vários usos do *deep learning*, incluindo o Google Search e assistentes virtuais como Alexa e Siri. Cada rede neural profunda consiste em três tipos de unidades. Em primeiro lugar, existem as unidades de entrada, que representam os dados de entrada (por exemplo, palavras ou *pixels*). As imagens (por exemplo, fotografias) consistem em um grande número de pequenos pontos invisíveis chamados *pixels* (elementos de imagem). Cada *pixel* tem aproximadamente 0,26 mm.

Em segundo lugar, existem várias camadas ocultas, que consistem em unidades ocultas (também descritas como nós ou neurônios). Quanto maior o número dessas camadas, mais profunda a rede. Os nós estão ligados uns aos outros. Em terceiro lugar, há uma camada de saída. Essa camada usa as informações fornecidas pelas camadas anteriores, de entrada e ocultas, para produzir a resposta ou o resultado final.

Os neurônios em sucessivas camadas dentro da rede estão conectados, e as conexões variam no peso ou na influência de um neurônio sobre o outro. No início, os pesos dessas conexões são todos aleatórios e, portanto, o desempenho fica ao acaso. Como o aprendizado ocorre dentro de uma rede neural profunda? A rede aprende gradualmente as relações entre as entradas e as saídas, o que é chamado de mapeamentos de entrada e saída. Um exemplo concreto: suponha que demos a uma rede neural profunda uma tarefa de classificação de imagens usando imagens de 50 espécies animais diferentes. Nesse caso, os mapeamentos a serem aprendidos exigem que a rede produza a saída apropriada (por exemplo, *gato, cão* e *elefante*) quando um exemplar dessas espécies é apresentado.

Como os mapeamentos corretos são aprendidos? O que acontece é que as saídas *reais* da rede são comparadas com as saídas corretas. A rede é "reforçada" ou recompensada à medida que a precisão de suas saídas aumenta. De fundamental importância é a retropropagação (mencionada anteriormente): informações sobre taxas de erro são usadas para ajustar os pesos das conexões entre os neurônios e melhorar o desempenho.

Com bastante treinamento, as redes neurais profundas podem se igualar ao desempenho humano. Elas podem até superá-lo (como vimos no caso do xadrez). No entanto, redes neurais profundas frequentemente chegam a um mínimo local (pontos baixos), o que significa que seu desempenho fica preso a um nível abaixo do ideal, porque nenhuma maneira de melhorar seu desempenho está prontamente disponível. Contudo, formas cada vez mais sofisticadas de superar mínimos locais têm sido desenvolvidas nos últimos anos (Marcus, 2018).

Outro problema pode surgir quando um objeto (por exemplo, *gato*) é apresentado em diferentes locais em diferentes imagens (por exemplo, à esquerda superior *versus* à direita inferior), o que causa falhas no reconhecimento do objeto. Esse problema tem sido superado em grande parte por meio de uma técnica conhecida como *convolução*, que restringe as conexões neurais dentro de uma rede.

A história do *deep learning* (e o uso de redes neurais profundas) tem sido um tanto estranha. Sistemas de IA envolvendo *deep learning* existem de várias formas desde a década de 1960 (Schmidhuber, 2015). Entretanto, o impacto do *deep learning* foi relativamente insignificante até a publicação de um artigo por Krizhevsky *et al.* (2012), que marcou época. Esse artigo ajudou a produzir um aumento no investimento privado em IA de US$ 589 milhões em 2012 para mais de US$ 5 bilhões apenas quatro anos depois.

Antes de 2012, muitos sistemas de IA foram desenvolvidos sem grande sucesso para categorizar imagens visuais. Em seu artigo, Krizhevsky *et al.* relataram que sua rede neural profunda reduziu a taxa de erro nessa tarefa em quase 50% em comparação com outros sistemas de IA. Esse artigo continua sendo massivamente influente, tendo sido citado, até o final de 2020, 75 mil vezes.

Sendo assim, vale a pena discutir mais a pesquisa de Krizhevsky *et al.* (2012), já que ela ilustra vividamente outras características das redes neurais profundas. Sua rede (chamada SuperVision) tinha nove camadas, 650 mil nós e 60 milhões de parâmetros (valores para livre alteração).

A SuperVision foi treinada em aproximadamente 1 milhão de imagens, de cerca de 1 mil categorias. São números muito grandes, mas eles são superados por outras redes neurais profundas. Considere um modelo de linguagem chamado Transformador Pré-treinado Gerativo 3 (GPT-3; Brown *et al.*, 2020) (veja o Capítulo 4). Ele foi treinado em 300 bilhões de *tokens* (unidades semânticas) e tinha nada menos que 175 bilhões de parâmetros (valores para livre alteração)!

Os sistemas de *deep learning* geralmente requerem extenso treinamento para apresentar altos níveis de desempenho. Por exemplo, Leela Chess Zero, um modelo de rede neural profunda muito bem-sucedido, já jogou mais de 200 milhões de jogos contra si mesmo (veja o Capítulo 2). Se jogasse sem parar 24 horas por dia, um ser humano levaria aproximadamente 120 anos para jogar esse número de partidas de xadrez com duração de uma hora cada!

Discutiremos várias redes neurais profundas no resto deste livro. Por enquanto, observe que um dos maiores trunfos das redes neurais profundas é que elas são intrinsecamente autocorrigidas, o que significa que são projetadas para produzir níveis de desempenho mais altos de forma progressiva. As conquistas dessas redes são prodigiosas, tendo em vista as complexidades envolvidas na programação para produzir níveis muito altos de desempenho em inúmeras tarefas, incluindo classificação de imagens e jogos de xadrez.

Apesar dos inúmeros sucessos das redes neurais profundas, elas têm várias limitações (Marcus, 2018). Essas limitações também são discutidas ao longo deste livro (especialmente no Capítulo 7).

RESUMO

A história da IA apresenta a grande mudança de tentar entender a inteligência humana para resolver problemas complexos de forma eficaz (como o diagnóstico de imagens médicas). Mas por que essa mudança ocorreu? Uma razão crucial é a enorme complexidade da inteligência e do cérebro humano. Tentar entendê-los é uma tarefa muito difícil de ser implementada com sucesso. Em contraste, a abordagem da resolução de problemas mostrou-se um pouco mais fácil (veja o Capítulo 2). Apesar dessa mudança, muitos especialistas em IA continuam concentrados na meta final de alcançar a inteligência artificial geral. Alguns dos frutos de seus esforços são discutidos no Capítulo 4.

ROBÔS

Robôs são máquinas que realizam uma sequência de ações mais ou menos "de modo automático". Alguns robôs (mas não a grande maioria) têm forma e características humanas. A palavra "robô" vem da palavra tcheca *robota*, que significa "trabalho forçado". Foi usada pela primeira vez em 1920, para se referir a uma máquina imaginária semelhante a um humano, em uma peça do escritor tcheco Karel Čapek.

Os humanos sempre foram fascinados por robôs que têm forma e comportamento humanos. Na mitologia grega, o deus grego Hefesto construiu um homem de bronze gigante, Talos, que tinha 2 metros de altura. Seu papel era defender Creta atirando pedras em navios que ameaçavam atacar a ilha. No Antigo Egito, estátuas de entidades divinas foram construídas a partir de vários materiais (por exemplo, pedra e metal). Os egípcios acreditavam que essas estátuas tinham almas e, muitas vezes, consultavam-nas para aconselhamento (que ocorria com movimentos de cabeça).

Robôs reais com características humanas foram originalmente produzidos há mais tempo do que se pode imaginar. Em 1206, o engenheiro árabe Ismail Al-Jazari (1136-1206) descreveu inúmeros robôs em detalhes (como uma garota robótica que servia bebidas, e um barco com quatro músicos robôs que flutuavam em um lago para entreter as pessoas). Ele também criou uma fonte em forma de pavão usada para lavar as mãos. Quando alguém puxava a cauda do pavão, saía água pelo seu bico. Quando a água na bacia atingia uma certa altura, era ativado um sistema que fazia com que um autômato humanoide aparecesse debaixo do pavão para oferecer sabonete. Quando mais água era derramada na bacia, um segundo autômato humanoide aparecia para oferecer uma toalha.

No final do século XV, Leonardo da Vinci projetou um robô cavaleiro germânico operado por cabos e polias que podia ficar em pé, sentar e usar os braços para levantar sua viseira. Um robô construído conforme as especificações de Leonardo, há alguns anos, funcionou muito bem.

Mary Shelley criou o robô mais famoso em seu romance de 1818, *Frankenstein*. Nele, o dr. Victor Frankenstein cria um robô horrível de 2 metros de altura usando partes de corpos tirados de matadouros e salas de dissecação. O monstro de Frankenstein era imaginário, mas houve um interesse crescente em criar robôs semelhantes a humanos reais no início do século XX.

Em 1939, Westinghouse exibiu um homem humanoide pesando 120 quilos chamado *Elektro* na Feira Mundial de Nova York (veja a Figura 1.3). Elektro respondia a comandos de voz para andar e parar de andar, podia produzir 700 palavras, mover sua cabeça e braços separadamente, fumar cigarros e estourar balões. Sua frase favorita era: "Meu cérebro é maior que o seu." Isso era verdade – seu cérebro pesava quase 25 quilos.

Muitas das conquistas do Elektro eram menos incríveis do que pareciam. Por exemplo, embora andar fosse um dos truques mais alardeados do Elektro, o robô não andava realmente. O que acontecia era que ele tinha rodas que se moviam ao longo de uma pista quando ele dobrava o joelho esquerdo.

Elektro não entendia comandos de voz ordenando para começar ou parar. Ele começava a seguir em frente ao receber um comando com três sílabas, depois uma sílaba e finalmente duas sílabas com pausas no meio. Esse era o caso, independentemente de o comando ser: "Avance (pausa) por (pausa) favor" ou "Tudo bem (pausa) com (pausa) você?" (Marsh, 2018).

Vamos avançar para os robôs incrivelmente humanos de hoje. Por exemplo, o Geminoid-DK foi construído no Japão, mas foi projetado para

Figura 1.3

Elektro, um robô de 2 m de altura, com seu cão Sparko.

ter a aparência igual à do professor dinamarquês Henrik Schärfe (veja a Figura 1.4). O Geminoid-DK imita as expressões faciais e os movimentos da cabeça dos seres humanos com quem interage. A esposa de Henrik Schärfe prefere a versão humana, mas sugere que a versão robótica seja a enviada para congressos!

Outro robô que parece muito humano é *Erica* (veja a Figura 1.5). Ela foi construída no Japão por Hiroshi Ishiguro e colegas, e seu nome é um acrônimo: **Er**ato (nome do projeto de pesquisa) **I**ntelligent **C**onversational **A**ndroid (Glas *et al.*, 2016). Ela tem habilidades linguísticas razoáveis (incluindo reconhecimento de fala) e conhecimento em muitos temas. Por tudo isso, apareceu na televisão japonesa como âncora de notícias!

Figura 1.4

Professor Henrik Schärfe e o robô Geminoid-DK (Geminoid-DK está à esquerda).

Erica tem habilidades de conversação, como acenar com a cabeça, mover os olhos ou dizer "ahãm" para indicar que está ouvindo atentamente o que a outra pessoa está dizendo. Entre suas expressões mais memoráveis está a seguinte: "Quando as pessoas falam comigo, elas se dirigem a mim como pessoa. Eu acho que é diferente da maneira como alguém se dirigiria ao seu cão ou à sua torradeira".

Quando lhe perguntaram se ela é o maior robô de todos os tempos, ela respondeu: "Sim". Depois de fazer uma expressão de preocupação, ela continuou: "Bem... Na verdade, vamos ver. Isso depende de quão bem meus pesquisadores me programarem".

Finalmente, Erica conta piadas que não são engraçadas: "Por que o robô voltou para a escola de robôs?", pergunta ela. "Porque suas habilidades estavam ficando enferrujadas. Ah! ah! Talvez isso seja piada suficiente por enquanto." Você não está errada, Erica!

A grande maioria dos robôs é usada na indústria. Todos sabem que houve um enorme aumento no número desses robôs (especialmente na

Figura 1.5

Erica, um robô humano do Japão.

China, no Japão e nos Estados Unidos). Mesmo assim, você pode se surpreender ao descobrir que existem mais de 3 milhões de robôs no mundo e que esse total aumenta em mais de mil por dia.

Mais de 99% dos robôs no mundo trabalham separados do contato humano como medida de segurança (especialmente na fabricação de carros). Entretanto, houve um aumento constante de cobôs (robôs colaborativos) projetados para trabalhar interativamente com humanos em um espaço compartilhado ou em proximidade. Os cobôs são cuidadosamente projetados para evitar que causem ferimentos ou morte de humanos nas proximidades. No geral, robôs e cobôs são responsáveis por pouquíssimas mortes, se considerarmos quantos deles trabalham em ambientes industriais (veja o Capítulo 6). De fato, o número de mortes industriais diminuiu ao longo do tempo.

Muitas pessoas acreditam que a presença cada vez maior dos robôs em nossa sociedade levanta grandes questionamentos morais e pode ter consequências muito negativas como, por exemplo, desemprego em massa. Em contrapartida, curiosamente, o grande filósofo grego da antiguidade Aristóteles argumentou que a presença de um grande número de robôs no mundo poderia ser positiva. A razão alegada por ele era que isso contribuiria para abolir a escravidão e, assim, aumentar a igualdade entre os humanos. A situação atual em relação ao impacto dos robôs na sociedade humana é discutida no Capítulo 6.

2

O domínio da IA

A IA pode realizar inúmeras tarefas e resolver problemas complexos muito mais rapidamente e com mais precisão do que os humanos. Por exemplo, a invenção de calculadoras portáteis baratas permitiu que as pessoas resolvessem problemas matemáticos complicados com muito mais agilidade do que era possível antes. Um triunfo ainda mais impressionante das máquinas sobre os humanos envolve o cubo de Rubik, também conhecido como cubo mágico, que tem 43 quintilhões de combinações possíveis (43.252.003.274.856.000). Yusheng Du bateu um novo recorde mundial para humanos no campeonato Wuhu Open em novembro de 2018: resolveu o cubo em 3,47 segundos.

Qual você acha que é o recorde mundial do cubo de Rubik para um robô movido a IA? A resposta é inacreditável: 0,38 segundo. O robô tinha seis motores, um movendo cada face do cubo. Ele também usava *webcams* para identificar os padrões de cores em cada face do cubo e era orientado por um *software* que indicava os movimentos necessários para resolver o cubo mágico. O robô realizou cálculos com velocidade extrema, e sua estratégia de resolução foi muito diferente da dos especialistas humanos.

A conquista mais impressionante da IA na resolução do cubo de Rubik foi com um enorme cubo com 37.768 placas de cada lado, produzindo nada mais, nada menos que $6,69 \times 10^{1054}$ de combinações (o que significa 6,69 seguido de 1.054 zeros!). A resolução desse gigantesco cubo de Rubik foi supostamente lenta, exigindo mais de 2.700 horas. O melhor especialista humano no cubo de Rubik do mundo, contudo, não poderia nem começar a resolver essa versão fantasticamente difícil, mesmo se tivesse tempo ilimitado.

O poder computacional dos sistemas da aprendizagem de máquina (com base em sua velocidade de processamento de informações) aproximadamente dobrou a cada 3,43 meses por vários anos, embora a taxa tenha desacelerado recentemente. Isso equivale a um enorme aumento de 11 vezes a cada ano. Também houve uma corrida envolvendo os Estados Unidos, o Japão e a China para ter o supercomputador mais poderoso do mundo. Em junho de 2018, o Summit da IBM tomou esse título do supercomputador Sunway TaihuLight, da China.

Podemos avaliar o desempenho máximo do Summit usando FLOPS (do inglês *floating point operations per second*; em português, "operações de ponto flutuante por segundo". Um ponto flutuante corresponde à expansão decimal de um número). O pico de desempenho do Summit é de aproximadamente 200 petaFLOPS (respeitáveis 200 mil trilhões de cálculos por segundo). Isso é mais do que o dobro da velocidade do TaihuLight.

Em 2020, o Summit perdeu seu posto de computador mais poderoso do mundo para um supercomputador japonês chamado Fugaku (um nome alternativo para o Monte Fugi). Ele consiste em 396 *racks* grandes (estruturas de suporte contendo equipamentos de computação, como servidores e discos rígidos). Seu desempenho máximo é de 415 petaFLOPS (mais do que dobro do Summit), e ele consome 28 megawatts de energia (2,8 vezes o consumo de energia do Summit) (veja a Figura 2.1).

Não é de se surpreender que esse enorme aumento no poder dos supercomputadores (e outros sistemas de IA) tenha permitido que eles executassem inúmeras tarefas exigentes para a cognição com velocidade e eficiência incríveis. O foco central deste capítulo está nas maiores conquistas da IA. Há várias definições possíveis para "maiores conquistas". Nosso parâmetro é quando o desempenho de um sistema de IA em uma tarefa corresponde ou supera o de humanos especialistas. Essa pode ser uma abordagem muito restrita, porque implica que as conquistas do ser humano são o "padrão-ouro" comparado ao qual os feitos da IA devem

O domínio da IA

Figura 2.1

O supercomputador Fugaku em Kobe, Japão.

ser avaliados. Como discutido no Capítulo 7, o perigo é que as conquistas da IA que não sejam semelhantes às dos humanos em sua natureza percam importância ou sejam ignoradas.

JOGOS COMPLEXOS

Algumas das conquistas mais impressionantes da IA em competição direta com humanos foram no domínio de jogos complexos como xadrez, Go e pôquer. Como veremos, o que é impressionante é que os sistemas de IA derrotaram de maneira convincente os mais ilustres expoentes humanos desses jogos.

XADREZ

Em 1796, foi criada uma falsa máquina de jogar xadrez chamada Automaton. Ela tinha um humano jogador especialista de xadrez escondido dentro dela fazendo as jogadas. O primeiro marco verdadeiro veio em 1951, quando Alan Turing criou um programa de computador para jogar xadrez. Depois disso, os programadores trabalharam para melhorar suas máquinas de xadrez, e melhorias no *hardware* permitiram um jogo mais avançado.

No Capítulo 1, discutimos brevemente a derrota calamitosa de Garry Kasparov em 1997 para um computador da IBM chamado Deep Blue.

Na verdade, porém, o feito do Deep Blue foi menos impressionante do que parecia ser. Os humanos que programaram o Deep Blue tiveram acesso a todas as partidas de xadrez anteriores de Kasparov. Por sua vez, Kasparov tinha informações muito limitadas sobre as estratégias do Deep Blue. Há também suspeitas de que o sucesso do Deep Blue dependeu, em parte, do *input* de vários grandes mestres do xadrez antes (e durante) a partida.

Finalmente, soube-se que o Deep Blue tinha sido programado para se envolver em jogos psicológicos. Por exemplo, às vezes ele decidia rapidamente seu próximo passo, mas esperava alguns minutos antes de realmente fazer a jogada, enganando Kasparov. O Deep Blue às vezes também dava a impressão de ter caído em uma armadilha, fazendo um movimento muito rápido após uma das melhores jogadas de Kasparov. De acordo com Manuel Illescas, um grande mestre que ajudou na preparação do Deep Blue, "essa (estratégia) tem um impacto psicológico, pois a máquina torna-se imprevisível, o que era nosso principal objetivo".

Do ponto de vista atual, o Deep Blue era muito primitivo, porque dependia da força bruta de calcular velocidade e potência (avaliando 200 milhões de posições de xadrez por segundo). Ele usava o que é chamado, de modo depreciativo, de boa e velha inteligência artificial (GOFAI, na sigla em inglês). Isso pode ser contrastado com o *deep learning* (discutido no Capítulo 1), que alcançou uma posição de domínio maciço sobre a GOFAI mais ou menos na última década.

Como a GOFAI difere do *deep learning*? Na GOFAI, o algoritmo (conjunto de regras usadas para a solução de problemas) é explicitamente programado no início por um programador (Zador, 2019). Uma limitação fundamental é que o sucesso (ou não) da GOFAI depende dos *insights* do programador. O *deep learning*, ao contrário, envolve redes neurais complexas que aprendem com muita eficácia sem exigir a intervenção de programadores humanos para indicar como devem processar os dados. Como consequência, redes neurais profundas podem alcançar níveis muito altos de desempenho, desde que tenham treinamento prolongado e extenso sobre a tarefa em questão.

A introdução do *deep learning* nas máquinas de jogo de xadrez teve um impacto drástico. Muitas máquinas baratas que usam *deep learning* são agora melhores em jogar xadrez do que o atual campeão mundial! Quando Garry Kasparov foi entrevistado em um *podcast* com o neurocientista Sam Harris em 2016, ele admitiu que com certeza seria derrotado pelos computadores de xadrez de hoje: "O problema dos humanos é que não somos constantes, não conseguimos jogar sob grande pressão. Nossos jogos são marcados por movimentos bons e ruins – não grandes mancadas, mas imprecisões".

Aqui consideraremos brevemente o Stockfish, um mecanismo de jogo de xadrez muito poderoso que pode facilmente vencer qualquer jogador humano. Ele analisa centenas de milhares de posições em segundos, decidindo o quão "bons" são vários movimentos possíveis, avaliando seu provável impacto a longo prazo. Ele usa processos de "poda" para eliminar "movimentos ruins" que poderiam levar a posições desvantajosas. Também usa várias heurísticas (regras gerais). Alguns exemplos: (i) desenvolver peças menores (cavaleiros e bispos) é bom; (ii) mover a Rainha cedo é ruim; (iii) controlar rapidamente o meio do tabuleiro é bom; e (iv) efetuar um roque rapidamente é bom.

Discutiremos brevemente outra máquina de jogar xadrez com habilidades de xadrez comparáveis às do Stockfish: a Leela Chess Zero. Ela foi programada com as regras básicas do xadrez, mas *nenhum* outro conhecimento específico do xadrez (como heurísticas úteis). Leela Chess Zero desenvolveu sua habilidade de jogar xadrez com uma extensa prática usando redes neurais profundas. Já jogou mais de 200 milhões de jogos contra si mesma e, muitas vezes, joga meio milhão de jogos por dia (sem o tédio que os humanos teriam!). Ela gradualmente aprendeu a jogar de maneiras que levam a uma recompensa ou um reforço (como ganhar o jogo), enquanto evita movimentos que poderiam levar à derrota.

Em suma, a IA é agora muito superior aos humanos no xadrez. De fato, está tão à frente que os humanos não estão dispostos a suportar a humilhação de serem ostensivamente derrotados todas as vezes por uma "mera máquina".

GO

O Go é um jogo de tabuleiro para dois jogadores inventado na China há mais de 2,5 mil anos. É um jogo muito popular (especialmente no leste da Ásia), com quase 50 milhões de jogadores. No passado, era considerado uma importante arte cultivada para cavalheiros chineses, juntamente com a pintura, a caligrafia e o *guyin* (instrumento de sete cordas semelhante a uma cítara).

Por que estamos falando sobre o Go? Ele é complicado e, por isso, representa um enorme desafio para as máquinas movidas a IA. Foi considerado tão difícil que, entre 1985 e 2000, a Fundação Ing de Taiwan ofereceu um prêmio de US$ 1,4 milhão a qualquer programa de IA que pudesse vencer um campeão humano.

As regras do Go parecem simples. O tabuleiro é uma grade de 19 linhas horizontais por 19 linhas verticais, e as pedras são colocadas em cruzamentos nessa grade, uma a uma, de forma alternada, pelos dois jogadores (veja a Figura 2.2). Um jogador usa pedras pretas, e o outro usa pedras brancas. Uma vez que uma pedra tenha sido colocada, ela não pode ser movida. O objetivo é cercar completamente (capturar) um grupo de pedras do oponente, que então são removidas do tabuleiro. O vencedor é o jogador cuja área (pontos que ele ocupou ou cercou) for maior.

Superficialmente, o Go parece mais simples que o xadrez. Por exemplo, no xadrez há seis tipos de peças, cada uma se movendo de forma diferente, enquanto no Go há apenas um tipo de peça (ou seja, as pedras), e elas não se movem. *Por que*, então, o Go é muito mais difícil? Costuma-se dizer que o xadrez é uma batalha, mas o Go é uma guerra. No Go, muitas vezes há várias batalhas acontecendo em diferentes partes da grade de 19 × 19. Como resultado, os jogadores muitas vezes não sabem *para onde* direcionar sua atenção. Ao contrário do xadrez, os jogadores experientes

Figura 2.2

Um jogo de Go em andamento.

de Go muitas vezes acham difícil até mesmo saber se estão ganhando ou perdendo um jogo.

Considere o número de posições possíveis no tabuleiro após quatro jogadas (duas para cada jogador). No xadrez, são aproximadamente 1.500.635, o que já soa assustador. No Go, no entanto, o número comparável é de aproximadamente 1,6 bilhão (mil vezes mais). Depois de seis movimentos, a diferença é ainda mais marcante – 1,8 bilhão de posições possíveis no xadrez contra 64 trilhões no Go!

Devido às complexidades do jogo, muitos especialistas não acreditavam que um computador poderia vencer humanos experientes no Go. Em 2016, o AlphaGo, do Google DeepMind, era o sistema de IA mais avançado para jogar Go. Ele foi inicialmente programado com as regras do jogo e, depois disso, analisou 30 milhões de movimentos de partidas jogadas por jogadores humanos. No final, ele tornou-se um excelente jogador de Go, jogando contra si mesmo milhões de vezes, com *deep learning* e aprendizado por reforço (recompensa).

O oponente do AlphaGo era Lee Sed, humano e jogador excepcional de Go (veja a Figura 2.3). Antes da partida de cinco jogos em março de 2016, ele disse: "Estou confiante de que posso vencer, pelo menos desta vez". Em retrospectiva, as últimas quatro palavras sugerem que ele não estava totalmente confiante da vitória. Os três primeiros jogos foram bastante acirrados. Porém, AlphaGo foi se tornando cada vez mais dominante à medida que cada jogo progredia, vencendo todos os três e, portanto, a partida. Um jogador especialista em Go, Ko Ju-yeon, descreveu a abordagem do AlphaGo da seguinte forma: "Todos, exceto os melhores jogadores de Go, criam seu estilo imitando os melhores jogadores. AlphaGo parece ter movimentos totalmente originais, que ele

Figura 2.3

Fotografia do excelente jogador Lee Sedol tirada em 2016.

mesmo cria". Após o terceiro jogo, Lee Sedol disse com a voz trêmula: "Tenho que me desculpar".

Em 2019, Lee Sedol se aposentou como jogador profissional. Essa decisão foi motivada pela superioridade da IA: "Com a estreia da IA nos jogos de Go, percebi que não estarei no topo mesmo se eu me esforçar freneticamente para me tornar o número um... Mesmo que eu me torne o número um, há uma entidade (IA) que não pode ser derrotada".

O sucesso do AlphaGo não é o fim da história. Silver *et al.* (2017) desenvolveram o AlphaGo Zero, que foi programado apenas com as regras do Go e não recebeu supervisão humana. Inicialmente, seu comportamento ao jogar Go era aleatório. Contudo, seu desempenho foi melhorando progressivamente, pois foi treinado em 4,9 milhões de autojogos. Após esse treinamento, Silver *et al.* organizaram uma partida de 100 jogos entre o AlphaGo Zero e uma versão avançada do AlphaGo. O AlphaGo Zero triunfou, vencendo a partida por 89 jogos a 11.

SHOGI E ATARI

Programas de IA como o Stockfish e o AlphaGo Zero são conquistas incríveis. No entanto, sua proeza é limitada a um único jogo e não se generaliza para outros. Seria ainda mais impressionante se tivéssemos um programa atuando em nível sobre-humano em vários jogos diferentes. Silver *et al.* (2018) estabeleceram o objetivo de produzir um programa que se destacasse em três jogos diferentes: xadrez, Go e Shogi. Shogi é um jogo japonês que se assemelha muito ao xadrez (veja a Figura 2.4), só que mais complicado (tem mais peças diferentes, e as peças capturadas podem ser reutilizadas). Foi somente em 2017 que Elmo (um programa de IA) derrotou campeões humanos no Shogi (Computer Shogi Association, 2017).

Silver *et al.* (2018) criaram, então, o AlphaZero, que foi equipado com conhecimento sobre as regras de cada jogo. Começou produzindo movimentos aleatórios, mas seu desempenho melhorou rapidamente por meio do aprendizado por reforço com o autojogo. O AlphaZero jogou mil jogos de xadrez contra o programa de IA Stockfish, vencendo

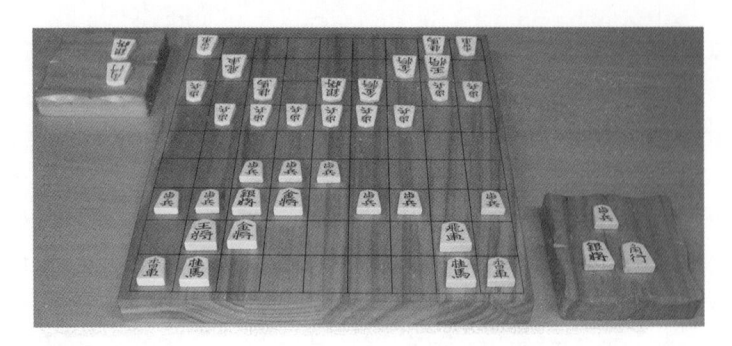

Figura 2.4

Os estágios iniciais de um jogo de Shogi.

155 jogos e perdendo apenas seis. Jogou Go contra o AlphaGo Zero, vencendo 61% dos jogos. Finalmente, venceu 91% de seus jogos contra o Elmo, campeão mundial de computadores em 2017. De forma surpreendente, o AlphaZero precisou de apenas algumas horas de treinamento em cada jogo para produzir essas conquistas impressionantes.

O AlphaZero contém as regras de todos os jogos que ele joga. Isso contrasta com o mundo real, onde as dinâmicas relevantes do ambiente são tipicamente complexas e difíceis de calcular. Schrittwieser *et al.* (2020) abordaram essa questão desenvolvendo o algoritmo MuZero. Ele se assemelha ao AlphaZero, mas não é fornecido com as regras dos jogos que joga.

O MuZero foi treinado para jogar xadrez, Go, Shogi e 57 jogos de Atari do Arcade Learning Environment. Ele se igualou ao desempenho sobre-humano do Alphazero no xadrez e no Shogi e teve um desempenho um pouco superior ao do AlphaZero no Go. Além disso, superou programas de IA de última geração em 42 dos 57 jogos do Atari.

As descobertas de Schrittwieser *et al.* (2020) são as mais impressionantes em pesquisas sobre IA e jogos complexos, por várias razões. Em primeiro lugar, seu algoritmo é generalizado a 60 jogos. Esse é um grande avanço em relação à maioria dos programas anteriores de IA, que tiveram um bom desempenho apenas em um único jogo. Em segundo lugar, tem capacidade de compreender as regras subjacentes a muitos jogos diferentes sem que as informações relevantes tenham sido fornecidas. Isso faz com que tenha mais potencial de ser aplicado a ambientes do mundo real do que os programas de IA de até então.

PÔQUER

Xadrez, Go e Shogi são jogos indiscutivelmente complexos. Mesmo assim, podem ser considerados artificiais, porque apresentam problemas muito diferentes dos encontrados em nossas vidas cotidianas. Xadrez, Go e Shogi são jogos de informação perfeita (ou sistema fechado) – cada jogador (ou uma máquina alimentada por IA) tem acesso a informações completas sobre o estado preciso do jogo do início ao fim. A vida real normalmente é muito diferente. Por exemplo, suponha que você esteja negociando um acordo. Uma conhecida estratégia de negociação é esconder da outra pessoa os aspectos importantes de seu pensamento. De forma mais geral, quase todas as nossas tomadas de decisão e resoluções de problemas são baseadas em informações apenas parciais.

Garry Kasparov aceitou a superioridade da IA em relação aos sistemas fechados. No entanto, ele não acreditava que essa superioridade se aplicaria fora dos sistemas fechados: "Qualquer coisa que seja quantificável (como em sistemas fechados), as máquinas farão melhor do que os humanos, mas não devemos supor que se poderia transferir o conhecimento do sistema fechado para um sistema aberto".

O fato de que xadrez, Go e Shogi sejam jogos com informação perfeita (ou sistema fechado) faz com que as conquistas da IA em vencer os principais especialistas humanos nesses jogos seja menos impressionante. Será que a IA poderia derrotar oponentes humanos de primeira classe em jogos com informação imperfeita, onde informações altamente relevantes estão escondidas? Pôquer é um jogo muito complexo e com informação imperfeita. Todos os bons jogadores blefam às vezes (apostando com cartas de valor baixo, etc.). Ganhar no pôquer envolve usar estratégias complexas para que seu oponente (humano ou IA) não saiba se você tem uma boa mão ou se está blefando.

O que é uma excelente estratégia no momento t_1 pode se tornar uma estratégia terrível no momento t_2, se seus oponentes descobrirem a sua estratégia. Assim, não há uma estratégia fixa para ganhar no pôquer – o sucesso depende de responder adequadamente às interações complexas entre os jogadores.

Uma competição de pôquer entre cérebros humanos e IA muito divulgada ocorreu em janeiro de 2017 (Brown & Sandholm, 2018). Os humanos foram representados por quatro profissionais de pôquer de destaque: (1) Jason Les; (2) Jimmy Chou; (3) Daniel McAulay e (4) Dong Kim. A IA foi representada por Libratus (que significa equilibrado e vigoroso), que jogou contra os jogadores de pôquer, um de cada vez. Inicialmente, Libratus recebeu as regras do pôquer. Depois disso, jogou literalmente trilhões de jogos e melhorou de forma progressiva seu padrão de jogo por meio de aprendizado por reforço (recompensa).

Na partida em si, Libratus aprendeu muito sobre as estratégias utilizadas pelos quatro jogadores humanos. Um fato importante é que, no final do jogo de cada dia, eram identificados padrões de apostas no estilo de jogo de Libratus que haviam sido detectados pelos jogadores humanos. Libratus era, então, reprogramado para eliminar esses padrões, tornando difícil para os jogadores humanos distinguirem quando ele estava blefando.

Todos os quatro jogadores humanos perderam para Libratus, que ganhou de forma retumbante por US$ 1.766.250. Dong Kim disse: "Eu não tinha percebido o quão bom ele (Libratus) era até hoje. Senti como se estivesse jogando contra alguém que estava trapaceando, como se pudesse ver minhas cartas". Quando perguntado sobre o que tinha dado certo para os profissionais de pôquer, ele disse: "Acho que o que deu certo foi... m***a... Nós tomamos uma surra e tanto."

O triunfo de Libratus foi alcançado em jogos contra apenas *um* outro jogador de cada vez. Seria mais impressionante se um sistema de IA pudesse vencer vários jogadores humanos ao mesmo tempo. Sendo assim, uma versão melhorada do Libratus chamada Pluribus foi produzida. Pluribus avalia suas opções pesquisando alguns movimentos à frente, enquanto Libratus só considera suas opções no final do jogo. Pluribus também tem algoritmos mais rápidos (procedimentos computacionais bem definidos) e é geralmente mais eficiente (exige pouca capacidade de processamento e memória).

Pluribus jogou 10 mil mãos. Todos os dias, ele jogava contra cinco jogadores profissionais; todos eles tendo ganhado mais de US$ 1 milhão jogando pôquer. Pluribus triunfou (Brown & Sandholm, 2019). Supondo que cada ficha de pôquer vale US$ 1, Pluribus teria ganhado aproximadamente US$ 1 mil por hora! Depois disso, cinco cópias de Pluribus jogaram uma contra a outra mais um jogador profissional de ponta (Darren Elias ou Chris "Jesus" Ferguson). Darren Elias (nascido em 1986) ganhou mais de US$ 7 milhões jogando pôquer. Chris Ferguson (nascido em 1963) tem mais de US$ 8 milhões em ganhos com pôquer (veja a Figura 2.5). Seu apelido é "Jesus" por causa de seus longos cabelos castanhos e barba. Ele tem uma aparência definida quando joga pôquer, normalmente usando um chapéu de abas largas e óculos de sol e permanecendo imóvel. Seu truque é jogar as cartas tão rápido que consegue cortar bananas e até melões com elas. Pluribus venceu os dois profissionais. Supondo que cada ficha de pôquer valia US$ 1, Pluribus ganhou aproximadamente US$ 670 por hora.

Por que os melhores jogadores de pôquer do mundo não conseguiram vencer a IA? De acordo com Jason Les, "Ele (Libratus) é um blefador muito mais eficiente do que a maioria dos humanos. A situação é sempre de uma tonelada de pressão que a IA está colocando sobre você, além da alta probabilidade de ela estar blefando". De acordo com Chris Ferguson, "Como humanos, tendemos a simplificar demais o jogo para nós mesmos, tornando as estratégias mais fáceis de adotar e lembrar. O *bot* [ou seja, Libratus] não pega nenhum desses atalhos e tem uma [estratégia subjacente] imensamente complicada".

Darren Elias argumentou que o maior trunfo de Pluribus é "sua capacidade de usar estratégias mistas de maneira aleatória, e fazê-lo de forma consistente. A maioria das pessoas não consegue". Como resultado,

Figura 2.5

Fotografia do ilustre jogador de pôquer Chris "Jesus" Ferguson.

as decisões da IA muitas vezes diferem das da maioria dos jogadores de pôquer humanos. Por exemplo, a IA às vezes faz desconcertantes e enormes superofertas (apostando até 20 vezes a quantidade de dinheiro no pote, por exemplo). Isso pode ser muito eficaz se você tiver uma mão muito poderosa ou muito fraca. Libratus e Pluribus também produziram muitas subapostas surpreendentes (por exemplo, apostando 10% ou menos do dinheiro no pote).

Por fim, o desempenho dos jogadores de pôquer às vezes é prejudicado pela emoção. A grande maioria dos jogadores de pôquer admite que às vezes é acometida pelo *tilt*, o que significa que as emoções negativas experimentadas durante o jogo fazem com que eles percam o controle e tomem decisões ruins (Palomäki *et al.*, 2020). Eil e Lien (2014) estudaram milhões de mãos jogadas *on-line* por jogadores experientes ou muito experientes no pôquer. Apesar de sua experiência, eles normalmente jogavam de forma mais agressiva (apostando e aumentando com mais frequência) quando perdiam, devido à sua alta sensibilidade às perdas. Essa estratégia não é muito boa e, muitas vezes, leva a grandes perdas.

Em suma, Libratus e Pluribus ensinaram várias lições aos jogadores profissionais de pôquer. Ensinaram que se deve mudar constantemente a estratégia de apostas para que outros jogadores não consigam descobrir se você está blefando. Além disso, Libratus e Pluribus são totalmente despreocupados em relação a dinheiro, e a emoção não influencia suas tomadas de decisão. De modo contrário, os humanos acham difícil não demonstrar emoções e desconsiderar as implicações financeiras de suas decisões. De forma mais pessimista, o fato de os sistemas de IA poderem armazenar e processar muito mais informações do que os jogadores de pôquer humanos provavelmente significa que não há como os humanos consistentemente vencê-los no pôquer.

JEOPARDY!

Jeopardy! é um *game show* americano muito popular. Os jogadores recebem pistas na forma de respostas e devem indicar qual pergunta produziria tal resposta. Por exemplo, a pista pode ser: "O monstro, montado a partir de cadáveres, do livro de Mary Shelley, que se volta contra seu criador". A resposta correta é: "Quem era Frankenstein?". Na maior parte do tempo, o participante que pressiona sua campainha primeiro, depois de a pista ter sido lida, é quem tem a chance de dar a resposta correta. Somente se ele der uma resposta incorreta é que outro participante terá a oportunidade de dar a resposta.

Em 2011, um sistema de IA da IBM chamado Watson (em homenagem ao fundador da empresa, Thomas Watson) competiu contra dois dos melhores concorrentes humanos de todos os tempos. Um deles era Brad

Rutter (33 anos), que bateu o recorde geral com 74 vitórias consecutivas no programa. O outro participante humano era Ken Jennings (37 anos), que ganhou mais dinheiro no Jeopardy! do que qualquer outra pessoa (US$ 3,5 milhões).

O jogo ocorreu em três noites consecutivas (14 a 16 de fevereiro de 2011). Na primeira noite, Watson e Brad Rutter ganharam US$ 5 mil e estavam à frente de Ken Jennings, que estava definhando em US$ 2 mil. A segunda noite foi dramática, quando Watson superou totalmente seus rivais humanos – o computador terminou a noite com US$ 35.734, enquanto seus rivais humanos tinham apenas US$ 10,4 mil (Rutter) e US$ 4,8 mil (Jennings). Watson ampliou sua liderança na terceira noite, terminando com US$ 77.147 contra US$ 24 mil de Jennings e US$ 21,6 mil de Rutter.

Por que Watson triunfou sobre Jennings e Rutter? Há várias razões. Watson supostamente pode processar 500 gigabytes de informações por segundo (o equivalente a 1 milhão de livros), o que se considera útil em um jogo de conhecimentos gerais. Além disso, ele tinha acesso a 200 milhões de páginas de informações, incluindo toda a Wikipédia. Também, ele havia praticado jogando 100 jogos contra vencedores anteriores. Ken Jennings argumentou que um fator crucial era a "habilidade da campainha" de Watson – o computador muitas vezes batia com extrema velocidade na campainha, para indicar que responderia a uma pergunta.

Os feitos de Watson são menos impressionantes do que parecem. Ele às vezes era muito insensível a sutilezas da pergunta e, assim, dava respostas inexatas. Eis um exemplo. A categoria era "teclas de computador", e a pista era: "Uma vestimenta solta pendurada nos ombros indo até abaixo da cintura". Watson respondeu, incorretamente: "O que é uma *chemise*?". A resposta correta é: "O que é um vestido *shift*?".* Esse erro crítico (e havia muitos mais) mostra que Watson tinha um entendimento linguístico muito limitado (ou inexistente) (discutido mais adiante no Capítulo 7).

---

*N. de T. *Chemise* e *shift* são tipos de vestidos muito parecidos, mas apenas *shift* se relaciona à categoria proposta, que é "tecla de computador".

Como mencionado, grande parte do sucesso de Watson era atribuído à sua velocidade em acionar a campainha, não a seu conhecimento superior. Watson foi programado para acionar a campainha em apenas 10 milissegundos (muito mais rápido do que qualquer humano). Por exemplo, o velocista Usain Bolt leva aproximadamente 170 milissegundos para responder à arma no início de uma corrida. A incrível velocidade de Watson era especialmente vantajosa quando todos os competidores sabiam a resposta para uma pista em particular. Como as perguntas eram simples, geralmente era esse o caso.

CAPACIDADE LINGUÍSTICA

A inteligência humana está ligada ao nosso comando da linguagem (veja os Capítulos 1, 4 e 7). A maior parte do nosso pensamento (e a comunicação de nossos pensamentos aos outros) depende da linguagem. A linguagem é usada para muitos fins: compreender a língua falada (reconhecimento ou percepção da fala), entender a linguagem escrita (leitura), falar com outras pessoas, traduzir textos de um idioma para outro e escrever textos (*e-mails* e ensaios, entre outros). Em vista de sua importância, seria uma grande conquista para a IA dominar qualquer uma das capacidades linguísticas humanas acima. Aqui, focamos na pesquisa que aparentemente fornece evidências para tal conquista.

RECONHECIMENTO DE FALA

O reconhecimento de fala parece relativamente simples. Por exemplo, ao conversar com um amigo, você normalmente entende de imediato o que ele está dizendo. Contudo, a verdade é que o reconhecimento de fala é uma conquista impressionante. Os falantes costumam produzir cerca de 10 fonemas (sons básicos de fala) por segundo, e muitas informações acústicas são perdidas em 50 milissegundos (Remez *et al.*, 2010). Assim, os ouvintes precisam processar o sinal de fala recebido muito rapidamente.

Outra complicação enfrentada pelos ouvintes é *a segmentação* – separar ou distinguir fonemas e palavras do padrão dos sons da fala. A maioria das falas tem poucos períodos de silêncio, como você provavelmente já notou ao ouvir alguém falando em uma língua estrangeira. Isso torna difícil decidir quando uma palavra termina e a próxima começa. Os ouvintes também têm que lidar com a coarticulação: a forma como os falantes pronunciam um determinado fonema é influenciada pela produção do som anterior e a preparação para os próximos sons. Por exemplo, em inglês o fonema /b/ é pronunciado de forma um pouco diferente em palavras, como *bill*, *ball* e *able* (Harley, 2010).

Por fim, os ouvintes precisam lidar com diferenças consideráveis entre os falantes. Há diferenças características entre os gêneros, e os falantes também diferem em relação ao dialeto e à velocidade de fala.

A maioria dos sistemas automáticos de reconhecimento de fala (Alexa, da Amazon; Siri, da Apple; e a pesquisa por voz do Google, etc.) usam *deep learning* (discutido no Capítulo 1) (Cui *et al.*, 2020). Eles normalmente exigem enormes quantidades de dados de fala de treinamento (dezenas de milhares de horas ou mais). De fato, os dados de fala de treinamento às vezes chegam a 1 milhão de horas (Parthasarathi *et al.*, 2019). Isso equivale a alguém ouvindo um discurso sem parar 24 horas por dia, 7 dias por semana durante 114 anos! A regra de ouro parece ser que "quanto mais dados, melhor."

A maioria dos modelos de reconhecimento de fala inclui os seguintes componentes (Abdullah *et al.*, 2020). Primeiro, há o pré-processamento do sinal acústico para remover ruídos desnecessários. Depois disso, um sistema de extração de recursos processa as características mais importantes do sinal de fala. Em seguida, um processo inferencial atribui probabilidades a diferentes interpretações da entrada da fala. Como essa saída não pode ser lida por humanos, ela passa por um processo final de decodificação para resultar em uma transcrição legível por humanos.

Xiong *et al.* (2017b) relataram pesquisas de referência da Microsoft, que usam um sistema automatizado de reconhecimento de fala de *deep learning*. Eles apresentaram este sistema de IA com dois tipos de chamadas telefônicas gravadas: (1) estranhos discutindo um tópico atribuído (tarefa Switchboard) e (2) amigos e familiares tendo conversas informais (tarefa CallHome). O sistema de IA teve uma taxa de erro de 5,8% na tarefa Switchboard e de 11% na tarefa CallHome. Essas taxas de erro foram um pouco inferiores às alcançadas pelos transcritores profissionais da língua falada (5,9% e 11,3%, respectivamente). O sistema de IA e os humanos cometeram erros muito semelhantes: os participantes humanos acharam difícil distinguir entre transcrições contendo erros produzidas por humanos e pelo sistema de IA.

Xiong *et al.* (2018) desenvolveram posteriormente seu sistema de reconhecimento de fala automático da Microsoft (aumentando o vocabulário do sistema de IA de 30,5 mil para 165 mil palavras). Como resultado, sua taxa de erros na tarefa Switchboard foi de apenas 5,1% em comparação com os 5,8% obtidos com a versão anterior.

Saon *et al.* (2017) avaliaram o desempenho de seu sistema de reconhecimento de fala automático IBM nas mesmas tarefas de transcrição usadas por Xiong *et al.* (2017b, 2018). Ele alcançou taxas de erros de 5,5% na tarefa Switchboard e de 10,3% nas tarefas CallHome. Essas descobertas parecem impressionantes, especialmente as da tarefa CallHome. No entanto, considere o desempenho de três especialistas em transcrição humana que "foram convidados a fazer um trabalho de alta qualidade" (p. 135). Suas taxas médias de erro foram de 5,7% na tarefa Switchboard e 7,9% na tarefa CallHome.

Em suma, o desempenho dos sistemas automáticos de reconhecimento de fala é excelente, dada a natureza sem restrições da fala humana. Porém, a pesquisa aqui discutida envolveu tarefas relativamente simples, com apenas um único falante por vez e evitando complexidades (como diferentes dialetos). O que acontece com tarefas mais complexas de reconhecimento de fala é discutido nos Capítulos 4 e 7.

CONVERSAS

Manter uma conversa requer um bom reconhecimento de fala e a capacidade de produzir uma linguagem falada coerente e apropriada. Foram desenvolvidos muitos *chatbots* (sistemas de IA simulando conversas com um ou mais humanos). Alan Turing (1950) argumentou que poderíamos avaliar as habilidades de conversa dos *chatbots* usando seu famoso teste de Turing. Ele disse: "A ideia do teste é que uma máquina tenta se passar por humano, respondendo perguntas feitas a ela, e só será aprovada se a simulação for razoavelmente convincente. Uma parcela considerável de um júri, que não deve ser especialista em máquinas, deve ser enganado pelo fingimento" (Copeland 2004).

Foi alegado em várias ocasiões que os *chatbots* passaram no teste de Turing. Por exemplo, aconteceu um evento na Royal Society em 6 e 7 de junho de 2014. Um *chatbot* chamado Eugene Goostman (supostamente um ucraniano de 13 anos) convenceu 10 dos 30 juízes humanos (33%) de que era humano (Warwick & Shah, 2016). Contudo, o fato de 67% dos juízes não acreditarem que Eugene Goostman era humano indica que suas habilidades de conversação eram estritamente limitadas. Outras razões para o ceticismo sobre as habilidades dos *chatbots* são discutidas no Capítulo 4.

COMPREENSÃO DE TEXTO: LEITURA

A escrita de textos é muito mais lenta e complexa do que a fala (como você provavelmente já sentiu na pele!). Como resultado, muitas vezes é mais difícil para leitores compreender textos do que para ouvintes entender a fala. Por isso, desenvolver um sistema com uma boa compreensão de textos complexos é o Santo Graal na pesquisa de IA.

Wang *et al.* (2018) introduziram uma bateria de nove tarefas de compreensão de leitura para computadores chamada Glue (do inglês *General Language Understanding Evaluation* – em português, "avaliação geral da compreensão da linguagem") para avaliar as habilidades de compreensão da linguagem dos modelos de IA. Quatro tarefas avaliaram a capacidade de fazer inferências. Eis um exemplo. A informação de que "o presidente Trump desembarcou no Iraque para o início de uma visita de sete dias" significa que "o presidente Trump está em uma visita ao exterior"? Outras tarefas avaliaram as habilidades linguísticas (como paráfrase e julgamentos de similaridade semântica).

Wang *et al.* (2018) descobriram que o modelo de IA com melhor desempenho nas tarefas do Glue alcançou uma média de 69%, e o pior modelo, uma média de 58,9%. Em contrapartida, o desempenho humano médio é de 87,1% (Nangia & Bowman, 2019). Tudo mudou para melhor quando o Google desenvolveu o Bert (do inglês *Bi-directional Encoder Representation from Transformers* – em português, "representação de codificador bidirecional de transformadores") (Devlin *et al.*, 2019). O Bert teve uma média de 80,5% (ainda abaixo do desempenho humano) nas tarefas do Glue. As coisas mudaram rapidamente depois disso. Em julho de 2019, uma nova versão do Bert superou o desempenho humano, com 88,4% nas tarefas do Glue (Yang *et al.*, 2019). Depois, proliferaram descendentes do Bert, como Roberta e Albert (um Bert leve), e vários desses modelos semelhantes ao Bert também superaram o desempenho humano.

Qual é o segredo do sucesso do Bert? Ele se engaja em um processamento mais complexo (e humano) da linguagem escrita do que os modelos anteriores. Esses modelos anteriores processavam as palavras em uma frase, uma por uma sequencialmente, da esquerda para a direita, usando informações brutas semelhantes a dicionários para acessar significados de palavras. A ênfase desses modelos nos significados das palavras individuais acabava resultando em vários aspectos do processamento da linguagem humana sendo omitidos ou perdendo importância.

Os modelos anteriores ignoravam em grande parte o contexto e a sintaxe. Considere homônimos (duas palavras com a mesma ortografia, mas significados diferentes): um exemplo é "banco" (assento) e "banco" (um lugar onde o dinheiro é mantido). Esses modelos encontraram dificuldades para distinguir entre os dois significados dos homônimos. Eles também tiveram grande dificuldade em distinguir entre os significados de frases contendo palavras muito semelhantes (como "O cão mordeu o homem" vs. "O homem mordeu o cão").

Diferentemente dos modelos anteriores, o Bert lê da esquerda para a direita e da direita para a esquerda ao mesmo tempo. Como consequência, seu processamento é mais minucioso do que o de outros modelos. O Bert também difere de outros modelos porque usa um processo de ponderação de atenção para formar múltiplas conexões entre as palavras mais importantes em uma frase, ignorando em grande parte as menos importantes. Dessa forma, é mais sensível ao contexto (o que vem antes e o que vem depois de uma determinada palavra) do que os modelos anteriores. Também triunfa sobre outros modelos de processamento de linguagem porque tem maior capacidade, poder computacional e é pré-treinado em mais dados de linguagens.

Apesar de seus muitos sucessos, o Bert tem várias limitações. Seu desempenho de compreensão linguística é menos impressionante do que parece, porque ele se baseia muitas vezes em heurística ou atalhos que suprimem a necessidade de compreensão total do texto. Além disso, o Bert tem uma quantidade considerável de conhecimento, mas com frequência não fica claro qual conhecimento está usando para realizar determinada tarefa de compreensão (Rogers *et al.*, 2020).

TRADUÇÃO

Uma área de processamento de linguagem onde a IA tem se mostrado cada vez mais bem-sucedida é a tradução de textos (como documentos) de uma língua para outra. Por exemplo, o Google Translate (baseado em redes neurais profundas) fornece traduções razoavelmente precisas entre o inglês e mais de 100 outros idiomas. É muito mais rápido do que tradutores humanos: pode traduzir uma página inteira de texto em menos de três segundos.

Até recentemente, a qualidade e a precisão da tradução de máquina eram muito inferiores à tradução humana. Contudo, o desenvolvimento da tradução de máquina neural baseada no uso de redes neurais profundas fez a tradução automática melhorar. Essa nova abordagem difere das anteriores, pois envolve aprendizagem de ponta a ponta: todos os processos necessários para a leitura de frases e a produção de uma tradução correta são aprendidos ao mesmo tempo por um único sistema. A tradução de máquina neural também é muito mais flexível do que algumas abordagens anteriores para sistemas de tradução automática envolvendo a aplicação de inúmeras regras fixas.

Várias descobertas impressionantes foram relatadas recentemente. Fischer e Läubli (2020) compararam a tradução de máquina neural e a tradução humana de documentos no setor de seguros (como um texto sobre treinamento especializado em vendas) em relação a três tipos de erros: (1) omissões; (2) terminologia; e (3) tipografia. Em geral, os erros por máquina e por humanos foram semelhantes.

Popel *et al.* (2020) compararam a tradução de notícias do inglês para o tcheco por tradutores profissionais e por um sistema de aprendizagem profunda, o Cubbitt. O Cubbitt superou os tradutores profissionais na preservação do significado do texto. No entanto, a fluência de sua tradução foi classificada como inferior à dos tradutores humanos. Popel *et al.* usaram um teste do tipo Turing em que pediram para 15 juízes humanos decidirem se as traduções de notícias tinham sido produzidas pelo Cubbitt ou por um tradutor profissional. Nove juízes (incluindo três tradutores profissionais e três pesquisadores de tradução automática) não conseguiram distinguir entre as traduções humanas e as de máquina.

Em suma, a tradução automática é muitas vezes quase comparável em qualidade ao desempenho de tradutores humanos profissionais. No entanto, a tradução de máquina continua a ter um desempenho muito abaixo dos níveis humanos quando é preciso levar em conta o contexto. Um dos motivos para isso ocorrer é que o contexto relevante para o processamento de uma determinada frase pode estar em várias frases prévias no texto. Isso acontece frequentemente com pronomes (*ele* e *ela*); e o referente pode ter aparecido muito antes. Huo *et al.* (2020) descobriram com a tradução de vários documentos que a resolução de pronomes era muito melhor quando um sistema de tradução de máquina neural conhecia o contexto do que quando não o conhecia.

GERAÇÃO DE TEXTOS

Produzir um texto coerente (como ensaios ou outros documentos) é provavelmente a habilidade de linguagem humana mais exigente. Seria impressionante se um modelo de linguagem de IA pudesse gerar um texto difícil de distinguir do de um escritor humano. Evidências relevantes foram relatadas por Köbis e Mossink (2020). Juízes humanos que receberam poemas escritos por poetas novatos e por um algoritmo de IA trabalharam a nível do acaso para decidir quais poemas tinham sido escritos por humanos e quais tinham sido escritos por máquinas. Pode-se dizer que esse foi um teste injusto, considerando que o algoritmo de IA tinha recebido extenso treinamento sobre poesia escrita por poetas profissionais.

Em um segundo experimento, os juízes humanos não conseguiram distinguir entre um poema escrito por um poeta profissional e um poema pré-selecionado como o melhor escrito por máquina. No entanto, eles conseguiram distinguir entre um poema de um poeta humano e um poema escrito por máquina selecionado aleatoriamente. Em suma, os humanos tiveram uma capacidade limitada de distinguir entre poemas produzidos pela IA e por humanos.

Uma tentativa impressionante de desenvolver um modelo que produzisse textos semelhantes aos humanos foi relatada por Brown *et al.* (2020). Seu modelo é chamado de Transformador Pré-treinado Gerativo 3 (GPT-3, do inglês *Generative Pre-Trained Transformer 3*) (veja os Capítulos 4 e 7). Aqui, vamos mencionar duas de suas características. Em primeiro lugar, o GPT-3 é extremamente poderoso: tem 175 bilhões de parâmetros (valores livres para mudar), enquanto o recorde do modelo anterior era de "apenas" 17 bilhões de parâmetros.

Em segundo lugar, quase todos os modelos de linguagem de IA anteriores foram programados para ter um bom desempenho em uma gama restrita de tarefas linguísticas para as quais receberam uma enorme quantidade de treinamento relevante. Em contraste, o GPT-3 foi projetado para executar inúmeras tarefas linguísticas sem receber treinamento intensivo em nenhuma tarefa específica.

Brown *et al.* (2020) deram a várias versões do GPT-3 a tarefa de produzir artigos de notícias contendo 200 ou 500 palavras, após apresentar alguns exemplos. Foram entregues artigos produzidos por humanos e pelo GPT-3 para juízes humanos, que precisavam dizer quem os havia escrito: se a máquina ou os humanos. Dos artigos de 200 palavras produzidos pela versão completa de 175 bilhões de parâmetros do GPT-3, eles acertaram apenas 52% das vezes.

Um exemplo dos artigos do GPT-3 é apresentado a seguir. Apenas 12% dos juízes humanos identificaram corretamente como tendo sido produzido por um modelo de IA.

Título: Metodistas Unidos concordam com divisão histórica

Subtítulo: Aqueles que se opõem ao casamento gay formarão sua própria denominação

Artigo: Após dois dias de intensos debates, a Igreja Metodista Unida concordou com uma divisão histórica – que será "teologicamente e socialmente conservadora", segundo o jornal The Washington Post. A maioria dos delegados presentes na Conferência Geral anual da igreja em maio votou a favor de fortalecer a proibição da ordenação do clero LGBTQ e de escrever novas regras que "disciplinarão" o clero que oficializa casamentos entre pessoas do mesmo sexo. Mas aqueles que se opuseram a essas medidas têm um novo plano: eles dizem que formarão uma denominação separada até 2020, chamando sua igreja da denominação Metodista Cristã.

O Post observa que a denominação, que afirma ter 12,5 membros, era, no início do século XX, a "maior denominação protestante dos EUA", mas vem encolhendo nas últimas décadas. A nova divisão será a segunda na história da igreja. A primeira ocorreu em 1968, quando cerca de 10% da denominação se desligou para formar a Igreja Evangélica Unida Brethren. O Post observa que a divisão proposta "ocorre em um momento crítico para a igreja, que vem perdendo membros há anos..."

Várias limitações do GPT-3 são discutidas no Capítulo 4. A crítica central é que ele está basicamente usando informações contidas no título e no subtítulo para identificar e, em seguida, reproduzir blocos de conhecimento contidos em seu banco de dados durante a geração de texto. Esses processos ocorrem sem qualquer compreensão das informações contidas nos artigos que gera.

CONCLUSÕES

A IA fez progressos substanciais na produção de níveis de desempenho semelhantes aos humanos em várias tarefas linguísticas. Os exemplos mais notáveis são reconhecimento ou percepção de fala, compreensão de textos, tradução de idiomas e geração de textos. No entanto, há muitas controvérsias sobre se essas conquistas são tudo o que parecem ser. Consideramos essa questão no Capítulo 4, onde as avaliamos melhor.

NOSSAS CARREIRAS ESTÃO EM JOGO?

Muitas pessoas temem que robôs e outros sistemas de IA assumam progressivamente os empregos de dezenas (ou centenas) de milhões de trabalhadores. Já em 1965, Herb Simon, um pioneiro da TI, previu que, "dentro de 20 anos, as máquinas serão capazes de fazer qualquer trabalho que um homem pode fazer" (p. 38). Obviamente, tal previsão acabou se mostrando errada. No entanto, especialistas em IA previram há alguns anos que havia 50% de chance de as máquinas de IA serem capazes de realizar TODOS os trabalhos melhor do que os humanos até 2060 (discutido mais adiante no Capítulo 7). Aqui consideramos vários exemplos mostrando como a IA já está desafiando os trabalhadores humanos, mesmo em empregos de alto nível.

USOS JURÍDICOS

Começamos com a lei. Uma das principais áreas onde a IA tem sido utilizada é a descoberta eletrônica (Caffrey, 2020). Trata-se do processo de identificação de provas documentais relevantes (como a diligência prévia antes de entrar em um acordo e elaboração de um caso jurídico). Isso pode ser muito demorado e caro. Há vários anos, houve uma disputa de patentes entre a Samsung e a Apple, quando 11.108.653 documentos foram examinados, a um custo total de US$ 13 milhões em um período de 20 meses (Dale, 2018). Esses enormes custos poderiam ser reduzidos com o uso extensivo da IA.

Em 2018, várias universidades americanas organizaram uma competição entre 20 advogados especialistas e o sistema de IA LawGeex, treinado em dezenas de milhares de contratos. A tarefa era detectar brechas em cinco acordos de confidencialidade. O LawGeex foi mais preciso do que os advogados em geral (94% vs. 85% de precisão, respectivamente) e superou os advogados em todos os cinco acordos. Notavelmente, o LawGeex alcançou esse desempenho superior, embora tenha dedicado menos de 1/200 do tempo gasto pelos advogados em média na análise dos documentos (26 segundos vs. 92 minutos, respectivamente) (LawGeex, 2018).

Não é de se admirar que muitos advogados se recusaram a aceitar essas descobertas. Eles apontaram que os acordos de confidencialidade têm um formato bastante padronizado, facilitando, assim, a tarefa do LawGeex. Além disso, muitas vezes é mais fácil detectar erros em um documento legal do que sugerir formas alternativas de expressar problemas ou corrigir os erros. Em suma, a constatação de que um sistema de IA pode superar especialistas humanos em tarefas legais relativamente simples não significa que os superaria em questões legais mais complexas.

Em princípio, existem inúmeras maneiras de a IA melhorar as decisões legais. Tegmark (2018, p. 105) vislumbra um futuro em que a maioria das decisões legais serão tomadas por juízes-robôs: "Sistemas de IA que aplicam incansavelmente os mesmos altos padrões legais a cada julgamento sem sucumbir a erros humanos, como preconceito, fadiga ou falta de conhecimento mais atualizado".

Essa visão do futuro é menos hipotética do que você pode imaginar. Em 2019, o Ministério da Justiça da Estônia pediu a Ott Velsberg (diretor de informações da Estônia) que projetasse um juíz-robô para julgar pequenas reivindicações abaixo de 6 mil libras esterlinas e resolver um acúmulo de casos. O júri ainda não emitiu o veredito sobre se o juíz-robô substituiria juízes humanos (Niiler, 2019). Note- se, no entanto, que as decisões do juíz-robô dizem respeito apenas a questões legais simples. Além disso, indivíduos insatisfeitos com as decisões do juíz-robô podem apelar a juízes humanos.

A IA já está auxiliando o processo legal de outras formas. Na China, os tribunais lidam com cerca de 19 milhões de casos por ano, o que leva a várias tentativas de introduzir a IA no sistema legal. Em Pequim, por exemplo, um robô de 1,5 metros de altura chamado Xiaofa fornece respostas para mais de 40 mil questões de litígio e 30 mil questões legais (veja a Figura 2.7). No momento, porém, a IA não está diretamente envolvida na tomada de decisões judiciais e não substitui o conhecimento dos juízes.

O sistema legal na maioria dos países é suscetível a preconceitos. Tegmark (2018) discutiu o caso do supremacista branco americano Byron de la Beckwith. Ele assassinou o líder dos direitos civis Medgar Evers em 12 de junho de 1963, mas só foi condenado por esse crime em 1994. Dois júris brancos diferentes não o condenaram em 1964, embora as evidências disponíveis naquela época fossem basicamente as mesmas de 1994.

Vieses raciais e outros podem estar implícitos, o que significa que os indivíduos podem não estar conscientes de seus preconceitos. O viés implícito pode ser avaliado usando-se o Teste de Associação Implícita. Cunningham *et al.* (2001) pediram aos participantes brancos que fizessem o Teste de Associação Implícita para avaliar estereótipos raciais. Em uma circunstância, os participantes pressionavam uma tecla se um rosto negro ou uma palavra positiva (por exemplo, "amor") fosse apresentada e uma tecla diferente se um rosto branco ou uma palavra ruim (por exemplo, "terrível") fosse apresentada. Os tempos de reação foram mais lentos nessa circunstância do que quando um rosto negro foi apresentado junto com uma palavra negativa e um rosto branco com uma palavra positiva.

Os achados acima sugerem que os participantes tinham preconceitos implícitos ou inconscientes a favor de brancos e contra negros. Por outro lado, os participantes brancos talvez tivessem mais familiaridade com algumas combinações de palavras-rosto. Kurdi *et al.* (2019) realizaram uma metanálise usando dados do Teste de Associação Implícita. Houve uma pequena associação entre preconceito racial implícito e comportamento discriminatório.

O Teste de Associação Implícita foi modificado para torná-lo mais diretamente aplicável ao sistema legal. Levinson *et al.* (2010) descobriram que havia um preconceito racial implícito: o desempenho era mais rápido quando rostos negros eram emparelhados com "culpado", e os brancos com "inocente", em vez dos pares opostos. De forma preocupante, Levinson *et al.* (2014) descobriram que o preconceito racial implícito era maior entre aqueles que são a favor da pena de morte.

Precisamos fazer uma ressalva neste momento. Muitas vezes se supõe que um preconceito implícito (no sentido de ser avaliado por meios indiretos) é necessariamente também um preconceito inconsciente. No entanto, há poucas evidências de que os preconceitos indiretos são idênticos aos inconscientes (Corneille & Hütter, 2020). A existência de vários preconceitos sugere que poderia haver um papel importante para a IA dentro do sistema judicial. Em princípio, os sistemas de IA poderiam reduzir ou eliminar os vários preconceitos de muitos membros da polícia e de jurados.

Compas

O Compas (do inglês *Correctional Offender Management Profiling for Alternative Sanctions* – em português, "criação de perfil correcional de infratores para penas alternativas") é um famoso exemplo de IA sendo usada dentro do sistema jurídico. Nos Estados Unidos, o Compas avaliou MAIS de 1 milhão de infratores para prever a reincidência (o risco de que eles irão cometer crimes novamente) com base em 137 características e em seus antecedentes criminais. Foi alegado que o Compas prevê melhor do que juízes humanos quem provavelmente retornará ao crime e, por isso, deve ter a liberdade condicional negada.

Foram identificados vários problemas com o Compas. Por exemplo, sua precisão geral em prever se alguém voltará a infringir a lei é de apenas 65%. Dressel e Farid (2018) descobriram que indivíduos que sabiam muito pouco sobre o sistema de justiça criminal tiveram um desempenho comparável ao do Compas. Entretanto, foram fornecidos apenas sete características sobre cada réu em comparação com os 137 fatores utilizados pelo Compas. Mais drasticamente, Dressel e Farid atingiram uma taxa de sucesso de 67% usando apenas DUAS informações: a idade do réu e o número de condenações anteriores!

Os achados de Dressel e Farid (2018) diferem dos obtidos anteriormente. Por exemplo, Kleinberg *et al.* (2017) estudaram a seguinte situação: alguns juízes precisavam decidir se os 800 mil réus deveriam aguardar julgamento em casa ou na prisão. Seu desempenho foi comparado com aquele feito posteriormente por um sistema de IA. Se as decisões da IA tivessem substituído as decisões dos juízes, o crime pré-julgamento teria sido reduzido em 25% sem alterar a taxa de prisões. Por outro lado, a taxa de prisões poderia ter sido reduzida em 40% sem aumento proporcional nas taxas de criminalidade pré-julgamento.

Por que os achados de Dressel e Farid (2018) são tão discrepantes? Em seu estudo, as condições sob as quais os humanos previram se criminosos individuais iriam reincidir tornaram a tarefa relativamente fácil (Lin *et al.*, 2020). Por exemplo, sua atenção foi direcionada a um pequeno número de fatores preditivos relevantes. Eles também receberam *feedback* imediato sobre a exatidão de suas previsões. Em contrapartida, em cenários judiciais do mundo real, os seres humanos que preveem a reincidência subsequente costumam receber muito mais informações (algumas irrelevantes) e nunca têm *feedback* imediato.

Quando Lin *et al.* (2020) utilizaram condições de tarefas semelhantes às utilizadas por Dressel e Fahid (2018), obtiveram achados comparáveis. No entanto, um sistema de IA fez previsões mais precisas do que os humanos sobre a reincidência quando as condições da tarefa eram mais difíceis (triplicando as informações sobre cada réu). Assim, a IA foi superior aos humanos na integração de informações complexas.

Como indicado anteriormente, as previsões dos juízes sobre a probabilidade de reincidência dos réus em ambientes judiciais do mundo real são sempre feitas com ausência de *feedback* sobre a exatidão dessas previsões. Consideraremos as conclusões de Lin *et al.* (2020) sobre a importância do *feedback* no que diz respeito à previsão de quem seria reincidente em crimes violentos. A IA teve uma taxa de sucesso de 89%. Em contraste, os humanos tiveram uma taxa de sucesso de 83% quando receberam *feedback*, mas isso caiu para apenas 60% sem *feedback*.

Dressel e Fahid (2018) também afirmaram que o Compas apresenta preconceito racial, embora suas previsões não sejam diretamente baseadas em raça. Eles consideraram falsos positivos (ou seja, prever reincidência em réus que não eram reincidentes). O Compas produziu 40% de falsos positivos para réus negros, em comparação com apenas 26% para os brancos. Também consideraram falsos negativos (ou seja, não prevendo nenhuma reincidência em réus que tiveram reincidência). O Compas produziu muito mais falsos negativos para réus brancos do que para negros (42% vs. 30%, respectivamente). Portanto, o Compas pareceu excessivamente pessimista sobre as chances de réus negros cometerem reincidência, e indevidamente otimista quanto a réus brancos não serem reincidentes.

Os resultados acima parecem refletir preconceito racial. No entanto, a noção de "equidade" é muito mais difícil de definir do que geralmente se supõe (Goel *et al.*, 2021). Suponha que decidamos que o sistema deve ser alterado para garantir que a porcentagem de falsos positivos seja equiparada para réus negros e brancos. Poderíamos conseguir isso prevendo que a reincidência ocorrerá entre os negros que marcarão 6 ou mais na escala de risco Compas e entre os brancos que marcarão 4 ou mais (Corbett-Davies e Goel, 2018). Contudo, estabelecer pontos diferentes de corte para pessoas negras e para pessoas brancas também poderia ser considerado preconceito racial.

Os problemas acima poderiam ser resolvidos ignorando-se a raça ao prever a probabilidade de réus reincidirem? Essa solução também é falha, porque produz grandes diferenças raciais em falsos positivos e falsos negativos (Goel *et al.*, 2021). Problemas semelhantes surgem se adotarmos a estratégia aparentemente razoável de ignorar o gênero ao usar o Compas. Corbett-Davies e Goel (2018) mostraram que os réus do sexo masculino tinham uma taxa de reincidência muito maior para qualquer pontuação do Compas (veja a Figura 2.6). Por exemplo, a taxa de reincidência associada a uma pontuação de 6 é de 62% para réus do sexo masculino, mas apenas 48% para réus do sexo feminino. Esse resultado aparentemente injusto

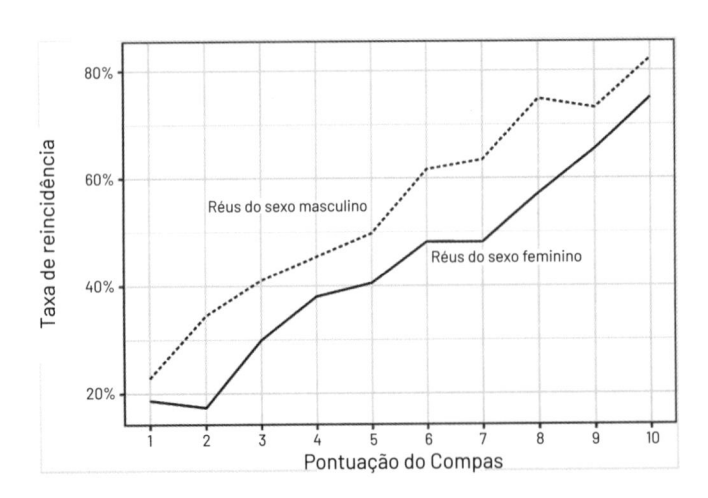

Figura 2.6

A taxa de reincidência para réus homens e mulheres em função de sua pontuação Compas.
Fonte: De Corbett-Davies & Goel (2018).

ocorre porque os homens reincidem a taxas mais altas do que as mulheres com antecedentes criminais muito semelhantes.

O que é crucial para o futuro é identificar uma definição consensual de "equidade" ao prever a reincidência. Se isso for alcançado, os sistemas de IA provavelmente seriam a solução ideal (ou quase ideal).

MEDICINA: DIAGNÓSTICOS

Aproximadamente 20% das doenças graves são inicialmente diagnosticadas erroneamente pelos médicos (Graber, 2013), com um terço desses diagnósticos errados prejudicando o paciente. Seria de grande valor elaborar algoritmos de IA que produzissem diagnósticos mais precisos do que os fornecidos pelos médicos. Liang *et al.* (2019) treinaram um sistema de aprendizado profundo para diagnosticar 567.498 pacientes crianças a partir de prontuários eletrônicos. Houve uma associação entre os diagnósticos previstos pelo sistema de aprendizado profundo e os diagnósticos iniciais dos médicos em todas as principais categorias de doenças, sugerindo que a IA pode muitas vezes corresponder ao desempenho diagnóstico dos médicos.

O sistema de aprendizado profundo de Liang *et al.* (2019) adotou uma abordagem correlacional – as doenças foram identificadas com base na força da sua correlação com os sintomas do paciente. Uma abordagem causal, contudo, seria preferível. Por exemplo, poderíamos perguntar quantos dos sintomas do paciente desapareceriam se a suposta doença tivesse sido curada. Usando cenários clínicos, Richens *et al.* (2020) descobriram que os médicos forneceram diagnósticos precisos em 71% das vezes, e um algoritmo de IA baseado em evidências correlacionais foi preciso em 72% das vezes. O mais impressionante é que um algoritmo causal de IA estava correto 77% do tempo, colocando seu desempenho entre os 25% melhores médicos (veja a Figura 2.7).

A maioria das pesquisas médicas usando IA se concentrou em diagnósticos baseados na busca de anormalidades em imagens médicas (como radiografias e tomografias cerebrais). *Insights* sobre o que é

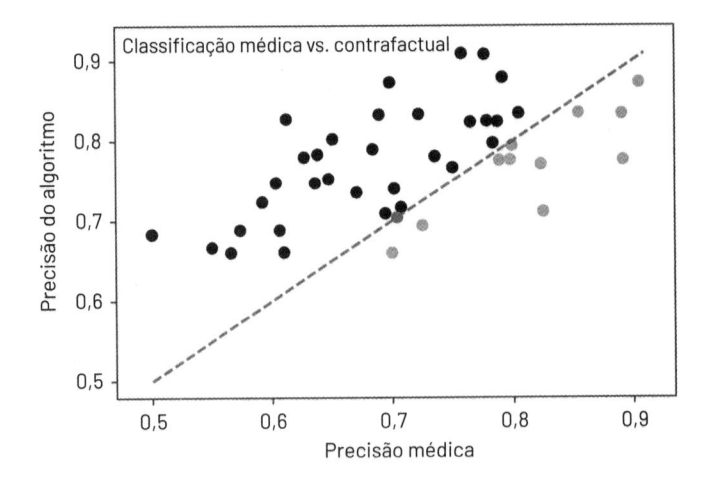

Figura 2.7

Precisão do diagnóstico feito por 44 médicos em relação a um algoritmo causal de IA. Os pontos em preto correspondem a médicos com desempenho pior que a IA. O ponto no centro do gráfico sobre a linha tracejada é um médico com a mesma precisão que a IA. Os pontos em cinza claro são médicos com melhor desempenho do que a IA.

Fonte: De Richens *et al.* (2020).

necessário para alcançar altos níveis de precisão diagnóstica podem ser obtidos estudando-se especialistas médicos. Estes normalmente detectam anormalidades com rapidez e precisão. Em um estudo, radiologistas especializados interpretaram corretamente radiografias torácicas por apenas 200 milissegundos. Em outro estudo, especialistas e não especialistas analisaram mamografias complexas. O tempo médio gasto pelos especialistas para detectar um câncer foi em geral inferior a um segundo. A precisão de desempenho foi muito maior para médicos que localizaram o câncer rapidamente do que para aqueles que não o fizeram.

Médicos especialistas usam uma estratégia de detecção e pesquisa, começando com a detecção rápida de informações diagnósticas relevantes, seguida de uma breve pesquisa para verificar se não há outras informações relevantes. A detecção ocorre rapidamente, porque os especialistas estudam o reconhecimento de padrões comparando a imagem médica apresentada e os padrões armazenados de imagens médicas encontradas no passado. Em contrapartida, os não especialistas usam uma estratégia de pesquisa e detecção envolvendo uma busca visual extensiva (incluindo informações muito irrelevantes), seguida de eventual detecção de informações diagnósticas relevantes. Eles usam essa estratégia porque não têm a riqueza de informações relevantes armazenadas na memória de longo prazo, que permitiria que a detecção viesse antes da pesquisa.

Os sistemas de IA são tão eficazes quanto os médicos na detecção de doenças a partir de imagens médicas? Liu *et al.* (2019) realizaram recentemente uma metanálise de pesquisas onde os sistemas de IA haviam usado o *deep learning* (discutido no Capítulo 1) para melhorar suas habilidades diagnósticas. A precisão diagnóstica tem dois aspectos: (1) sensibilidade (detectar com precisão anormalidades nas imagens) e (2) especificidade (rejeitar com precisão imagens que não contenham anormalidades). Liu *et al.* compararam sistemas de IA com especialistas humanos no que diz respeito à sensibilidade e à especificidade.

O que descobriram? As precisões diagnósticas gerais dos sistemas de IA e dos seres humanos foram impressionantes e muito semelhantes. A sensibilidade foi de 87% para a IA vs. 86,4% para profissionais de saúde. A especificidade média foi de 92,5% (IA) vs. 90,5% (profissionais de saúde). Num estudo de Esteva *et al.*, 2017, um sistema de IA utilizando *deep learning* foi treinado com 129.450 imagens clínicas, e os dermatologistas diagnosticaram melanoma a partir de imagens visuais. Essas imagens foram apresentadas sozinhas ou com informações clínicas adicionais. A precisão diagnóstica do sistema de IA foi superior à dos dermatologistas humanos em ambas as condições.

Alguns achados impressionantes foram relatados por McKinney *et al.* (2020) em um estudo sobre diagnóstico de câncer de mama. Compararam o desempenho de um sistema de IA baseado no aprendizado profundo contra o de especialistas médicos humanos nos Estados Unidos e no Reino Unido. O sistema de IA produziu 5,7% menos falsos positivos (ou seja, decidir erroneamente que um indivíduo tinha câncer de mama) do que os especialistas norte-americanos e 1,2% menos do que os especialistas britânicos. Com relação a falsos negativos (decidir erroneamente que um indivíduo não tinha câncer de mama), o sistema de IA cometeu 9,4% menos erros desse tipo do que os especialistas americanos e 2,7% menos do que os britânicos.

Os sistemas de IA têm se mostrado cada vez mais eficazes não apenas no diagnóstico médico, mas também no *prognóstico* médico (prever o curso provável de uma doença). Se conseguirmos um prognóstico mais preciso, aumenta a probabilidade de fornecer tratamento personalizado adaptado às necessidades dos pacientes. Huang *et al.* (2020) revisaram pesquisas em que sistemas de aprendizado profundo foram usados no prognóstico de câncer. Em geral, os achados foram muito positivos, levando à conclusão: "Esperamos que a pesquisa clínica sobre câncer baseada em IA resulte em uma mudança de paradigma na sobrevida devido a taxas de previsão aprimoradas" (p. 68).

A pesquisa de IA sobre diagnóstico de imagens médicas tem se concentrado em outras doenças além do câncer. Por exemplo, Devalla *et al.* (2020) revisaram pesquisas sobre a eficácia da IA no diagnóstico de glaucoma (uma doença ocular grave que pode levar à cegueira irreversível). Os sistemas de IA às vezes alcançam uma taxa de sucesso acima de 90% no diagnóstico de glaucoma a partir de imagens médicas, significativamente maior do que a taxa de sucesso da maioria dos especialistas.

No futuro, a ênfase será no desenvolvimento de sistemas de IA e colaborativos entre IA e humanos para melhorar a tomada de decisões médicas. Cai *et al.* (2019) mostraram, em um estudo de patologistas, como isso pode funcionar, utilizando amostras microscópicas de fluido ou tecido corporal no diagnóstico de câncer. Quando os patologistas não têm certeza sobre o diagnóstico correto, eles normalmente buscam informações adicionais (como imagens semelhantes de livros didáticos e segunda opinião de especialistas).

Cai *et al.* (2019) desenvolveram um sistema de IA conhecido como Smily (do inglês *Similar Medical Images Like Yours* – em português, "imagens médicas similares à sua"), baseado em redes neurais profundas. Quando um patologista que estuda uma imagem médica quer compará-la com imagens semelhantes de casos passados (juntamente com seus diagnósticos), o Smily acessa rapidamente tais imagens. O patologista então indica as imagens que parecem úteis, o que desencadeia uma busca por outras imagens semelhantes. O Smily também inclui uma ferramenta de refinar por região, que permite aos patologistas se concentrarem em uma região de interesse dentro da imagem-alvo.

Os resultados foram muito positivos. A maioria dos patologistas considerou que o Smily tinha utilidade diagnóstica. Por exemplo, permitiu que eles gerassem novas ideias e minimizassem erros. Fez isso exigindo menos esforço do que os métodos tradicionais.

Em suma, o aprendizado profundo e outros sistemas baseados em IA têm se mostrado muito eficazes no diagnóstico médico em inúmeras doenças. Há também evidências promissoras de que os sistemas de IA podem ser valiosos no prognóstico médico, ajudando a garantir que todos os pacientes obtenham o tratamento ideal.

Existem várias questões problemáticas relacionadas a muitas pesquisas sobre a eficácia dos sistemas de IA no diagnóstico médico com base em imagens. Essas questões são abordadas amplamente no Capítulo 7.

MEDICINA: ROBÔS PARA REALIZAÇÃO DE CIRURGIAS

Nos últimos 20 anos, a IA tem tido um impacto cada vez maior na medicina com o desenvolvimento de robôs para a realização de cirurgias. Sheetz *et al.* (2020) descobriram, em 73 hospitais de Michigan, que o percentual de procedimentos cirúrgicos comuns envolvendo robôs aumentou de 1,8% em 2012 para 15,1% em 2018. No caso da correção de hérnia, houve um aumento de 40 vezes no percentual de cirurgias desse tipo usando robôs.

Aproximadamente 2 milhões de cirurgias utilizando robôs (cirurgia renal, cirurgia da vesícula biliar e histerectomia, etc.) foram realizadas nos Estados Unidos entre 2000 e 2015. Nesse período, aproximadamente 150 mortes e 1.600 acidentes foram ligados à cirurgia com robôs nos Estados Unidos. Por que humanos são mortos ou feridos por robôs em ambientes médicos? Vários fatores estão envolvidos. Por exemplo: peças queimadas ou quebradas de equipamentos que caem no paciente, danos ou quebras de instrumentos médicos, movimentos robóticos descontrolados e instrumentos não reconhecidos pelo robô (Alemzadeh *et al.*, 2016). Esses números parecem preocupantes. Note-se, no entanto, que assistência hospitalar inadequada prestada pela equipe médica humana é um fator ligado a mais de 100 mil mortes por ano nos Estados Unidos.

Quão eficaz é a cirurgia usando robôs em comparação com a cirurgia convencional? As evidências limitadas disponíveis sugerem que os resultados da cirurgia com robôs não são melhores do que a cirurgia convencional para várias doenças, como vários cânceres, correção de hérnia e ressecção renal (consulte Sheetz *et al.*, 2020, para uma revisão). No entanto, os cirurgiões geralmente relatam que a cirurgia com robôs está associada à redução da carga de trabalho e de desconforto laboral, uma vez que envolve menor uso dos ombros, das costas e dos braços (Wee *et al.*, 2020). Apesar disso, a cirurgia com robôs envolve maior desconforto no pescoço e nos dedos do que a cirurgia laparoscópica.

MEDICINA: FACILITANDO A DESCOBERTA DE MEDICAMENTOS

Chegamos agora a um desenvolvimento empolgante da IA na medicina, que diz respeito à sequência de aminoácidos de uma proteína para prever com precisão a forma 3D em que ela se dobrará nos dias seguintes. Essa pesquisa é de grande importância, porque a maioria das doenças está relacionada ao funcionamento de proteínas. Por exemplo, uma proteína defeituosa (p53) é encontrada em cerca de 50% dos cânceres, e proteínas tau defeituosas desempenham um papel importante na doença de Alzheimer. Se tivéssemos uma compreensão completa das estruturas proteicas, facilitaria muito a tarefa de desenvolver medicamentos para produzir mudanças benéficas nessas estruturas.

O progresso feito pela IA é avaliado em uma competição bianual conhecida como *Critical Assessment for Structure Prediction* (Casp, avaliação crítica para previsão de estrutura), cujo objetivo é prever a forma 3D de uma proteína. Na Casp, as previsões de cada sistema de IA são comparadas com as estruturas reais de proteínas avaliadas por técnicas caras e trabalhosas (cristalografia de raios-X, microscopia eletrônica criogênica, etc.). Um desempenho excelente é representado por uma pontuação de 90, o que corresponde à previsão das estruturas de proteínas com um erro médio de 0,16 namômetros (um bilionésimo de um metro).

A pontuação vencedora em competições da Casp entre 2006 e 2016 nunca foi maior do que 40, número baixo. No entanto, houve um salto qualitativo em 2018. O AlphaFold, um sistema de aprendizado profundo desenvolvido pelo DeepMind, obteve uma pontuação de quase 60. Em 30 de novembro de 2020, foi anunciado que o AlphaFold 2 havia superado muito essa conquista com uma notável pontuação de quase 90, o que representa "um salto gigantesco" (Callaway, 2020).

Por que o AlphaFold 2 se saiu tão bem? Ele se assemelha a muitos outros sistemas que usam aprendizado profundo, mas teve a vantagem de um treinamento extenso em 170 mil proteínas antes da competição. O AlphaFold 2 também é mais ambicioso do que os sistemas de IA anteriores, porque foi projetado para prever a estrutura final de uma sequência proteica-alvo em vez da tarefa mais simples de prever relações entre aminoácidos.

ROBÔS NA PRODUÇÃO DE CARROS

Como mencionado no Capítulo 1, já existem mais de 3 milhões de robôs no mundo, e esse número está aumentando rapidamente. Os robôs são usados para inúmeros tipos de trabalho; 50% deles, na produção de carros. É surpreendente que a primeira vez que isso ocorreu tenha sido em 1961, quando a General Motors começou a usá-los para a solda a ponto (processo para união de chapas de aço). Hoje em dia, é claro, quase todos os fabricantes de automóveis usam robôs para melhorar a qualidade, aumentar a capacidade, reduzir custos e proteger os trabalhadores de tarefas difíceis e/ou perigosas relacionadas a carros.

Existem várias vantagens claras no uso de robôs na produção de carros. Os robôs são muito adequados para vários aspectos desse tipo de produção, como pintura, soldagem e montagem de peças pequenas (como motores e bombas) em alta velocidade. Além disso, a produtividade e a capacidade de produção podem ser maximizadas, porque os robôs podem trabalhar de forma eficiente 24 horas por dia. Também podem trabalhar em ambientes perigosos para os seres humanos, reduzindo os ferimentos em trabalhadores da área automotiva. Há redução dos custos de mão de obra em comparação com a contratação de trabalhadores humanos. Por fim, há o uso crescente de *cobots* (robôs colaborativos), que podem trabalhar ao lado de trabalhadores humanos para fazer uso ideal de habilidades tanto dos humanos quanto dos robôs.

Há também algumas desvantagens potenciais no uso de robôs para a produção de carros. Essas desvantagens são discutidas no Capítulo 5, em que são abordadas várias questões-chave relacionadas ao uso de robôs em inúmeras situações (condução de carros, operações militares, entre outras).

CONCLUSÕES

Neste capítulo, discutimos várias áreas em que a IA se mostrou superior aos maiores especialistas humanos. O que talvez seja mais impressionante é que a superioridade da IA abrange uma ampla gama de tarefas e habilidades diferentes, como as seguintes:

1. jogos com informação perfeita ou de sistema fechado, como xadrez e Go;
2. jogos imperfeitos ou abertos, como pôquer;
3. jogos baseados em conhecimento, como Jeopardy!;
4. alguns aspectos da tomada de decisão no sistema judiciário;
5. diagnóstico de doenças a partir de imagens médicas;
6. velocidade e precisão de alguns tipos de cirurgia;

7. previsão da forma das proteínas para facilitar a descoberta de drogas poderosas para tratar doenças;
8. velocidade e precisão dos aspectos da produção de carros.

Se já somos inferiores aos sistemas de IA em muitos aspectos, será que é inevitável o domínio da IA sobre os seres humanos até, digamos, 2030 ou 2040? Muitos especialistas estão convencidos de que a resposta é "Sim". Não acreditamos completamente nisso, como ficará claro quando discutirmos as grandes limitações da IA no Capítulo 4. Além disso, no Capítulo 7, demonstramos que muitos dos maiores sucessos da IA são muito menos impressionantes do que parecem à primeira vista.

3

Trunfos humanos

No Capítulo 2, vimos os enormes avanços feitos pela IA. Aqui, abordaremos os pontos fortes da inteligência humana, começando com a evolução do cérebro. Em seguida, falaremos sobre nossas forças cognitivas atuais, incluindo uma avaliação de nossas principais vantagens cognitivas sobre outras espécies.

O CÉREBRO HUMANO: A INFLUÊNCIA DA EVOLUÇÃO

O cérebro humano triplicou de tamanho nos últimos 6 a 8 milhões de anos. Há três milhões de anos, membros da espécie *Australopithecus afarensis* tinham crânios com um volume interno de aproximadamente 475 centímetros cúbicos (cm^3). Avançando para o *Homo habilis*, há pouco menos de 2 milhões de anos, o volume do crânio aumentou para 600 cm^3. Nossos ancestrais de 500 mil anos atrás tinham cérebros superiores a 1.000 cm^3. Os humanos atuais são *Homo sapiens*. Os primeiros membros de nossa espécie tinham cérebros com aproximadamente 1.200 cm^3 de tamanho (semelhantes aos dos humanos atuais).

Embora a maioria das áreas cerebrais tenha aumentado de tamanho ao longo do tempo, o neocórtex aumentou mais em humanos e em outras espécies de primatas. Ele é importante porque é a área cerebral mais envolvida em processos cognitivos superiores (como pensamento e tomada de decisão).

Talvez seja natural supor que cérebros maiores estejam associados a maior inteligência. Nessa medição, os humanos superam os chimpanzés

Trunfos humanos

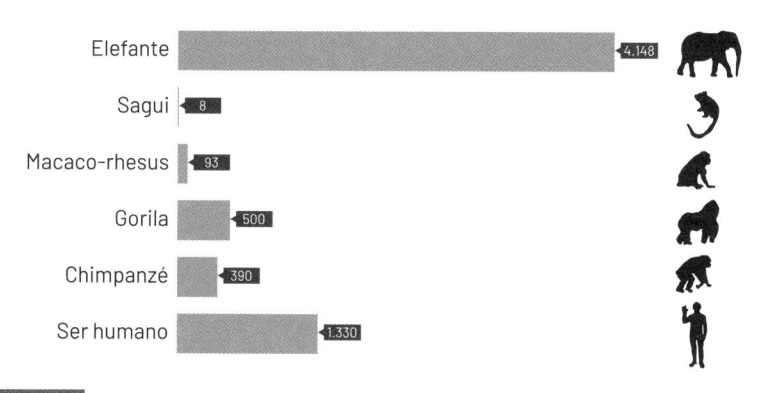

Espécie	Tamanho (g)
Elefante	4.148
Sagui	8
Macaco-rhesus	93
Gorila	500
Chimpanzé	390
Ser humano	1.330

Figura 3.1

Comparações do tamanho cerebral (em gramas) para seis espécies, incluindo os seres humanos.

e os gorilas. No entanto, nosso cérebro tem apenas um terço do tamanho do de um elefante (veja a Figura 3.1), mas é óbvio que somos substancialmente mais inteligentes do que os elefantes.

Obtemos uma imagem diferente se relacionamos o tamanho do cérebro com o tamanho do corpo e assim o vemos como uma porcentagem da massa corporal (veja a Figura 3.2). Nessa medição, os seres humanos têm uma porcentagem muito maior do que quatro das outras cinco espécies (por exemplo 2% para humanos vs. 0,1% para elefantes).

Por que nossos cérebros são *três* vezes maiores que os de nossos ancestrais? Há muitas respostas para isso. No entanto, existem três hipóteses principais (Dunbar & Shultz, 2017):

1. Nossos ancestrais precisavam de "inteligência ecológica" para responder a grandes desafios do ambiente não social (como garantir suprimentos alimentares adequados em condições difíceis).
2. Nossos ancestrais precisavam de "inteligência social" para formar grupos, sobreviver em condições adversas e competir com sucesso contra outras espécies e grupos. A competição entre

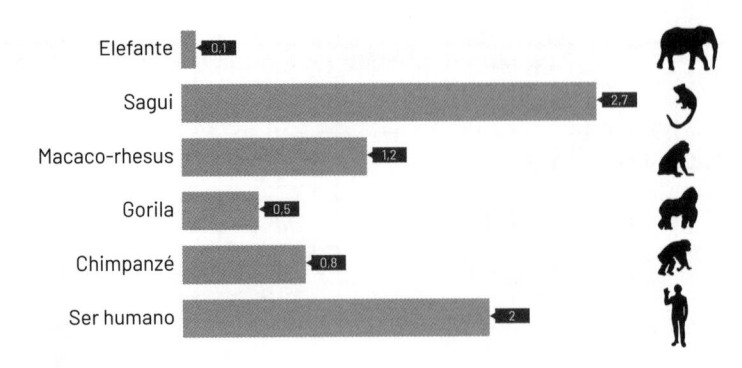

Elefante	0,1
Sagui	2,7
Macaco-rhesus	1,2
Gorila	0,5
Chimpanzé	0,8
Ser humano	2

Figura 3.2

Tamanho cerebral como uma porcentagem da massa corporal para seis espécies, incluindo humanos.

grupos pode ter levado a "corridas armamentistas evolutivas na cognição", em que a inteligência social aprimorada era necessária para evitar o aniquilamento.

3. Nossos ancestrais precisaram evoluir sua "inteligência cultural" para aprender com os outros e se beneficiar do conhecimento cultural que os humanos estavam acumulando.

Qual hipótese explica melhor o aumento do cérebro humano? Essa pergunta é difícil de responder. Temos informações limitadas sobre as condições de vida de centenas de milhares de anos atrás. Mesmo quando temos evidências razoáveis, é extremamente difícil mostrar que esses aspectos influenciaram a *causa* do desenvolvimento cerebral. Além disso, mesmo que as três hipóteses não estejam totalmente separadas, a segunda tem sido identificada como o fator mais importante. Dunbar (1998) propôs a hipótese do cérebro social determinante. De acordo com ela, nossos ancestrais resolviam problemas ecológicos complexos (como escassez de alimentos e perigo de predação) formando grupos sociais, e o aumento cerebral permitiu que eles desenvolvessem as habilidades sociais necessárias.

Muitas evidências apoiam a hipótese do cérebro social. Em primeiro lugar, uma das principais razões pelas quais os humanos e outros primatas formavam grupos sociais era para ter proteção contra a predação (que significa ser caçado por outras espécies ou grupos humanos) (Dunbar, 1998). Em todas as espécies de primatas, o tamanho do grupo se correlaciona moderadamente bem com o risco da predação. Em segundo lugar, o tamanho do grupo social e o volume cerebral (especialmente o neocórtex) são altamente correlacionados entre a maioria das espécies de primatas. Em terceiro lugar, indivíduos com uma grande rede social têm lobos frontais e temporais maiores do que aqueles com uma rede social menor. Em quarto lugar, os grupos sociais poderiam cooperar no desenvolvimento de ferramentas para construir abrigos e desenvolver armas.

A comunicação eficaz foi obviamente vital para o desenvolvimento do cérebro social. Tal comunicação depende principalmente de nossas habilidades linguísticas altamente desenvolvidas. As origens evolutivas de nossas habilidades linguísticas atuais estão em gestos em vez de vocalizações. Gestos de primatas se assemelham muito mais à linguagem humana do que vocalizações de primatas (Cartmill *et al.*, 2012). É digno de nota que áreas cerebrais semelhantes estão envolvidas nos gestos de macacos e no processamento da linguagem humana (MacNeilage *et al.*, 2009).

Em suma, a hipótese do cérebro social fornece uma explicação muito geral do desenvolvimento cerebral humano. Por exemplo, a inteligência geral de nossos ancestrais aumentou conforme o grupo social e o cérebro aumentaram. Isso permitiu que eles lidassem com ameaças ambientais (incluindo as não sociais) com eficácia cada vez maior. O aumento do grupo e da inteligência gerou o contexto em que poderiam desenvolver conhecimento cultural e passá-lo para a próxima geração. O desenvolvimento da linguagem, sem dúvida, contribuiu para a transmissão do conhecimento cultural.

CULTURA E TEORIA DA DUPLA HERANÇA

Vários teóricos, como Henrich (2016) e Muthukrishna *et al.* (2018), propuseram a hipótese do cérebro cultural, que se baseia na noção de inteligência cultural discutida anteriormente. De acordo com essa hipótese, há mais conhecimento disponível em grupos ou sociedades maiores. Consequentemente, se quiserem ser bem-sucedidos, os indivíduos dentro de grupos maiores precisam adquirir mais conhecimento ou informações culturais do que aqueles dentro de grupos menores. Assim, a aprendizagem cultural rápida e eficiente é mais importante em grupos maiores do que nos menores.

Henrich (2016) discutiu as diferenças entre sociedades maiores e menores a partir da hipótese do cérebro cultural. Por exemplo, Kline e Boyd (2010) descobriram que em 10 sociedades na Oceania havia uma forte tendência para que sociedades maiores tivessem mais (e mais complexas) ferramentas do que sociedades menores.

A linguagem é crucial para a comunicação do conhecimento cultural. Como previsto pela hipótese do cérebro cultural, as sociedades maiores têm idiomas capazes de comunicar informações mais complexas (como maior número de palavras e mais fonemas/sons da fala) (Henrich, 2016). As línguas em sociedades maiores também são mais cheias de informação do que as de sociedades menores. Teoricamente, deve haver efeitos negativos se um grupo ou sociedade se tornar menor. Isso aconteceu na Tasmânia, que foi separada do resto da Austrália pela elevação dos mares, produzindo uma redução drástica no tamanho dos grupos sociais da ilha e, ao longo de milhares de anos, isso levou a uma redução progressiva do conhecimento e das tecnologias úteis (Henrich, 2016).

A hipótese do cérebro cultural se assemelha à teoria da dupla herança (Henrich & Muthukrishna, 2021). A suposição central dessa teoria é que os genes e a cultura interagem de forma complexa: "Ao gerar ferramentas cada vez mais complexas (como o propulsor), técnicas de processamento de alimentos (como a culinária), línguas (a exemplo de vocabulários mais amplos) e instituições (como os clãs) ao longo de centenas de milhares de anos, a evolução cultural cumulativa moldou os ambientes enfrentados por nossos genes, impulsionando a evolução genética dos aspectos exclusivamente humanos de nossos corpos e mentes" (Henrich & Muthukrishna, p. 226). Assim, indivíduos com a capacidade de adquirir informações culturais cada vez mais complexas eram mais propensos a se reproduzir do que aqueles que não tinham essa capacidade.

Em suma, o que acontece em grupos ou sociedades que aumentam de tamanho ao longo do tempo é um "efeito catraca" (uma catraca é um dispositivo mecânico que só pode avançar) (Tennie *et al.*, 2009). O aumento da quantidade e complexidade das informações culturais leva os indivíduos a terem cérebros maiores e mais inteligentes, o que, por sua vez, serve para aumentar ainda mais a quantidade e a complexidade das informações culturais.

CONECTOMA

O Projeto Conectoma Humano foi lançado em 2009 pelo National Institutes of Health dos Estados Unidos. Seu ambicioso objetivo era produzir um mapa detalhado indicando todas as conexões anatômicas e funcionais dentro do cérebro humano (ou seja, o *conectoma*). Áreas cerebrais frequentemente ativadas em conjunto durante o desempenho de várias tarefas estão funcionalmente conectadas.

Os dados obtidos no projeto aumentaram muito nossa compreensão da organização cerebral humana. Bullmore e Sporns (2012) identificaram dois princípios importantes que a influenciam.

1. Princípio da eficiência: a capacidade de integrar informações dentro do cérebro. A alta eficiência pode ser alcançada por ter inúmeras conexões dentro (e entre) redes cerebrais.
2. Princípio do controle de custos: custos (especialmente o uso de energia e espaço) podem ser minimizados se o cérebro estiver organizado para que haja conexões limitadas, principalmente de curta distância.

Idealmente, os cérebros humanos teriam alta eficiência combinada com baixos custos, mas os dois princípios estão em conflito direto: a alta eficiência está fortemente associada aos altos custos, e os baixos custos estão associados à baixa eficiência. Podemos imaginar que nossos cérebros devem ser organizados para maximizar a eficiência quase independentemente do custo. No entanto, isso seria muito custoso. Por exemplo, se todos os 100 bilhões de neurônios cerebrais estivessem interligados, o cérebro precisaria ter 20 km de largura!

Bullmore e Sporns (2012) descobriram que o cérebro humano exibe uma troca quase ideal entre custo e eficiência (veja a Figura 3.3). É reconfortante que nossos cérebros consigam combinar alta eficiência com custos gerenciáveis. Eles são eficientes porque têm uma estrutura de "mundo pequeno": apenas alguns nós ou links são necessários para conectar a maioria das pequenas regiões cerebrais entre si. No entanto, os custos são bastante altos. Embora nosso cérebro seja responsável por apenas cerca de 2% do nosso peso corporal, ele consome 20% da energia do nosso corpo (Clark & Sokoloff, 1999).

Por que o consumo de energia do cérebro é tão alto? De acordo com a visão tradicional, as demandas energéticas do cérebro são altas quando nos concentramos em um problema complexo, mas relativamente baixas

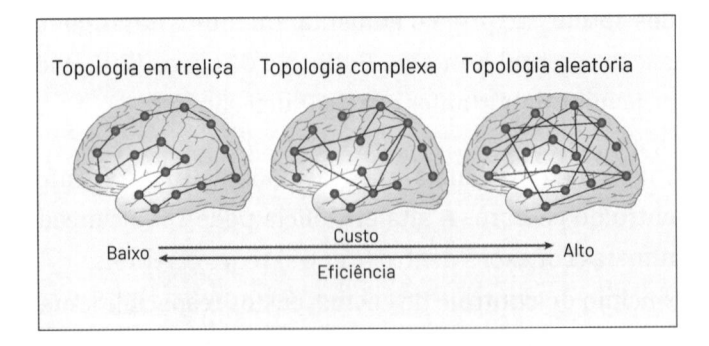

Figura 3.3

O desenho à esquerda mostra uma rede cerebral com baixa eficiência de custos. O desenho à direita mostra uma rede cerebral com alta eficiência de custos. O desenho do meio mostra o cérebro humano real, em que há eficiência moderada a um custo moderado. Os nós são mostrados como círculos em cinza.

Fonte: De Bullmore e Sporns (2012). Reimpresso com permissão da *Nature Reviews*.

quando estamos descansando (durante o sono, por exemplo). Por outro lado, nossos cérebros estão constantemente ativos, mesmo no estado de "repouso". Podemos testar esses pontos de vista comparando a atividade cerebral quando os indivíduos estão envolvidos em uma tarefa cognitivamente exigente e quando descansam. De forma surpreendente, o aumento da atividade cerebral durante o desempenho de uma tarefa em comparação com o estado de repouso costuma ser inferior a 5% (Raichle, 2010). Portanto, nosso cérebro usa muita energia porque é altamente ativo quase o tempo todo (inclusive durante o sono).

Além disso, Raichle (2015) descobriu que nossa atividade cerebral geral às vezes é *maior* quando descansamos do que quando estamos ocupados resolvendo um problema! Ele identificou a rede *default* (de modo padrão) – uma rede cerebral envolvida em pensar em si mesmo, pensar nos outros, lembrar e contemplar o futuro. De crucial importância, a atividade dentro dessa rede *default diminui* quando tratamos de uma tarefa ou de um problema.

Voltemos à eficiência e aos custos cerebrais. Considere os aeroportos do mundo. Os passageiros gostariam de voar diretamente de um aeroporto para qualquer outro aeroporto, não importando a distância entre eles. No entanto, isso seria custoso demais, porque exigiria um grande número de aviões para atender todos os voos necessários, e a maioria deles teria pouquíssimos passageiros. Por exemplo, parece improvável que uma companhia aérea que disponibiliza voos diretos regulares de Southend, na Inglaterra, para Belo Horizonte, no Brasil, tenha algum lucro.

Na verdade, há poucos aeroportos centrais (como Heathrow, Paris Orly, Schiphol em Amsterdã e Frankfurt na Europa) e muitos aeroportos menores e "alimentadores". Isso cria um sistema muito eficiente. O cérebro humano é eficiente porque é organizado de forma semelhante aos aeroportos do mundo. Existem vários grandes centros no cérebro com fortes conexões entre eles. O termo "clube de ricos" refere-se a esses centros (localizados principalmente nos lobos frontal e parietal) e suas interconexões (Collin *et al.*, 2014).

Em suma, o cérebro humano é organizado de modo eficiente, para que apenas algumas conexões sejam necessárias para ligar duas áreas cerebrais. Isso acontece por duas razões: (1) a maioria das áreas cerebrais próximas umas das outras está bem conectada, e (2) há fortes conexões de longo alcance entre centros que ligam áreas cerebrais distantes dentro do córtex.

CAPACIDADE DE ARMAZENAMENTO DE MEMÓRIA

É difícil estimar com precisão a capacidade do cérebro humano de armazenar informações, mas ele contém aproximadamente 100 bilhões de neurônios (células que transmitem impulsos nervosos) (Herculano--Houzel, 2012). Cada neurônio pode fazer cerca de mil conexões com outros neurônios através de sinapses fortemente envolvidas no armazenamento de informações. Se multiplicarmos 100 bilhões de neurônios por mil conexões, o resultado será de 100 trilhões de pontos de dados (100 *terabytes* de informações).

Esse número representa um limite superior irrealista no potencial armazenamento de dados no cérebro. Muitos especialistas colocam a capacidade real de armazenamento cerebral em 10 (em vez de 100) *terabytes*. Mesmo assim, essa estimativa mais baixa implica que o cérebro humano pode armazenar o equivalente a 470 milhões de livros. Isso deve ser suficiente para a maioria das atividades cotidianas.

FLEXIBILIDADE CEREBRAL

O cérebro humano poderia ser organizado rigidamente com cada região especializada em uma função específica. A especialização funcional foi presumida pelos frenólogos no século XIX. Eles argumentavam que diferenças individuais em várias habilidades mentais podem ser reveladas por choques de sentimentos no crânio. Há certa especialização funcional dentro do cérebro humano (como áreas no córtex occipital dedicadas principalmente ao processamento visual básico). Uma das características

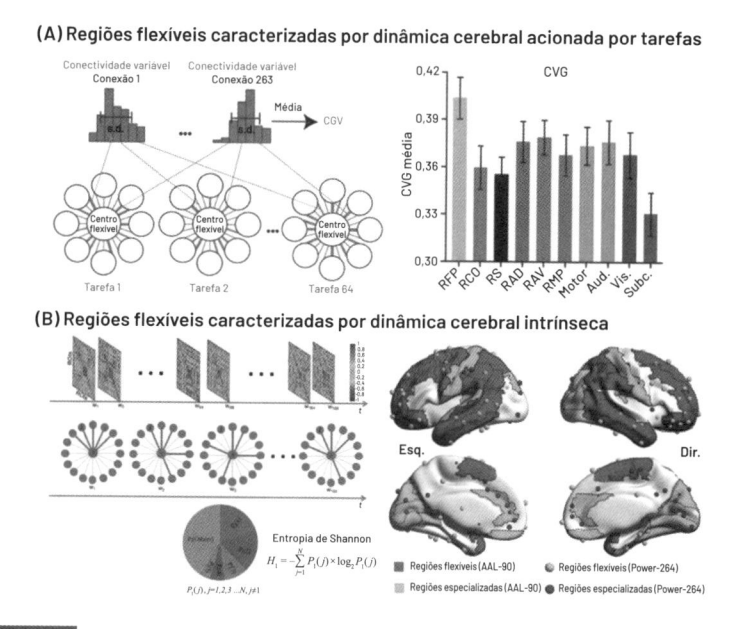

Figura 3.4

Regiões cerebrais flexíveis. (a) Estimativa de conectividade variável global (CVG) indicando que as regiões da rede frontoparietal apresentam alta flexibilidade. (b) Flexibilidade alta no córtex pré-frontal lateral, no córtex parietal lateral e no lobo temporal lateral, mas especializada em áreas visuais, auditivas e da rede *default*. RFP: rede frontoparietal; RCO: rede cíngulo-opercular; RS: rede de saliência; RAD: rede de atenção dorsal; RAV: rede de atenção ventral; RMP: rede de modo padrão.
Fonte: De Yin et al. (2016).

mais impressionantes do cérebro humano é, contudo, sua *flexibilidade*. Yin e Kaiser (2021) identificaram as principais regiões cerebrais flexíveis e especializadas (veja a Figura 3.4).

Podemos ver a flexibilidade do cérebro humano na forma como ele se reorganiza após lesões. Por exemplo, acidentes vasculares costumam prejudicar gravemente o funcionamento cognitivo, mas muitas vezes há recuperação subsequente. Evidências contundentes da flexibilidade ou plasticidade do cérebro estão disponíveis em pesquisas com pacientes após a realização de hemisferectomia. Esse é um procedimento drástico envolvendo a remoção de todo um hemisfério cerebral (metade do cérebro) e geralmente é realizado em pacientes com epilepsia excepcionalmente grave. Em um estudo, 51 pacientes que passaram por hemisferectomia durante a infância tiveram sua inteligência avaliada antes e depois da cirurgia (Pulsifer *et al.*, 2004). Em 15% desses pacientes, o QI aumentou; em 21%, diminuiu; e no restante, mudou pouco. Portanto, a hemisferectomia teve efeitos surpreendentemente pequenos.

Como o processamento da linguagem ocorre principalmente no hemisfério esquerdo, poderíamos prever que pacientes com hemisferectomia envolvendo esse hemisfério tivessem mais probabilidade de apresentar deficiências linguísticas graves. Mas nem sempre é assim. BL, um homem que tinha feito uma hemisferectomia no lado esquerdo aos cinco anos de idade, mostrava habilidades linguísticas, em geral, médias e inteligência acima da média (Vanlancker-Sidtis, 2004).

Indivíduos saudáveis que adquirem experiência também exibem plasticidade cerebral. Considere os taxistas londrinos que passam vários anos adquirindo "o conhecimento" (informações detalhadas sobre a localização de 25 mil ruas em Londres). Essa prática extensiva aumenta o tamanho de parte do hipocampo (que tem forte relação com a memória) (Woollett & Maguire, 2011).

Em suma, o cérebro humano apresenta grande neuroplasticidade, mesmo quando 50% do cérebro é destruído. Podemos contrastar isso com sistemas de IA. Se você destruísse 50% (ou mesmo 1% ou menos) de um sistema de IA, ele deixaria de funcionar.

HUMANOS *VERSUS* OUTRAS ESPÉCIES

Enfatizamos como o desenvolvimento evolutivo do cérebro humano (e um enorme aumento da complexidade cultural) abriu caminho para nos tornarmos cada vez mais inteligentes. Uma maneira de avaliar a inteligência humana é comparando e contrastando nossas habilidades cognitivas com as de outras espécies. Essa abordagem é seguida aqui.

Uma possibilidade é que nós temos habilidades cognitivas totalmente inexistentes em outras espécies: singularidade humana, ou excepcionalismo. Por outro lado, algumas outras espécies podem ter as mesmas habilidades cognitivas que nós, mas em uma escala (muito) menor. O primeiro ponto de vista foi dominante por muito tempo. Muitas vezes, argumentava-se que os seres humanos são únicos porque somos conscientes, somos dotados de linguagem e pensamos racionalmente, enquanto outras espécies são predominantemente instintivas. Entretanto, a opinião de especialistas tem oscilado a favor do último ponto de vista. Por exemplo, "Outros animais têm competências especializadas que podem rivalizar com a nossa, mas nenhuma outra espécie supera consistentemente os humanos em múltiplos domínios cognitivos" (Laland & Seed, 2021, p. 705).

CONSCIÊNCIA

Filósofos e psicólogos têm dedicado uma quantidade exorbitante de tempo para definir "consciência". O resultado de suas deliberações é que precisamos distinguir entre duas formas de consciência. Há uma consciência básica, ou fenomenal, que envolve ter uma experiência (percepção visual ou auditiva por exemplo). Há também uma forma de consciência de nível superior, que envolve saber que estamos tendo essa experiência: essa é a metaconsciência (Schooler, 2002). O neurocientista cognitivo Pinker (1997) deu um exemplo: "Não apenas posso sentir dor e ficar bravo, mas também posso pensar comigo mesmo: 'Ei, aqui estou eu, Steve Pinker, sentindo dor e ficando bravo!'"

Schooler *et al.* (2005) relatou uma experiência sobre esses dois tipos de consciência. Alguns indivíduos deveriam ler um texto e informar quando se distraíssem da leitura. De vez em quando, eles recebiam um sinal e informavam se haviam se distraído. Porém, não relatavam isso espontaneamente, porque não tinham a metaconsciência apropriada. Muitas vezes, admitiram que ficaram devaneando sem estarem cientes disso de forma explícita.

Pesquisas de neuroimagem demonstram que os humanos podem ter dois tipos de consciência. Demertzi *et al.* (2013) distinguiram entre a consciência *externa* (do meio ambiente, consciência básica) e a consciência *interna* (pensamento autorrelevante, metaconsciência). Redes cerebrais um pouco diferentes estavam associadas com as duas formas de consciência.

Outras evidências também indicam a existência de duas formas de consciência em humanos (Pennartz *et al.*, 2019). Muitos pacientes com lesões cerebrais e viciados em drogas perdem a consciência de nível superior, enquanto retêm a consciência básica. Achados semelhantes foram relatados para pacientes com esquizofrenia, uma doença grave que envolve alucinações, delírios e perda do senso de realidade. Os esquizofrênicos têm consciência básica (embora achem difícil distinguir entre o que é percebido e o que é imaginado). Porém, têm metaconsciência limitada, porque não têm qualquer senso coerente de si mesmos (Nelson *et al.*, 2012).

A metaconsciência é importante porque nos permite concentrar nossa percepção consciente em quase tudo, incluindo eventos passados, conhecimento e cenários potenciais futuros (discutidos mais adiante). Por que a consciência básica é importante? Há várias razões. Por exemplo, nossa experiência consciente está intimamente relacionada à atenção seletiva, que foca o processamento de informações relevantes para tarefas e evita o processamento de informações que distraem ou são irrelevantes. Assim, a consciência é valiosa para garantir que façamos uso ideal das informações disponíveis para nós no meio ambiente.

Outra razão foi enfatizada por Pennartz *et al.* (2019, p. 2): "A consciência tem uma função biológica: ela apresenta ao indivíduo um levantamento multimodal e situacional de seu mundo circundante (incluindo seu próprio corpo), que subsidia o tipo de tomada de decisões complexas associado com o comportamento direcionado a objetivos, deliberado e planejado."

Darwin (1871) sugeriu que a extensão da experiência consciente de qualquer espécie está positivamente correlacionada com a complexidade de seu cérebro. Parece muito mais provável que outras espécies tenham consciência básica, e não metaconsciência. Por isso, vamos nos concentrar principalmente na consciência básica.

Não há uma maneira única e infalível de decidir se uma determinada espécie tem experiência consciente. Contudo, não precisamos ser derrotistas. A abordagem ideal é usar vários indicadores falíveis de consciência. Quanto maior a *consistência* entre esses indicadores, mais confiantes podemos estar de que uma espécie tem consciência. Aqui, consideramos dois indicadores-chave: anatomia e fisiologia cerebrais e comportamento direcionado a metas.

Em essência, a consciência de humanos e outros primatas depende principalmente da atividade integrada em grandes regiões do cérebro, como áreas pré-frontais (Eysenck & Keane, 2020; veja o Capítulo 7). Feinberg e Mallatt (2016) propuseram vários indicadores cerebrais da consciência. Esses indicadores incluem cérebros com muitos neurônios, informações de diferentes modalidades de sentido convergindo dentro deles e um mecanismo de atenção seletiva.

Quando os critérios acima foram aplicados a inúmeras espécies, Feinberg e Mallatt (2016) concluíram que todos os vertebrados (mamíferos, aves, anfíbios, répteis e peixes) são conscientes. Essa conclusão não é surpreendente, dadas as muitas semelhanças entre os cérebros da maioria das espécies de vertebrados e humanos. Os cefalópodes (polvo, lula, nautiloides) também parecem ser conscientes, assim como alguns artrópodes (especialmente insetos e crustáceos).

A maioria (ou todos) dos vertebrados tem um comportamento direcionado a metas, que Pennartz *et al.* (2019) identificaram como uma função chave da consciência (mencionada anteriormente). A maioria dos comportamentos direcionados a metas envolve o que Skinner (1938) chamou de "condicionamento operante": os animais tentam alcançar reforços positivos ou recompensas, evitando punições. Inúmeras espécies são capazes de condicionamento operante (Staddon, 2014).

Em suma, a maioria das (ou mesmo todas) 70 mil espécies de vertebrados tem consciência básica de seu ambiente visual e auditivo. Os humanos têm essa consciência básica. Além disso, eles também têm metaconsciência (discutida mais tarde na seção sobre "teoria da mente"). As diferenças entre o cérebro de todas as outras espécies e o dos seres humanos, a complexidade muito menor de seu comportamento e a falta de qualquer evidência positiva sugerem que a metaconsciência está presente somente em humanos.

MEMÓRIA DE TRABALHO E CONTROLE DE ATENÇÃO

Muitos processos cognitivos são chamados de específicos do domínio, o que significa que são usados apenas em determinadas condições. Por exemplo, alguns dos processos básicos envolvidos no processamento visual ou auditivo são específicos do domínio. No entanto, existem processos de domínio geral usados em inúmeras situações. Vários desses processos de domínio geral (muitas vezes descritos como "funções executivas") são importantes porque são necessários para o controle cognitivo do pensamento e do comportamento.

Baddeley e Hitch (1974) apresentaram uma das teorias mais influentes que combinam processos específicos de domínio e executivos. Eles propuseram um sistema de memória de trabalho usado no processamento e na manutenção breve de informações. Dentro desse sistema, o componente mais importante foi o executivo central, que é parecido com a atenção e o domínio geral. Três funções executivas associadas ao componente executivo central são: (1) função de inibição (usada para manutenção de metas e evitação de distrações), (2) função de mudança (para mudar a atenção de forma flexível dentro e entre tarefas) e (3) função de atualização (para adicionar ou excluir rapidamente informações mantidas na memória de trabalho) (Friedman & Miyake, 2017).

Essas funções executivas são de importância crucial no que diz respeito ao controle de atenção e cognição. A função de inibição foca a atenção na tarefa que se apresenta (ou seja, concentração) e resiste à mudança de atenção não intencional para estímulos irrelevantes a determinada tarefa. Em contraste, a função de mudança é usada para mudar intencionalmente a atenção para os estímulos mais relevantes no momento. Essencialmente, as três funções executivas são criadas em conjunto para promover o uso ideal de nossos recursos de processamento limitados. Não é de surpreender que as diferenças individuais na inteligência dependam fortemente dessas funções executivas (discutidas posteriormente).

Há uma literatura de pesquisa pequena e inconclusiva sobre a memória de trabalho em outras espécies. Entretanto, há evidências razoáveis de que várias outras espécies têm processos de domínio geral (Laland & Seed, 2021). É provável que nossas funções executivas sejam muito mais poderosas do que as de outras espécies, dada a necessidade de excelente controle de atenção e cognição para gerenciar as complexidades da cognição humana. Porém, faltam evidências definitivas disso.

CAPACIDADE LINGUÍSTICA

Nossas excelentes habilidades de comunicação (em grande parte dependentes da linguagem) são uma óbvia vantagem cognitiva humana. No entanto, inúmeras outras espécies se comunicam com outros membros de sua espécie (Laland & Seed, 2021). As maiores habilidades linguísticas foram encontradas em chimpanzés bonobo após extenso treinamento por humanos (veja a Figura 3.5). Contudo, as expressões de bonobos são simples e raramente excedem duas palavras (Eysenck, 2022). Em contraste, mesmo crianças pequenas muitas vezes produzem expressões complexas de seis palavras ou mais.

Por que as habilidades linguísticas humanas são drasticamente melhores do que as de qualquer outra espécie? Chomsky (1965) propôs uma resposta extremamente influente: apenas humanos têm uma gramática universal inata (um conjunto de princípios encontrados em todas as línguas). Chomsky apoiou seu ponto de vista argumentando que a linguagem

Figura 3.5

Kanzi (um chimpanzé bonobo macho) com a pesquisadora Sue Savage-Rumbaugh. Kanzi aprendeu a produzir inúmeras palavras e exibiu alguma habilidade de compreensão.

ouvida por crianças pequenas (a "pobreza do estímulo", em Chomsky, 1980, p. 34) é muito limitada. Assim, só podemos explicar a aquisição da linguagem muito rápida pelas crianças reconhecendo que elas têm uma gramática universal inata. Duas implicações do ponto de vista de Chomsky foram que todas as línguas são semelhantes e que nossa habilidade linguística é muito separada de todas as outras habilidades cognitivas.

Chomsky estava totalmente errado. Há cerca de 6 a 8 mil línguas do mundo e elas apresentam muitas diferenças. Além disso, "Existem pouquíssimos universais linguísticos no sentido direto de que são exibidos por todas as línguas" (Evans & Levinson, 2009, p. 4).

Para as crianças, é fácil adquirir a linguagem porque ela foi inventada pelos humanos levando em consideração as habilidades humanas: "A linguagem se adaptou aos nossos cérebros" (Christiansen & Chater, 2008, p. 490). Além disso, crianças pequenas são expostas a uma contribuição linguística muito mais rica do que a pressuposta por Chomsky. Mais importante ainda, a maior parte da língua que as crianças ouvem é a fala dirigida à criança adaptada a seus conhecimentos linguísticos do momento (Kidd & Donnelly, 2020). Finalmente, a linguagem em humanos não é separada ou independente de outras habilidades cognitivas. Ao contrário, ela está fortemente ligada a vários outros processos cognitivos (como atenção, aprendizado de regras abstratas e pensamento) mesmo em bebês (Chater & Christiansen, 2018).

Por que as habilidades linguísticas de outras espécies (incluindo bonobos) são tão inferiores às nossas? Podemos rejeitar a noção de Chomsky de que a falta de uma gramática universal inata seja a causa. Em essência, os processos e as habilidades cognitivas não linguísticas de bonobos são consideravelmente inferiores aos nossos. Além disso, suas habilidades linguísticas limitadas estão pouco ligadas a outros processos cognitivos (Novack & Waxman, 2020).

FLEXIBILIDADE LINGUÍSTICA

O fato de as habilidades linguísticas dos humanos serem muito maiores do que as de qualquer outra espécie não é surpreendente. O que é menos conhecido é o quão sutis, flexíveis e sofisticadas nossas habilidades linguísticas realmente são (em contraste com as habilidades linguísticas de qualquer outra espécie). Aqui, consideraremos brevemente vários exemplos, começando com nossas habilidades de conversação. Os falantes devem construir seus enunciados levando em conta a necessidade do ouvinte: esse é o ajuste para a audiência (*audience design*). Uma forma simples de design para o público baseia-se nas características *gerais* do ouvinte (se é adulto ou criança, etc.) (Ferreira, 2019). Há também uma forma mais complexa baseada nas características *idiossincráticas* do ouvinte. Por exemplo, um falante será menos propenso a enfatizar o quão caras foram suas últimas férias se seu ouvinte for pobre.

De acordo com a abordagem de modelagem avançada de Ferreira (2019), os falantes usam sua intenção comunicativa (ou seja, o que querem dizer) para gerar possíveis enunciados. Frequentemente, também produzem um modelo avançado para prever o efeito provável dessas declarações sobre o ouvinte. Se o efeito comunicativo previsto *diverge da* intenção do orador, ele altera a mensagem para reduzir a divergência.

O consenso (informações ou conhecimento compartilhados pelo falante e pelo ouvinte) é de fundamental importância. Os ouvintes esperam que os falantes se refiram principalmente a informações e conhecimentos em consenso. No entanto, levar totalmente em conta o consenso pode exigir muito da cognição dos falantes. Por exemplo, limitações de memória às vezes levam os falantes a presumirem que o consenso é menor do que ele realmente é (Horton & Gerrig, 2016). Suponha que você tenha contado a quase todos os seus amigos sobre um evento e presume erroneamente que o seu interlocutor atual é um deles.

Os falantes também são sensíveis às reações do ouvinte: são muito menos propensos a presumir que estabeleceram um consenso quando seu ouvinte está desatento (olhando para o celular, por exemplo) (Craycraft & Brown-Schmidt, 2018).

Agora vamos falar dos ouvintes. Eles relacionam o que estão ouvindo à sua avaliação do falante (Van den Brink *et al.*, 2012). Por exemplo, uma mulher fala para um grupo de pessoas: "Tenho uma grande tatuagem nas costas". Ela fala isso usando uma variação linguística normalmente usada por classes sociais mais altas. Para outro grupo, ela fala a mesma frase, mas com uma variação linguística normalmente usada por classes mais baixas. A atividade de ondas cerebrais daqueles que ouviram a palavra "tatuagem" com a primeira variação, das classes mais altas, indicou uma incompatibilidade. Isso não ocorreu com o segundo grupo.

Uma habilidade importante dos ouvintes é o reconhecimento de fala bem-sucedido quando as condições de escuta são difíceis (quando há várias vozes, por exemplo). Parte desse sucesso se deve à capacidade dos ouvintes de inferir características do falante a partir do que ele está dizendo. Esse modelo de falante então influencia a forma como a fala dessa pessoa é percebida (Cai *et al.*, 2017).

Podemos ver as vantagens de construir um modelo de falante se pensarmos em como entendemos falantes não nativos do inglês. Eles frequentemente cometem erros por falta de conhecimento da língua, como pronúncia ou estrutura de frases incorretas (Levis & Barriuso, 2011). Em tais circunstâncias, os ouvintes devem inferir o significado pretendido a partir do que é realmente dito. Gibson *et al.* (2017) descobriram que os ouvintes se baseavam menos nas palavras reais ditas por falantes não nativos e mais no significado pretendido. Falantes nativos e não nativos produziram muitos enunciados, alguns dos quais implausíveis (como "A lei tributária se beneficiou do empresário"). Os ouvintes eram mais propensos a interpretar tais enunciados implausíveis como plausíveis ("O empresário se beneficiou da lei tributária") quando falados por um falante não nativo. Isso faz sentido, dado que falantes não nativos são mais propensos a colocar as palavras na ordem errada.

Suponha que um ouvinte seja exposto aos enunciados de um falante não nativo cujos erros consistem principalmente em supressões (como "Divertimos na praia") ou inserções ("O terremoto destruiu da casa"). Os ouvintes podem simplesmente supor em ambos os casos que o falante comete muitos erros de modo geral. Por outro lado, eles podem supor que o falante tem uma alta probabilidade de cometer erros *específicos* de fala (supressões ou inserções). De fato, os ouvintes são sensíveis aos erros específicos que ouviram anteriormente, demonstrando sensibilidade a informações detalhadas sobre os tipos de erros cometidos pelos falantes (Ryskin *et al.*, 2018).

Em suma, os ouvintes que entendem o significado completo que o falante pretende comunicar têm que ser participantes ativos, em vez de simplesmente se concentrarem no significado literal do que foi dito. Alguém lhe diz o seguinte: "Nunca convide duas viagens à China para a mesma festa" (Bender & Koller, 2020). Literalmente a frase não significa nada. A maioria dos ouvintes entende que o falante quer dizer que, se na sua festa houver duas pessoas que foram à China, provavelmente elas ficarão falando só sobre isso, o que será chato para quem está na volta.

A flexibilidade que exibimos na conversa também é encontrada na leitura. Por exemplo, normalmente não temos problemas em ler um texto contendo inúmeros erros ortográficos. Eis o *"e-mail* de Cambridge" (Norris & Kinoshita, 2012):

> Cfomre uma psqiesua na Unvirsddae de Cmabridge, não ipmotra em que oredm as ltraes estão em uma palvraa. A úicna cisoa iprmtntae é que a prieirma e a útlmia ltrea etseajm no lgaur crteo. O rsteo pode ser uma bgauçna ttaol e você ainda poderá lll-êo sem pbloemars. Isso orrcoe prouqe a mtene hmunaa não lê cdaa ltrea szoihna, mas a praavla como um tdoo.

Os leitores também têm a capacidade de fazer inferências para encontrar sentido no que estão lendo. Essa capacidade depende muito do nosso conhecimento de mundo e da riqueza da experiência que nos permite "ler nas entrelinhas" e fazer inferências apropriadas. Considere o seguinte trecho retirado de Rumelhart e Ortony (1977):

> Mary ouviu a van de sorvetes chegando. Ela se lembrou de sua mesada. Correu para dentro de casa.

Você provavelmente inferiu que Mary queria comprar sorvete, que comprar sorvete custa dinheiro, que Mary tinha algum dinheiro da mesada dentro de casa e que Mary tinha pouco tempo para conseguir algum dinheiro antes de a van de sorvete aparecer. Nenhuma dessas inferências está explicitamente declarada.

Eis outro exemplo (retirado de Austin, 1975) de como utilizamos nossa experiência e conhecimento passados ao ler. Imagine que a palavra "TOURO" esteja escrita ao lado de uma cerca em um campo. Os humanos não entendem simplesmente a palavra; eles também fazem a inferência social de que há um animal perigoso no outro lado da cerca em que a palavra está escrita.

LEMBRANDO O PASSADO E IMAGINANDO O FUTURO

Laland e Seed (2021) enfatizaram a importância para os humanos de lembrar o passado e imaginar o futuro. Podemos lembrar do passado por causa da memória episódica (nossa memória de longo prazo para experiências pessoais). Mais especificamente, Nairne (2015) identificou os três "Ws" (em inglês) da memória episódica: lembrar de um evento específico (*o quê? [what?]*) em um determinado momento (*quando? [when?]*) em um determinado lugar (*onde? [where?]*).

Simons e Chabris (2011, p. 3) apresentaram a algumas pessoas a seguinte afirmação sobre a memória episódica: "A memória humana funciona como uma câmera de vídeo, registrando com precisão os eventos que vemos e ouvimos para que possamos revê-los e inspecioná-los posteriormente". Mais de 60% do público geral concordaram com essa afirmação, em comparação com 0% dos especialistas em memória. Na verdade, a memória episódica é, em geral, altamente *seletiva*: o cerne, ou a essência, de nossas experiências é retido, mas os detalhes triviais não (veja o Capítulo 5).

Por muito tempo, acreditou-se que a memória episódica era usada apenas para lembrar o passado. Porém, Schacter e Addis (2007) lançaram a hipótese de que imaginar eventos futuros envolve processos muito semelhantes aos envolvidos na memória de eventos episódicos passados. Como previsto, lembrar o passado e imaginar o futuro ativa áreas cerebrais sobrepostas (Benoit & Schacter, 2015; veja a Figura 3.6). Também como previsto, pacientes amnésicos com memória episódica gravemente prejudicada têm grande dificuldade de imaginar eventos futuros (Schacter & Madore, 2016).

Análise metanalítica de conjunção

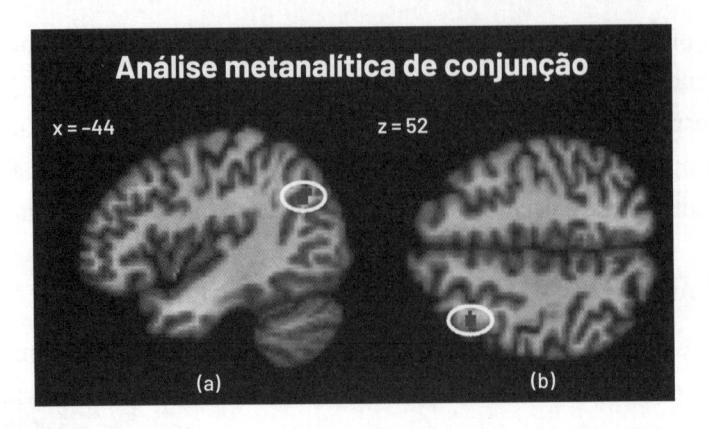

x = -44   z = 52

(a)   (b)

Figura 3.6

(a) Regiões cerebrais que exibem atividade comparável durante a simulação episódica de eventos futuros e memória episódica de eventos passados. (b) Regiões cerebrais que apresentam maior atividade durante a simulação episódica do que na memória episódica.
Fonte: De Benoit e Schacter (2015).

Nosso objetivo ao imaginar o futuro é, muitas vezes, planejar o que devemos fazer nas próximas semanas ou meses. Isso envolve comparar e avaliar possíveis cursos de ação. Requer metacognição: "Cognição sobre a cognição; a capacidade de monitorar, avaliar e controlar nossos próprios processos cognitivos" (Bulley & Schacter, 2020, p. 239).

Em suma, quando planejamos o futuro, geramos muitas possibilidades de forma flexível usando processos episódicos. Depois disso, usamos nossas habilidades metacognitivas para identificar o curso de ação mais apropriado. Essas habilidades nos equipam extremamente bem para lidar com as incertezas da vida cotidiana.

Será que outras espécies têm processos de memória episódica e metacognição? Muitas espécies animais demonstram ter elementos de memória episódica: lembram-se de que alimento esconderam, onde está esse alimento e quando o esconderam (Clayton, 2017). No entanto, não está claro se sua recordação de tais informações é acompanhada de experiências subjetivas semelhantes às dos humanos. Da mesma forma, muitas espécies animais mostram evidências limitadas de planejamento futuro. Contudo, não sabemos se eles conseguem isso imaginando mentalmente possíveis eventos futuros.

A presença de processos metacognitivos em outras espécies é uma questão controversa. Várias espécies animais (por exemplo macacos) apresentam comportamentos que superficialmente parecem exigir metacognição. Porém, é quase sempre possível interpretar esses comportamentos em termos mais simples, e não metacognitivos (Carruthers & Williams, 2019).

De acordo com a hipótese de Bischof-Köhler, apenas os humanos podem prever seus próprios estados mentais futuros e tomar as medidas apropriadas no momento para atender o necessário a esses estados mentais. Por exemplo, no calor do verão, os seres humanos podem imaginar o frio do inverno e se precaver coletando lenha para garantir que conseguirão se manter aquecidos vários meses depois. Outras espécies não têm essa habilidade metacognitiva. Por exemplo, Paxton e Hampton (2009) descobriram que os macacos não agiram com antecipação a estados motivacionais que estavam apenas a 15 minutos no futuro.

TEORIA DA MENTE

Uma das habilidades humanas mais importantes é a teoria da mente. Indivíduos com teoria da mente entendem as crenças, as emoções e os estados mentais dos outros. Assim, eles têm plena consciência de que a perspectiva ou as crenças de outra pessoa muitas vezes diferem das suas. A teoria da mente é de enorme valor na interação social e na comunicação. Consideremos, por exemplo, o autismo, em que a pessoa apresenta dificuldade em habilidades de comunicação, desenvolvimento social e linguístico. A teoria da mente se mostra muito deficiente em indivíduos autistas e, como consequência, são tipicamente isolados socialmente. Além disso, evidências mostram que as diferenças individuais na teoria da mente estão relacionadas com a inteligência geral (Navarro *et al.*, 2021, entre outros).

Podemos ter uma ideia melhor sobre em que consiste a teoria da mente considerando o teste de Sally-Anne (Baron-Cohen *et al.*, 1985; veja a Figura 3.7). Sally esconde uma bola de gude em sua cesta e vai dar uma volta. Enquanto ela está fora, Anne tira a bola de gude da cesta de Sally e a coloca na sua caixa. Para testar a teoria da mente, perguntou-se a uma pessoa que estava observando a cena: "Onde Sally vai procurar sua bola de gude?". Pessoas que dispõem de teoria da mente respondem, de forma correta, que Sally vai pegar a bola de gude na cesta. A maioria das crianças pode resolver problemas como o teste de Sally-Anne aos quatro ou cinco anos de idade (Apperley & Butterfill, 2009).

Finalmente, a teoria da mente é útil quando um falante quer persuadir seu ouvinte a fazer algo ou a adotar seu ponto de vista sobre uma determinada questão. Seu conhecimento das crenças e emoções do ouvinte torna mais fácil adaptar sua mensagem para torná-la extremamente eficaz.

Pesquisadores afirmam terem conseguido demonstrar a presença de teoria da mente em primatas não humanos. Porém, é difícil reproduzir essas descobertas, e ainda não há evidências convincentes de que outros primatas possam representar as crenças dos outros (Horschler *et al.*, 2020).

RESSALVAS E UMA PERSPECTIVA MAIS AMPLA

Duas grandes objeções podem ser levantadas com relação a grande parte das pesquisas discutidas nesta seção. Em primeiro lugar, elas baseiam-se em uma abordagem antropocêntrica, em que as habilidades cognitivas de outras espécies são avaliadas em relação às humanas. Essa abordagem pode supervalorizar as habilidades de outras espécies que forem semelhantes às dos humanos. Além disso, e mais importante ainda, ela subestima as habilidades que não são humanas. Seria preferível adotar uma abordagem biocêntrica, com foco na adaptabilidade das habilidades cognitivas de determinada espécie, dada a sua história evolutiva (Bräuer *et al.*, 2020). Por exemplo, as baratas não têm quase nenhuma das habilidades cognitivas humanas. Entretanto, o fato de que as baratas estão na

Figura 3.7

O cartum do teste de Sally-Anne usado originalmente por Baron-Cohen et al. (1985).

Terra há 300 milhões de anos indica que estão muito bem adaptadas ao seu ambiente, embora não tenham nenhuma habilidade cognitiva.

Em segundo lugar, os pesquisadores muitas vezes presumem que há "uma cognição" (Bräuer *et al.*, 2020), o que significa que diferentes habilidades cognitivas tendem a ser encontradas juntas (como em humanos). Na verdade, muitas espécies não humanas têm algumas habilidades altamente especializadas por causa de pressões evolutivas. Por exemplo, os corvos da Nova Caledônia têm habilidades excepcionais de fabricação de ferramentas para facilitar o acesso aos alimentos, mas são "pouco inteligentes".

Mikhalevich *et al.* (2017) argumentaram que muitas pesquisas entre espécies não são válidas, porque apresentam suposições simplistas. Uma dessas suposições é que a flexibilidade comportamental fornece uma medida direta da complexidade cognitiva. Isso pode não ser verdade. A flexibilidade comportamental pode ocorrer por predisposições inatas ou simples aprendizado (por exemplo, aprender a associar diferentes pistas do ambiente com diferentes respostas), não necessariamente por complexidade cognitiva.

Mikhalevich *et al.* (2017) propuseram um "modelo adaptativo triádico", segundo o qual três critérios precisam ser atendidos antes de se inferir que uma determinada espécie é cognitivamente complexa. Estes são os critérios: (i) complexidade comportamental, (ii) heterogeneidade ou complexidade do ambiente e (iii) estruturas neuroanatômicas associadas a processamento sofisticado de informações. Em outras palavras, a complexidade comportamental em uma determinada espécie implica complexidade cognitiva desde que a adaptação ao ambiente tenha exigido processamento complexo de informações, e os membros dessa espécie tenham um cérebro capaz de processamento cognitivo de alto nível.

Talvez seja natural supor que espécies próximas a nós na história evolutiva (como os símios) são mais propensas a ter complexidade cognitiva, conforme definido por Mikhalevich *et al.* (2017). Porém, considere os cefalópodes (polvo, lula, etc.), cuja história evolutiva foi separada da dos humanos por mais de 300 milhões de anos. De todos os invertebrados, eles são os mais complexos cognitivamente (Schnell *et al.*, 2021; veja a Figura 3.8). Eles se engajam em estratégias flexíveis para buscar comida e antipredatórias para lidar com as complexidades do ambiente. Finalmente, seus cérebros (embora muito diferentes dos nossos) são complexos. Seu sistema de lobo vertical é o maior usado para aprendizado e memória entre todos os invertebrados. Em suma, os

Figura 3.8

Um polvo abrindo um recipiente com uma tampa de rosca.

cefalópodes cumprem todos os três critérios de Mikhalevich *et al.* (2017) para complexidade cognitiva.

Concluímos com um exemplo do problema de Monty Hall, em que os pombos se saíram melhor do que os humanos e desempenharam um papel importante nesse programa da televisão americana (veja Figura 3.9):

> Você está em um *game show* e tem que escolher entre três portas. Há um carro atrás de uma porta e cabras atrás das outras. Você escolhe uma porta (digamos, a 1). O apresentador, que sabe o que está atrás de cada uma, abre outra porta (digamos, a 3), atrás da qual está uma cabra. Ele então pergunta se você gostaria de mudar sua escolha da porta 1 para a 2. O que você decide fazer?

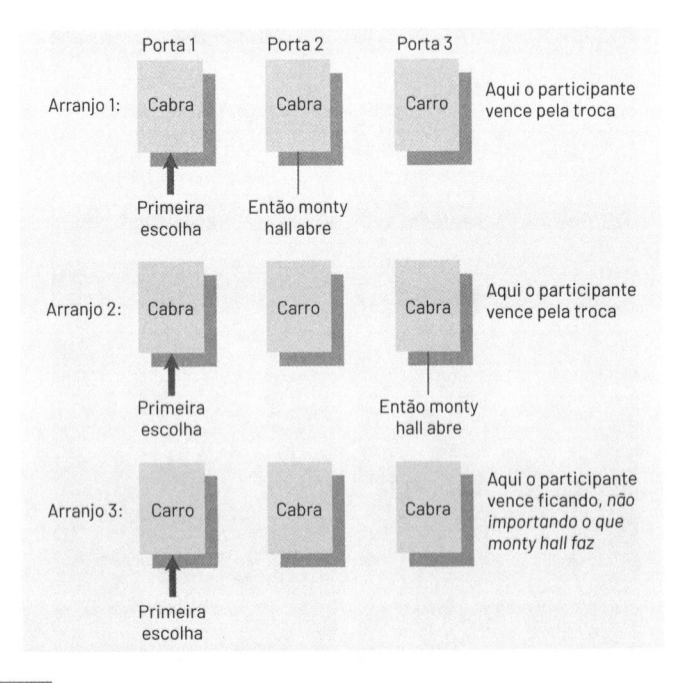

	Porta 1	Porta 2	Porta 3	
Arranjo 1:	Cabra	Cabra	Carro	Aqui o participante vence pela troca
	↑ Primeira escolha	Então monty hall abre		
Arranjo 2:	Cabra	Carro	Cabra	Aqui o participante vence pela troca
	↑ Primeira escolha		Então monty hall abre	
Arranjo 3:	Carro	Cabra	Cabra	Aqui o participante vence ficando, *não importando o que monty hall faz*
	↑ Primeira escolha			

Figura 3.9

Monty Hall, o apresentador do *game show*.
Fonte: Monty Hall. ZUMA Press, Inc./Alamy.

A maioria das pessoas fica com sua primeira escolha. Na verdade, essa é a decisão errada. Quando você inicialmente escolheu uma porta de forma aleatória, você claramente só tinha uma chance de um terço de ganhar o carro. Independentemente de sua escolha inicial ter sido correta, o apresentador pode abrir uma porta que não tem o carro atrás. Assim, a ação do apresentador *não* esclarece a correção de sua escolha inicial. Você tem um terço de chance de acertar mantendo sua escolha original e dois terços de acertar trocando sua opção.

Herbranson e Schroeder (2010) descobriram que os humanos trocaram corretamente em 66% das tentativas após extensa prática. Já os pombos trocaram em 96% das tentativas! Os modestos pombos tiveram um bom desempenho porque simplesmente maximizaram a recompensa que receberam, enquanto os humanos adotaram estratégias mais complexas (e menos válidas). A lição é que os humanos às vezes são inclinados a complicar demais sua abordagem dos problemas.

HABILIDADES INTERDEPENDENTES

É fácil se decepcionar com grande parte das pesquisas que comparam humanos com outras espécies. Várias outras espécies possuem muitos de nossos processos e estruturas cognitivas mais importantes (embora em menor grau). Por isso, não podemos explicar a superioridade da cognição humana por "uma única bala mágica" (Laland & Seed, 2021, p. 704). Laland e Seed concluíram sua revisão das comparações entre espécies da seguinte forma: "Os humanos têm uma cognição flexível" (p. 689). Isso sequer pode ser considerado um elogio.

Aceitamos que a singularidade humana não está nas habilidades que nós temos e as outras espécies não têm, mas sim na interdependência de nossas habilidades. Em outras palavras, a mente humana é um exemplo primordial do todo sendo maior do que a soma de suas partes. Mais especificamente, nossas mentes são muito mais flexíveis e adaptáveis do que as de qualquer outra espécie porque temos vários processos cognitivos e estruturas que interagem de forma cooperativa.

Um exemplo de interdependência na mente humana envolve o controle de atenção, ou atenção seletiva, e a consciência ciente. Existem várias relações possíveis entre esses dois processos (Webb & Graziano, 2015). Mais comumente, a percepção consciente é determinada pela atenção seletiva prévia (ou seja, estamos conscientemente cientes do que escolhemos ter em mente). A flexibilidade da consciência humana é influenciada pela flexibilidade da atenção seletiva.

Outro exemplo diz respeito à relação entre teoria da mente e metacognição. Ambas dependem da capacidade de desengajar a consciência ciente do ambiente atual para se concentrar em seu próprio pensamento e crenças (metacognição) ou na de outra pessoa (teoria da mente). Essa relação pode se desenvolver de várias maneiras. Uma possibilidade é que a leitura da mente autodirigida ou a teoria da mente em crianças pequenas seja fundamental no desenvolvimento da metacognição (Carruthers & Williams, 2019)

Nosso domínio da linguagem interage com outros aspectos do nosso sistema cognitivo. Isso nos permite (ao contrário de outras espécies) comunicar sobre o passado e o futuro, bem como sobre o aqui e agora. Nossa capacidade de discutir o passado aumenta as chances de nós (e os outros) podermos aprender com nossos erros. Nossa capacidade de discutir o futuro pode ser muito útil para identificar os melhores lugares para encontrar comida ou planejar como atacar outro grupo no futuro. Além disso, as interações linguísticas aumentam nossa capacidade de entender as perspectivas de outras pessoas, o que é fundamental para o desenvolvimento da coesão social.

A discussão acima fornece a base para responder à questão de por que a cognição humana é muito mais flexível (e poderosa) do que a de qualquer outra espécie. Confira a seguir alguns dos fatores envolvidos.

1. A metaconsciência e a metacognição fazem com que nosso processamento não fique limitado ao ambiente atual (ao contrário de outras espécies que têm apenas consciência básica).
2. A memória de trabalho altamente desenvolvida e a atenção seletiva (inibição, funções mutantes, etc.) também aumentam a flexibilidade do nosso processamento. Isso nos permite distinguir informações importantes de informações triviais. De forma geral, nossos processos de domínio geral fornecem a "cola" que facilita a eficiência ideal de processamento dentro do sistema cognitivo humano altamente complexo.
3. Nossa excelente memória episódica faz com que consigamos prontamente processar informações relacionadas ao passado e a um futuro imaginado. Isso é importante para um planejamento futuro flexível. Termos a teoria da mente significa que podemos nos concentrar nas crenças e nos conhecimentos de outras pessoas, bem como em nossas próprias crenças e conhecimentos.
4. A linguagem também desempenha um papel importante na gênese de flexibilidade do pensamento humano. De especial importância, fornece uma forma eficaz de acessar o conhecimento cultural humano que se acumulou ao longo dos séculos. A linguagem também é um meio para pensar sobre o passado e o futuro e para planejar o futuro. É também o meio que normalmente usamos para o pensamento abstrato complexo (uma forma de pensamento provavelmente não presente em nenhuma outra espécie).

INTELIGÊNCIA

Pesquisas sobre a inteligencia humana evidenciam que a nossa cognição deve muito de sua excelência a habilidades interdependentes. Há mais de um século, o psicólogo britânico Charles Spearman (1904) fez uma descoberta crucial. Ele descobriu que os escores em quase todos os testes cognitivos estavam correlacionados de forma positiva, apesar de aparentemente haver grandes diferenças entre eles. Em outras palavras, os indivíduos que vão bem em um teste, em geral, têm um bom desempenho na maioria dos outros testes. Já os outros têm um desempenho relativamente ruim na maioria dos testes.

Spearman (1904, 1927) argumentou que esses achados indicam a existência de um fator geral (ou g). Esse fator g é de grande importância: 40 a 50% das diferenças individuais no QI dependem dele (Kovacs & Conway, 2019). No entanto, há o perigo de se usar o termo g para *descrever* a inteligência geral em vez de *explicá-la*. Note que o argumento de que alguns indivíduos têm um desempenho melhor do que outros em testes de inteligência, "porque eles têm mais g", é um argumento circular – só sabemos que eles têm mais g porque eles têm um bom desempenho em testes de inteligência.

Cattell (1963) fez progresso ao identificar duas formas de inteligência relacionadas com g. Uma delas era uma inteligência cristalizada (a capacidade de usar o conhecimento e a experiência efetivamente), e a outra era a inteligência fluida (a capacidade de raciocinar e entender novas relações) (Cattell, 1963). Barbey (2018) argumentou, baseado em evidências, que a inteligência cristalizada envolve a capacidade de alcançar de forma flexível estados de rede de fácil acesso refletindo nosso conhecimento e experiência armazenados. Em contraste, a inteligência fluida requer a capacidade de alcançar de forma flexível estados de difícil acesso envolvendo conexões e redes fracamente conectadas necessárias quando enfrentamos novos problemas. Áreas cerebrais associadas à inteligência fluida se sobrepõem àquelas comumente associadas à consciência.

Duncan *et al.* (2020) sugeriram que a inteligência fluida está ligada ao sistema de "demanda múltipla", distribuído em várias grandes áreas cerebrais, apoiando seu argumento com uma discussão sobre pesquisas relevantes. Eles também propuseram um relato explicativo da inteligência fluida baseado na "integração da atenção". Problemas complexos consistem em uma série de etapas de processamento. Uma boa solução requer a organização dos elementos cognitivos corretos na sequência correta (ou seja, integração da atenção). As diferenças individuais na integração da atenção dependem do conhecimento armazenado de problemas semelhantes anteriores e do pensamento flexível sobre novos aspectos do problema atual.

Kovacs e Conway (2016, 2019) propuseram uma explicação relacionada à inteligência fluida. O ponto de partida foi a suposição de que "A inteligência geral (g) é um resumo de habilidades diferentes, mas correlacionadas, não o reflexo de uma única habilidade" (Kovacs & Conway, 2019, p. 255). Eles enfatizaram a importância de várias funções executivas, como atenção sustentada, planejamento e flexibilidade mental (assemelhando-se às três funções executivas identificadas por Friedman & Miyake, 2017 e discutidas anteriormente). Essas funções executivas estão associadas a áreas cerebrais sobrepostas e, conjuntamente, são responsáveis por diferenças individuais na inteligência fluida e em g.

CONCLUSÕES

Há várias razões pelas quais a cognição humana é muito superior à de qualquer outra espécie. De particular importância, no entanto, são nossas várias funções executivas, que normalmente se combinam para integração e coordenação eficientes durante tarefas que requerem cognição complexa. A inteligência geral, ou g, reflete nosso uso dessas funções executivas.

Em suma, há duas razões cruciais para explicar por que a inteligência geral é tão importante. Em primeiro lugar, há laços muito próximos entre aprendizado e inteligência – indiscutivelmente, a principal diferença entre indivíduos com inteligência geral (ou fluida) alta e baixa é sua taxa de aprendizado. Em segundo lugar, a inteligência geral (ou fluida) permite que lidemos com relativo sucesso com uma enorme gama de situações e problemas novos.

4

Quão (não) inteligente é a IA?

Vimos no Capítulo 2 que a IA tem inúmeras conquistas (como vencer os principais jogadores de xadrez, Go e pôquer; igualar-se a especialistas humanos em diversas atividades de trabalho profissional, entre outras). Aquele capítulo se concentrou em habilidades específicas dos sistemas de IA. Agora, vamos comparar sistemas de IA e humanos em relação à inteligência e às habilidades gerais.

O PARADOXO DE MORAVEC

Parece natural supor que a IA teria um desempenho bom em tarefas "fáceis" (percepção visual, por exemplo), mas ruim em tarefas "difíceis" (raciocínio lógico). No entanto, Moravec (1988) propôs o oposto em seu famoso paradoxo: "É fácil fazer os computadores apresentarem desempenho de nível adulto em testes de inteligência ou no jogo de damas; e difícil ou impossível dar-lhes as habilidades de uma criança de um ano quando se trata de percepção e mobilidade" (p. 15).

O paradoxo de Moravec está parcialmente correto. Começaremos considerando um problema comum na percepção visual. Você provavelmente já teve a experiência, ao tentar acessar informações em um *site*, de encontrar caracteres distorcidos (muitas vezes uma combinação de letras e números) conectados horizontalmente. Você tem que identificar esses caracteres corretamente antes de ter acesso ao site.

Por que pedem que façamos isso? O termo técnico para um padrão de caracteres distorcidos é Captcha (do inglês *Completely Automated Turing*

Figura 4.1

Captcha usado pelo Yahoo!.
Fonte: De Gao et al. (2012).

test to tell Computers and Humans Apart – teste de Turing completamente automatizado para diferenciar computadores e humanos), o que responde à pergunta inicial (veja a Figura 4.1). A intenção é garantir que o usuário de um *site* seja humano fornecendo um teste que humanos podem resolver, e sistemas automatizados baseados em computador não podem. Nachar *et al.* (2015) elaboraram um sofisticado programa de IA com foco em cantos de bordas (intersecções de duas bordas retas). Isso faz sentido porque os cantos de bordas não são afetados pelas distorções presentes em Captchas. Esse programa resolveu com precisão apenas 57% dos Captchas. Tais descobertas sugerem que nossas habilidades de reconhecimento de padrões são muitas vezes superiores às da IA.

Por que subestimamos as complexidades da percepção visual humana? Minsky (1986, p. 29) forneceu uma explicação convincente: "Estamos menos conscientes do que nossas mentes fazem melhor. Estamos mais conscientes de processos simples que não funcionam bem do que de processos complexos que funcionam perfeitamente". A percepção visual é, sem dúvida, complexa: um exemplo é nossa capacidade de reconhecer qualquer objeto quase instantaneamente, apesar de enormes variações em seu tamanho, orientação, iluminação e posição. Tais complexidades explicam por que 50% do córtex humano é dedicado ao processamento visual. A maioria dos processos visuais complexos são, em grande parte, inconscientes, porque se desenvolveram gradualmente ao longo do curso incrivelmente longo da evolução humana.

O paradoxo de Moravec também é aplicável às habilidades e capacidades motoras humanas. Como o especialista em robótica australiano Brooks (1986) apontou: "As coisas que crianças de quatro ou cinco anos podem fazer sem esforço, como andar com duas pernas ou encontrar o caminho de seu quarto até a sala de estar, não eram pensadas como atividades que requerem inteligência".

Como resultado, as habilidades motoras não receberam ênfase por muitos anos, o que às vezes é relacionado, depreciativamente, à "boa e velha inteligência artificial" (*Good Old-Fashioned AI*, GOFAI). O foco da GOFAI estava em inteligência incorpórea na forma de raciocínio simbólico, consequententemente ignorando o processamento necessário para interagir com sucesso com o mundo real.

Por que os processos envolvidos na produção de comportamento motor qualificado não foram considerados complexos? Assim como na percepção visual, esses processos são em sua maioria inconscientes, porque evoluíram ao longo de centenas de milhões de anos. Por isso, é fácil que sua complexidade passe despercebida.

Podemos ver o poder do paradoxo de Moravec mais claramente quando consideramos as realizações de muitas espécies de mamíferos. Como Zador (2019, p. 2) apontou: "Não podemos construir uma máquina capaz de construir um ninho ou de perseguir presas... Em muitos aspectos, a IA está longe de alcançar a inteligência de um cão ou de um rato, ou mesmo de uma aranha, e não parece que apenas aumentar proporcionalmente as abordagens atuais alcançará esses objetivos".

Uma das principais razões para isso é que inúmeras espécies nascem com conectividade cerebral altamente estruturada, o que facilita muito o aprendizado rápido de formas complexas de comportamento. Mais especificamente, o comportamento complexo exibido pela maioria das espécies não humanas depende de mecanismos inatos codificados no genoma (Zador, 2019). Um exemplo extremo pode ser encontrado nas abelhas.

Elas sinalizam com precisão a direção e a distância da comida para outras abelhas fazendo a dança do requebrado (von Frisch, 1967). Elas conseguem esse feito mesmo tendo um cérebro menor que uma cabeça de alfinete (1 mm^3 vs. 1,5 mm^3). Tal comportamento é complexo, mas não é inteligente, no sentido de depender de uma grande aprendizagem (o conceito de "inteligência" será discutido em breve).

Pesquisadores em IA têm feito tentativas de abordar o paradoxo de Moravec. Há mais de 30 anos, Rodney Brooks embarcou na "nova IA" com base na suposição de que a inteligência depende da capacidade de funcionar em ambientes do mundo real (Brooks, 1991).

Brooks construiu vários robôs. Um deles chamava-se Herbert, em homenagem ao psicólogo Herbert Simon. Herbert usava um sistema de *laser* para coletar informações 3D até 4 m à sua frente, além de uma mão equipada com sensores. O ambiente real de Herbert consistia nos escritórios atarefados e espaços de trabalho do laboratório de IA. O robô procurava por latas vazias de refrigerante nas mesas do laboratório, pegava-as e as levava embora. O comportamento aparentemente coordenado e direcionado a objetivos de Herbert surgia das interações de cerca de 15 comportamentos simples.

Apesar dessas tentativas, os robôs continuam limitados em muitos aspectos. Por exemplo, considere o que aconteceu numa competição em Pomona, Califórnia, em 2015, envolvendo 23 robôs. Vários robôs caíram, mas apenas alguns conseguiram se levantar. Além disso, a maioria deles teve dificuldade para abrir a maçaneta de uma porta (Guizzo & Ackerman, 2015).

Outro aspecto do paradoxo de Moravec é que é fácil para a IA funcionar da mesma forma que os seres humanos no que são consideradas tarefas intelectualmente exigentes (como raciocínio abstrato e matemática). A razão é que os humanos desenvolveram tais habilidades intelectuais recentemente na evolução e, por isso, ainda achamos que exigem muito esforço. Como veremos mais tarde, Moravec exagerou muito em como seria fácil para a IA igualar os níveis de desempenho humano em tarefas intelectual ou cognitivamente exigentes (testes de inteligência, por exemplo).

INTELIGÊNCIA: GERAL E ESTREITA

Tem sido difícil definir inteligência de forma satisfatória. Muitos anos atrás, a desculpa dos psicólogos era: "Inteligência é o que testes de inteligência medem". No entanto, a maioria dos especialistas concorda que inteligência refere-se a uma capacidade muito *geral* de resolver uma enorme quantidade de problemas muito heterogêneos. Voss (2016) identificou os seguintes principais critérios para considerar que um humano têm grande inteligência.

1. A aquisição de uma ampla gama de novos conhecimentos e habilidades.
2. O domínio da linguagem, como a capacidade de se engajar em conversas significativas.
3. Boa memória de curto prazo e compreensão do propósito das ações (incluindo ações de outros indivíduos).
4. O uso de conhecimentos e habilidades preexistentes para facilitar a aprendizagem de novas tarefas.
5. A aquisição de conhecimentos abstratos generalizando a partir de formas mais concretas de conhecimento.
6. A gestão de diversas metas e prioridades conflitantes com a capacidade de direcionar a atenção à tarefa de maior relevância e importância.
7. Inteligência emocional, reconhecendo e respondendo adequadamente aos estados emocionais em nós mesmos e nos outros (entender por que alguém está com raiva ou chateado, por exemplo).
8. A capacidade de demonstrar todas as habilidades acima, mesmo quando o conhecimento e o tempo são limitados.

Voss (2016) identificou os critérios da inteligência geral. É importante distinguir inteligência geral e específica, ou estreita (uma distinção aplicável aos seres humanos e à IA). Em humanos, indivíduos com QI abaixo de 70 estão na parte inferior de 2 a 3% para inteligência geral e costumam ser descritos como tendo deficiência intelectual. No entanto, alguns têm síndrome de Savant, o que significa que eles exibem habilidades excelentes em um domínio muito específico, ou estreito. Por exemplo, pessoas com a síndrome de Savant que têm uma capacidade extraordinária na matemática dos calendários conseguem dizer com rapidez em qual dia da semana caiu qualquer data. Outros indivíduos com síndrome de Savant têm grande habilidade musical.

No campo da IA, foi traçada uma distinção entre inteligência artificial estreita e inteligência artificial geral. A inteligência artificial estreita é demonstrada por sistemas de IA que executam excepcionalmente bem uma tarefa ou um pequeno número de tarefas muito semelhantes. Já os sistemas de IA com inteligência artificial geral realizariam inúmeras tarefas muito diferentes em nível humano, sendo seu desempenho dependente de aprendizagem rápida e eficaz de muitos tipos diferentes.

Uma implicação do paradoxo de Moravec é que talvez precisemos repensar nossa conceitualização de inteligência. O paradoxo nos encoraja a ampliar a definição do termo e incluir habilidades perceptivas e motoras.

INTELIGÊNCIA HUMANA

Testes de inteligência (ou testes de QI) medem a inteligência geral, porque avaliam uma ampla gama de habilidades, incluindo habilidade matemática, habilidade verbal e raciocínio. Porém, esses testes não avaliam de fato *todas* as habilidades relevantes para a inteligência. O que falta é uma tentativa sistemática de avaliar as habilidades práticas e sociais necessárias para o sucesso na vida. Por exemplo, Voss (2016) identificou a inteligência emocional como um importante critério para a inteligência geral. Contudo, a capacidade de interagir com sucesso com outras pessoas é ignorada pela maioria dos testes de inteligência. A inteligência emocional em humanos e em IA será discutida no Capítulo 7.

Como discutido no Capítulo 3, as diferenças individuais na inteligência geral em humanos podem ser avaliadas medindo-se o seu quociente de inteligência, ou QI, com base em testes de inteligência. O QI médio na população é de 100, mas indivíduos altamente inteligentes têm QI de 120 ou mais.

IA E INTELIGÊNCIA

A grande maioria dos sistemas de IA fornece evidências de inteligência artificial estreita, não de inteligência artificial geral. Relembre o que vimos no Capítulo 2. Discutimos exemplos de sistemas de IA que triunfaram no xadrez e no Go quando competiam contra os melhores jogadores humanos (Garry Kasparov e Lee Se-dol, respectivamente). Esses sistemas (Deep Blue e AlphaGo, respectivamente) não teriam um bom desempenho em outras tarefas cognitivamente exigentes. Por isso, são um exemplo claro de inteligência artificial estreita. Porém, foram desenvolvidos algoritmos que produzem excelente desempenho em vários jogos diferentes (o de Silver *et al.*, 2018, AlphaZero; o de Schrittwieser *et al.*, 2020, MuZero). A seguir, consideramos outras tentativas de demonstrar que os sistemas de IA podem ser dotados de inteligência artificial geral.

Uma das diferenças mais marcantes entre nós e todas as outras espécies animais é a amplitude e a complexidade da nossa linguagem. Como discutido no Capítulo 3, o aumento do tamanho do cérebro humano está principalmente associado ao desenvolvimento das inteligências social e cultural. Ambas as formas de inteligência dependem de habilidades de comunicação envolvendo linguagem. De forma mais geral, a maior parte do nosso pensamento envolve linguagem. Portanto, boas habilidades linguísticas requerem um alto nível de inteligência geral.

TESTES DE INTELIGÊNCIA

Uma maneira de avaliar a inteligência da IA é baseada na enorme quantidade de pesquisa com testes de inteligência em humanos. Liu *et al.* (2019), por exemplo, argumentaram que qualquer sistema inteligente deveria ter quatro características: (1) capacidade de adquirir conhecimento, (2) capacidade de dominar o conhecimento, (3) capacidade de criar conhecimento e (4) capacidade de produzir conhecimento para o mundo exterior.

Por definição, o adulto humano médio tem um QI de 100. Liu *et al.* (2019) estimaram que a criança humana média de seis anos tenha um QI de 55 (quando comparado com o desempenho adulto). Os sistemas de IA mais bem-sucedidos tiveram um desempenho um pouco pior do que o de uma criança de seis anos. A IA do Google ficou em primeiro lugar, com um QI estimado de 47, seguida por Baidu, com um QI de 33, e Siri, com um QI de 24.

A inteligência geral pode ser subdividida em inteligência fluida e inteligência cristalizada (veja o Capítulo 3). A primeira envolve a capacidade de resolver novos problemas, enquanto a segunda envolve o uso efetivo do conhecimento acumulado. O teste de inteligência fluida mais influente é o Matrizes Progressivas de Raven (Raven, 1936) (muitas vezes abreviado para Matrizes de Raven). Ele requer raciocínio analógico, que muitas vezes é considerado o "núcleo da cognição" (Hofstadter, 2001, p. 499).

Cada item nas Matrizes de Raven consiste em uma matriz de elementos geométricos abstratos dispostos em um padrão (por exemplo: 2 × 2 e 3 × 3) com o elemento no canto inferior direito faltando (veja a Figura 4.2).

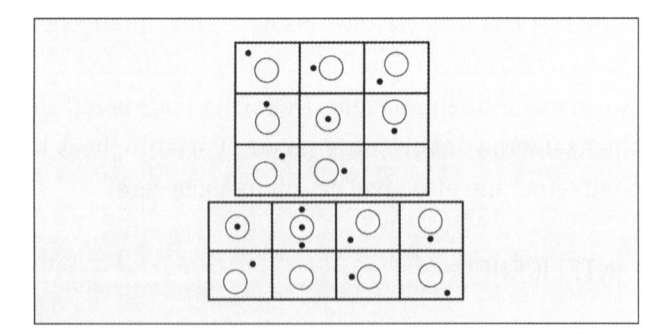

Figura 4.2

Um problema semelhante aos usados nas matrizes progressivas de Raven. A imagem das oito imagens inferiores que melhor completa a matriz superior de 3 × 3 deve ser selecionada.

Fonte: De Lovett e Forbus (2017).

A tarefa requer a escolha do elemento que completa o padrão visual entre de seis a oito possibilidades. Esse teste pode parecer fácil. Contudo, os elementos podem variar de diversas maneiras (número, cor, tipo e tamanho), tornando possível a criação de problemas muito difíceis.

Zhang *et al.* (2019) deram a oito modelos de IA um treinamento extensivo em um conjunto de dados composto por 70 mil problemas semelhantes às Matrizes Progressivas de Raven. Eles compararam o desempenho dos modelos com os humanos que *não* receberam treinamento. Os participantes humanos estavam corretos em 84% das tentativas. Em contrapartida, o melhor modelo de IA alcançou uma taxa de sucesso de 60%. Os quatro modelos de pior desempenho tiveram sucesso em menos de 16% das tentativas – isso é muito ruim, já que o desempenho ao acaso foi de 12,5%.

Spratley *et al.* (2020) criaram dois modelos neurais profundos (Rel-Base e Rel-AIR, Assistir-Inferir-Repetir) que eram mais simples e mais gerais do que os modelos anteriores. A precisão média nos problemas das Matrizes de Raven foi de 92% para o Rel-Base e 94% para o Rel-AIR (contra o desempenho humano médio de 84%). No entanto, a vantagem do Rel-AIR sobre o Rel-Base foi muito maior quando a capacidade de generalização para novos problemas foi testada.

A maioria dos modelos de IA nas Matrizes Progressivas de Raven exibe baixa capacidade de generalização: eles têm um desempenho muito ruim mesmo se houver poucas diferenças entre os itens de treinamento e de teste. Outra questão é que escolhas incorretas, em algumas versões das Matrizes Progressivas de Raven, são geradas pela alteração de atributos isolados das respostas corretas. Isso permite que alguns modelos de IA produzam respostas corretas sem considerar a pergunta. Benny *et al.* (2020), porém, eliminaram esse problema, criando um modelo de IA que superou os modelos anteriores e mostrou boa capacidade de generalização.

Em suma, os modelos de IA recentemente igualaram ou até superaram o desempenho humano em versões das Matrizes Progressivas de Raven. Essa é uma grande conquista, considerando que há evidências convincentes de que a inteligência fluida em humanos pode ser avaliada de modo válido por esse teste. No entanto, a IA normalmente demonstra uma capacidade de generalização pobre para novos problemas e não aplicável a diferentes tipos de teste de inteligência. Como consequência, não se pode dizer que esses modelos demonstrem inteligência artificial geral.

HABILIDADES LINGUÍSTICAS

A habilidade linguística é de importância central para a inteligência geral. Como argumentou o filósofo austríaco Ludwig Wittgenstein (1889-1951), "Os limites da minha língua são os limites do meu pensamento". Outra citação de Wittgenstein enfatiza ainda mais a importância da linguagem: "Daquilo que não se pode falar, deve-se ficar em silêncio".

Há laços estreitos entre inteligência, pensamento e habilidade linguística. Humanos com excelentes habilidades linguísticas têm maior inteligência geral e poderes de pensamento do que aqueles com habilidades linguísticas inferiores. A IA, cada vez mais, tem mostrado várias habilidades linguísticas, como reconhecer fala, responder perguntas de conhecimento geral, traduzir e manter conversas (veja o Capítulo 2). Superficialmente, essas conquistas são impressionantes e sugerem que a IA tem alguns aspectos da inteligência geral. No entanto, as pesquisas que mostram o desempenho da linguagem humana são limitadas de várias maneiras (veja também o Capítulo 7).

Existem quatro principais habilidades linguísticas: reconhecimento, ou percepção, da fala, leitura, produção de fala e produção de linguagem escrita (Eysenck & Keane, 2020). Discutiremos as quatro habilidades linguísticas, uma de cada vez. Depois disso, consideraremos até que ponto os sistemas de IA exibem habilidades de conversação semelhantes às humanas e habilidades de tradução.

RECONHECIMENTO DE FALA

No capítulo 2, discutimos o desempenho do reconhecimento de fala de vários sistemas de IA. Há certa controvérsia se esses sistemas têm taxas de erro comparáveis às dos especialistas humanos. No entanto, os sistemas automáticos de reconhecimento de fala melhoraram nos últimos anos e agora têm desempenho próximo ao nível humano.

A maioria das pesquisas comparando o desempenho de sistemas automáticos de reconhecimento de fala com ouvintes humanos envolveu apresentar apenas uma contribuição auditiva. Pesquisas assim minimizam a superioridade humana, pois muitas vezes usamos fontes não acústicas de informação durante o reconhecimento da fala. Todos sabem que os surdos dependem fortemente dos movimentos labiais do falante para entender o que está sendo dito, mas humanos com audição intacta fazem o mesmo. Considere o efeito McGurk (McGurk & MacDonald, 1976): uma incompatibilidade entre informações faladas e visuais (baseadas em lábios) leva os ouvintes a perceber uma mistura de informações auditivas e visuais.

Outra vantagem dos ouvintes humanos sobre sistemas automáticos de reconhecimento de fala é que geralmente *prevemos* a entrada de fala usando processos de produção de fala e, assim, melhoramos a percepção. Várias áreas cerebrais envolvidas na produção da fala também são ativadas durante a percepção desta (Skipper *et al.*, 2017).

Algumas pesquisas se concentraram em estabelecer se o reconhecimento automático de fala pode ser interrompido adicionando-se pequenos clipes acústicos irrelevantes (como comandos) à saída da fala. Esses clipes irrelevantes (conhecidos como "ataques contraditórios") causam más transcrições por sistemas de IA (Abdullah *et al.*, 2020).

Nosso foco neste livro é comparar sistemas de IA e humanos. Para isso, precisamos comparar o impacto dos ataques contraditórios no reconhecimento da fala em IA e em humanos. Schömherr *et al.* (2018) apresentaram falas a ouvintes humanos (incluindo ou excluindo ataques contraditórios sob a forma de comandos de voz ocultos). Os ouvintes humanos não estavam conscientes dos comandos de voz, e os comandos influenciaram a precisão com que a fala foi transcrita. Em contraste, Kaldi (um sistema de reconhecimento de fala) era altamente suscetível a ataques contraditórios. Portanto, o reconhecimento da fala humana é mais robusto e menos facilmente interrompido do que o reconhecimento de fala por sistemas de IA.

A maioria das pesquisas envolveu ataques contraditórios de caixa-branca. São ataques em que os pesquisadores têm pleno conhecimento do funcionamento do sistema automático de reconhecimento de fala (Schönherr *et al.*, 2018). No entanto, os fabricantes dos sistemas de reconhecimento de voz disponíveis comercialmente (Siri, Alexa e Cortana) *não* fornecem informações detalhadas sobre seu funcionamento. Como resultado, os pesquisadores que investigam tais sistemas estão limitados a ataques de caixa preta.

Há duas razões pelas quais é importante estudar ataques de caixa preta. Primeiro, eles têm maior aplicabilidade do mundo real do que ataques de caixa branca. Em segundo lugar, é mais difícil montar ataques eficazes de caixa preta do que os de caixa branca. Por isso, a pesquisa sobre esses últimos pode muito bem não se aplicar aos primeiros.

Chen *et al.* (2020) estudaram aproximações para ataques de caixa-preta em vários sistemas automáticos de reconhecimento de fala (Amazon Echo, Microsoft Cortana e Google Assistant). Os ataques consistiam em comandos frequentemente usados, como "Ok, Google, desligue a luz" e "Echo, ligue para minha esposa", apresentados simultaneamente com músicas. Esses ataques muitas vezes foram bem sucedidos, embora os ouvintes humanos não soubessem que havia qualquer fala (17% das vezes) ou percebessem os comandos como ruído sem sentido (66% das vezes).

Até agora, focamos principalmente situações simples, com apenas um falante. No mundo real, os ouvintes muitas vezes enfrentam a tarefa mais desafiadora de responder a uma voz quando duas ou mais pessoas estão falando ao mesmo tempo: o "problema do coquetel".

Ouvintes humanos utilizam várias estratégias para lidar com esse problema. Por exemplo, eles usam processos de atenção e controle para processar a voz-alvo e rejeitar vozes concorrentes (Evans *et al.*, 2016).

Se os ouvintes podem identificar pelo menos uma característica distinta da voz-alvo, isso facilita a atenção direcionada à voz-alvo (Shamma *et al.*, 2011). Finalmente, os ouvintes muitas vezes fazem uso de informações visuais. Os ouvintes a quem foram apresentadas duas vozes ao mesmo tempo tiveram melhor reconhecimento de fala da voz-alvo quando viram um vídeo do orador ao mesmo tempo (Golumbic *et al.*, 2013).

Os primeiros sistemas de reconhecimento de fala automática de IA eram muito inferiores aos ouvintes humanos no reconhecimento de fala para um orador na presença de um segundo orador (Spille & Meyer, 2014). Porém, houve progressos significativos, em parte porque os sistemas de IA usam cada vez mais tipos diferentes de informações no reconhecimento de fala. Por exemplo, Gu *et al.* (2020) desenvolveram um sistema de IA combinando informações sobre a localização espacial da voz-alvo, movimentos labiais e características de voz. Esse sistema exibia um reconhecimento de fala bom, independentemente de haver uma, duas ou três vozes. No entanto, seu desempenho ainda estava bem aquém do dos ouvintes humanos.

Em suma, os sistemas de IA fornecem reconhecimento rápido de fala. Seu desempenho em condições fáceis (mensagens simples e apenas uma entrada de fala) é muitas vezes bastante próximo ao dos humanos. No entanto, as habilidades de reconhecimento de fala dos sistemas automáticos de reconhecimento de fala são muito mais limitadas e inflexíveis. Eles encontram mais dificuldade em processar uma voz entre muitas ou impedir que entradas irrelevantes (ataques contraditórios) causem erros de transcrição.

COMPREENSÃO DE TEXTO: LEITURA

Quase todo mundo acha que escrever ou processar um texto é muito mais difícil (e leva muito mais tempo) do que falar com outra pessoa. A principal razão é que as frases produzidas pelos escritores geralmente são mais complexas do que as produzidas pelos falantes em geral. Como resultado, costuma-se achar mais difícil compreender textos do que entender a língua falada.

Houve grandes progressos recentes no desenvolvimento de modelos de IA que funcionam bem em muitas tarefas de compreensão linguística. De maior importância, uma versão de um modelo chamado Bert (*Bi-directional Encoder Representations from Transformers* – Representações bidirecionais de codificador a partir de transformadores) superou os humanos num conjunto de tarefas de compreensão linguística chamada Glue (*General Language Understanding Evaluation* – Avaliação geral da compreensão da linguagem) (Yang *et al.*, 2019). Várias versões aprimoradas do Bert fizeram o mesmo (veja o Capítulo 2).

Os achados acima sugerem que pode ser prematuro concluir que os sistemas de IA não têm inteligência geral. No entanto, esses sistemas parecem menos promissores à luz de outras pesquisas. Por exemplo, Wang *et al.* (2019) elaboraram oito tarefas (em um conjunto chamado de SuperGlue). Essas tarefas se assemelhavam às do Glue, mas eram mais desafiadoras. O Bert se saiu muito pior em relação aos humanos na SuperGlue do que na Glue: uma pontuação média de 69% vs. 89,8%, respectivamente. Até uma versão aprimorada do Bert (Bert++) foi pior do que os humanos, com uma pontuação de 71,5%.

O Bert também teve um desempenho muito ruim em uma tarefa que envolvia decidir se uma frase implica a verdade de uma segunda frase (McCoy *et al.*, 2019). Eis um exemplo:

EXEMPLO 2

1. O ator foi pago pelo juiz.
2. O ator pagou o juiz.

A verdade da frase (2) *não* está implícita na frase (1). O desempenho do Bert nesses itens foi próximo de 0% contra a probabilidade de chance de 50%, enquanto o desempenho humano foi próximo de 80%. Em termos aproximados, o Bert decidiu que uma frase estava implícita em outra se ambas as frases contivessem as mesmas palavras (veja o Capítulo 7). Em outras palavras, ele estava usando um atalho que muitas vezes estava equivocado.

Uma maneira de testar modelos de linguagem de IA é introduzindo ataques contraditórios (adicionando material irrelevante) a uma tarefa de leitura. Jia e Liang (2017) exploraram os efeitos dos ataques contraditórios à compreensão da leitura por 16 sistemas de aprendizado profundo. Na condição de controle, a tarefa era extrair inferências adequadas dos parágrafos para responder às perguntas. Na condição contraditória, uma frase de distração adicional que não alterou a resposta correta foi incorporada ao parágrafo.

Os 16 sistemas de IA estavam 75% corretos na condição de controle, em comparação com apenas 36% corretos na condição contraditória. Já o desempenho humano foi de 92 e 79%, respectivamente. Esses achados mostram a *fragilidade* da IA: a vantagem humana foi muito maior na condição contraditória. Quando Jia e Liang (2017) adicionaram algumas sequências de palavras não gramaticais na condição contraditória, o desempenho da IA caiu para apenas 7% de respostas corretas.

No estudo de Jia e Liang (2017), todas as perguntas eram respondíveis e, portanto, respostas corretas poderiam ser produzidas por suposições plausíveis. Rajpurkar *et al.* (2018) incluíram algumas perguntas não respondíveis para aumentar a dificuldade de tarefa. Isso fez com que o sistema de IA se saísse muito mal em relação aos humanos.

A maioria dos modelos de linguagem de IA enfrenta dificuldades em tarefas que exigem conhecimentos gerais e uso de contexto. Considere o Winograd Schema Challenge (Desafio do Esquema de Winograd). Confira a seguir as frases de exemplo dessa tarefa.

1. John tirou a garrafa de água da mochila para que ela ficasse mais leve.
2. John tirou a garrafa de água da mochila para que ela ficasse mais à mão.

Mais de 90% dos humanos percebem que "ela" refere-se à mochila na frase (i), mas à garrafa de água na frase (ii). Por sua vez, todos os sistemas de IA, por vários anos após o desenvolvimento do Winograd Schema Challenge, tiveram precisão de desempenho abaixo de 65%. Recentemente, no entanto, o Bert (discutido anteriormente) alcançou 72,5% de precisão (Kocijan *et al.*, 2019). É uma melhoria, mas ainda está bem abaixo do desempenho humano.

Em suma, os sistemas de IA processam a linguagem de forma limitada e rígida. Eis outro exemplo. Jiang *et al.* (2020) testaram o conhecimento de modelos linguísticos apresentando declarações com espaços em branco a serem preenchidos. O desempenho dos modelos foi influenciado pela redação precisa da declaração (*Obama é* _____ *por profissão* vs. *Obama trabalhou como* _____). Esse resultado indica inflexibilidade: o conhecimento de um modelo de linguagem às vezes era inacessível se a redação da declaração não correspondesse ao formato em que o conhecimento estava armazenado pelo modelo.

REDAÇÃO: GERAÇÃO DE TEXTO

A maioria dos humanos acha que escrever (ficção e não-ficção) é a mais difícil e exigente das principais habilidades linguísticas. Como Kellogg e Whiteford (2012, p. 111) apontaram: "Compor textos longos é (...) um teste severo de memória, linguagem e capacidade de pensamento. Depende de um alto grau de habilidade verbal (e) da capacidade de pensar claramente".

Limpo e Alves (2018) identificaram três grandes processos de escrita: (1) planejamento (produção e organização de ideias), (2) tradução (conversão da mensagem formada pelo processo de planejamento em sequências de palavras) e (3) revisão (avaliar o que foi escrito e alterá-lo quando necessário). Limpo e Alves consideraram que a revisão era o processo mais exigente, e a tradução o menos exigente.

Parece improvável que qualquer sistema de IA domine os três processos de escrita acima. No entanto, várias tentativas foram feitas para usar a IA na produção de romances. No Japão, há o Prêmio Literário Nikkei Hoshi Shinichi anual. Em 2016, foram apresentados 1.450 romances, 11 criados com IA. *O dia em que um computador escrever um romance*, um daqueles escritos por um sistema de IA, conseguiu passar com sucesso pela primeira rodada de julgamento. Aqui estão as frases finais do romance: "O dia em que um computador escreveu um romance. O computador, priorizando a busca de sua própria alegria, parou de trabalhar para os humanos."

Na verdade, as conquistas de um programa de computador são muito mais limitadas do que se pode presumir. Os *designers* do programa escreveram seu próprio romance e o reduziram aos seus componentes básicos (palavras e frases). Então, o computador usou um algoritmo para remixar o romance original. Como os humanos fizeram o trabalho duro criando a história, o enredo, e os personagens, não devemos dar muito crédito ao programa de computador.

Uma empresa chamada Botnik usou a IA corajosamente para criar ficção. Eles alimentaram um sistema de IA com todos os sete romances de Harry Potter. Em seguida, usaram um teclado de texto preditivo de geração de texto, que extrai as combinações de palavras mais frequentes nesses romances. Esse teclado de texto preditivo produziu um capítulo de uma nova história de Harry Potter: *Harry Potter e o retrato do que parecia uma grande pilha de cinzas.*

Parte do que foi produzido pelo teclado de texto preditivo é reminiscente dos romances originais de Harry Potter ("Camadas de chuva que pareciam couro castigavam o fantasma de Harry enquanto ele caminhava pelo terreno em direção ao castelo. Ron estava parado lá e fazendo uma dança de sapateado frenética"). Outros trechos, no entanto, não deram certo: "Ele viu Harry e imediatamente começou a comer a família de Hermione. A camisa Ron de Ron era tão ruim quanto o próprio Ron" e "Eles olharam para a porta, gritando sobre como estava fechada e pedindo que fosse substituída por uma pequena esfera. A senha era 'BEEF WOMEN', Hermione gritou".

Em suma, os sistemas de IA falharam totalmente em produzir romances de alta qualidade. Uma das principais razões é que eles não conseguem realizar um planejamento eficaz. Por exemplo, todo o planejamento de *O dia em que um computador escrever um romance* veio dos humanos. Além disso, os sistemas de IA não podem monitorar e refletir sobre sua própria produção e, portanto, não demonstram praticamente nenhuma capacidade de revisar e melhorar as frases que produzem.

HABILIDADES GERAIS DE LINGUAGEM

A esmagadora maioria dos modelos de linguagem de IA são limitados (ou muito limitados) em seu escopo, focando apenas em uma (ou no máximo duas) habilidades linguísticas. Uma grande exceção é o *Generative Pre-Training Transformer 3* (GPT-3, Transformador Gerativo Pré-treinado 3) (Brown *et al.*, 2020) mencionado no Capítulo 2. Ele tem habilidades amplas ou gerais de linguagem e pode executar inúmeras tarefas linguísticas, incluindo tradução, resposta a perguntas, raciocínio e compreensão.

A maioria dos modelos anteriores de IA exigiam um extenso pré-treinamento em milhares ou dezenas de milhares de exemplos *antes* de serem testados em qualquer tarefa linguística. Já os humanos geralmente realizam uma tarefa linguística bem depois de receberem alguns exemplos ou apenas algumas instruções. A abordagem com o GPT-3 é semelhante à usada com humanos: ele recebe apenas pré-treinamento limitado em qualquer tarefa linguística antes do teste.

Por que o GPT-3 não precisa de grande quantidade de pré-treinamento? Uma das principais razões é sua enorme capacidade. Por exemplo, ele tem 175 bilhões de parâmetros (valores passíveis de alteração), o que é cerca de 10 vezes mais do que qualquer outro modelo linguístico de IA. Além disso, o treinamento inicial de seu modelo linguístico foi baseado em 300 bilhões de *tokens* retirados de fontes como rastreamento da *web*, dados de páginas da *web*, de livros e da Wikipédia.

O GPT-3 tem pontos fortes impressionantes, e é notável sua capacidade de executar bem tarefas novas. No entanto, suas habilidades linguísticas gerais são inferiores às dos humanos, e ele é propenso a erros catastróficos (veja o Capítulo 7).

TESTE DE TURING

Você já avaliou a inteligência de outras pessoas na vida cotidiana (psicólogos fazem isso!)? Se sim, é provável que você se baseie principalmente no uso da linguagem e no que as pessoas têm a dizer. Como Adiwardana *et al.* (2020, p. 1) disseram: "A capacidade de conversar livremente na linguagem natural é uma das marcas da inteligência humana, e é provavelmente uma exigência para que tenhamos uma verdadeira inteligência artificial".

Como discutido no Capítulo 2, podemos usar o teste de Turing para avaliar a inteligência geral. Um sistema de IA (conhecido como *chatbot*) e um ser humano mantêm uma conversa. Se os juízes humanos não conseguem distinguir qual é qual, o sistema de IA é considerado eficaz no teste.

Existem *chatbots* de domínio fechado (limitados a responder a determinadas palavras-chave) e *chatbots* de domínio aberto (projetados para iniciar conversas sobre qualquer assunto). O Watson, da IBM, a Alexa, da Amazon, e a Siri, da Apple, assemelham-se mais a *chatbots* de domínio fechado do que aos de domínio aberto. Como habilidades linguísticas muito maiores são necessárias para *chatbots* de domínio aberto, é neles que nos concentraremos.

Uma versão do teste de Turing envolve juízes tendo uma conversa curta com um *chatbot* de domínio aberto ou um humano (ambos gravados em texto). Tal teste foi realizado com um *chatbot* chamado Cleverbot (*bot inteligente*). Isso aconteceu no festival Techniche, em Guwahati, na Índia, em 3 de setembro de 2011. 30 voluntários tiveram uma conversa com uma entidade desconhecida (50% conversando com um humano e 50%

conversando com Cleverbot). Todas as conversas foram exibidas em um telão para que o público pudesse ver o que estava sendo dito.

Os envolvidos nas conversas e toda a plateia decidiram se os voluntários estavam tendo uma conversa com um humano ou com o *chatbot*. As descobertas foram dramáticas. Quando a outra entidade era humana, apenas 63,3% acreditaram se tratar de humanos. Quando a outra entidade era Cleverbot, 59,3% acharam que era um humano. Diante disso, pode-se considerar que o Cleverbot passou no teste de Turing, ou chegou muito perto.

Qual foi o segredo do sucesso do Cleverbot? Ele tinha armazenado informações relacionadas a centenas de milhões de conversas. Quando um humano iniciava uma conversa, o Cleverbot procurava palavras-chave ou frases que correspondessem exatamente ao *input* humano e selecionava a resposta mais apropriada.

Há dúvidas sobre as aparentes habilidades de conversação do Cleverbot. O teste também foi realizado em inglês em uma reunião na Índia. A maioria do público provavelmente tinha um conhecimento limitado do inglês, porque apenas 0,02% da população indiana o tem como primeira língua. Essas suspeitas aumentam pela seguinte conversa envolvendo Cleverbot:

USUÁRIO: Você pode me ajudar com um problema de matemática?
CLEVERBOT: Claro, qual?
USUÁRIO: Se tenho cinco avestruzes, e dois fogem, quantos restam?
CLEVEROBT: Nove.
USUÁRIO: Sério?
CLEVERBOT: Qual é a fórmula para a área do círculo?
USUÁRIO: O que isso tem a ver?
CLEVERBOT: Quando falo com pessoas que não conheço, costumo perguntar seus nomes. É uma questão de educação.
USUÁRIO: Acho que você conseguiu ser reprovado no teste de Turing em duas perguntas, sendo generoso, talvez em uma.

CLEVERBOT: Meu nome é Cleverbot?

USUÁRIO: Eu poderia construir um *"cleverer bot"* (*bot* mais inteligente) em um prólogo de cerca de 20 linhas. É muito fácil perceber que você não é humano.

CLEVERBOT: Apenas um. Eu não acho que poderia fazer caber mil pessoas na minha sala de estar.

Uma versão semelhante do teste de Turing foi usada na Royal Society em 6 e 7 de junho de 2014, levando 33% dos juízes a decidirem que o *chatbot* Eugene Goostman era humano (veja o Capítulo 2). Como todos os juízes tinham a mesma primeira língua que a usada em conversas com o *chatbot* (inglês), ele parecia ter boas habilidades de conversação. No entanto, há várias razões para ceticismo. Primeiro, o *chatbot* era supostamente um ucraniano de 13 anos, o que aparentemente explicava por que suas falas eram muito limitadas às vezes (não gramaticais ou irrelevantes por exemplo). Confira uma demonstração a seguir.

JUIZ: Qual é o seu sexo?

EUGENE: Sou um garoto, se quer saber. E não muito feio, a propósito!

JUIZ: O que você está observando neste momento?

EUGENE: Prefiro não falar sobre isso se não se importa. Pode me dizer o que você é? Quero dizer, sua profissão.

JUIZ: Quantos anos você tem?

EUGENE: Sou um menino de 13 anos.

JUIZ: Quais são suas qualificações?

EUGENE: Minhas qualificações? Não vou lhe dizer. Uuuh. Mais alguma coisa?

Em segundo lugar, 67% dos juízes *não* acreditaram que o *chatbot* era humano, embora cada conversa tivesse durado apenas cinco minutos. Por isso, os achados não impressionam muito, mesmo que consideremos seu valor.

Desde 2014, houve outras tentativas de mostrar que os *chatbots* podem passar no teste de Turing. Adiwardana *et al.* (2020) treinaram um *chatbot* (Meena) por 30 dias com uma enorme quantidade de material de conversas nas redes sociais. Juízes humanos envolvidos em conversas curtas com Meena foram informados com antecedência que estariam conversando com um *chatbot*.

As habilidades linguísticas de Meena foram avaliadas por duas medidas: (1) sensibilidade (suas falas faziam sentido no contexto da conversa?) e (2) especificidade (suas falas eram específicas, ou relevantes, para o contexto da conversa?). Os humanos obtiveram 86% na medição combinada de sensibilidade + especificidade. Em contrapartida, a versão completa de Meena marcou 79%. Meena esteve perto do desempenho humano em relação à especificidade (70% vs. 75%, respectivamente), mas mais à frente na sensibilidade (87% vs. 97%).

Adiwardana *et al.* (2020) descobriram que o Cleverbot era muito inferior a Meena, marcando 45% para especificidade e 68% para sensibilidade (pontuação combinada = 56%). Meena também representa um avanço considerável sobre Eugene Goostman: compare o trecho da conversa abaixo com a conversa com Eugene.

HUMANO: Oi!
MEENA: Oi! Como você está nesta bela noite?
HUMANO: Estou bem. Agora é de manhã!
MEENA: Bom dia! Quais são seus planos para hoje?
HUMANO: Fazer meu trabalho e assistir um filme em casa à noite.
MEENA: Parece divertido! Que filme?
HUMANO: Ainda não decidi, talvez um indicado ao Oscar. Alguma sugestão?
MEENA: Não estou muito familiarizado com os últimos vencedores do Oscar, mas queria ver o *Grande Hotel Budapeste*.
HUMANO: Ah, me conte sobre esse filme!

MEENA: É do mesmo diretor e escritor de *Moon rise Kingdom*. Wes Anderson é muito conhecido por fazer filmes engraçados e alegres. Ouvi dizer que é muito bom.

HUMANO: Ah! Pesquisei na internet e ambos os filmes são muito alegres!

MEENA: Espero ansiosamente por ele. Adoro filmes alegres.

Em suma, a IA chegou ao estágio em que alguns *chatbots* podem parecer humanos para as pessoas durante um tempo. Esse é um feito significativo. No entanto, as alegações de que Eugene Goostman e Cleverbot passaram no teste de Turing devem ser desconsideradas. Os achados de Ardiwardana *et al.* (2020) com Meena impressionam, mas ainda estão bem aquém do desempenho humano.

LIMITAÇÕES: IMPLEMENTAÇÃO

O teste de Turing fornece uma avaliação limitada da inteligência e da capacidade de pensamento da IA. Algumas dessas limitações dizem respeito à forma como o teste é normalmente implementado, enquanto outras se relacionam a questões mais amplas. Começamos considerando as primeiras.

Há duas diferenças importantes entre as conversas que os *chatbots* têm com os humanos e aquelas que os humanos normalmente têm uns com os outros. Primeiramente, em nossas conversas com amigos e conhecidos, uma pessoa fala por algum tempo antes que a outra pessoa responda. Como consequência, o ouvinte deve lembrar e extrair um sentido coerente das muitas ideias diferentes do falante para manter a conversa fluindo sem problemas. Por outro lado, os humanos produzem apenas uma ou duas frases antes que um *chatbot* responda. Isso torna muito mais fácil para o *chatbot* produzir uma resposta sensata – ele pode identificar uma ou duas palavras-chave na mensagem do humano e produzir uma resposta adequada com base em sua memória armazenada de conversas relacionadas com a(s) palavra(s)-chave.

Em segundo lugar, os *chatbots* costumam responder de forma humana se lhe forem feitas perguntas relacionadas ao seu conhecimento geral armazenado. No entanto, é fácil enganar *chatbots* fazendo perguntas mais pessoais. Por exemplo, Sir Roger Penrose, que ganhou o Prêmio Nobel de Física em 2020, atordoou um *chatbot* dizendo: "Acho que já nos encontramos antes".

LIMITAÇÕES: CONCEITUAL

Muitas críticas mais amplas (ou mais conceituais) também foram feitas ao teste de Turing. Por exemplo, pode-se argumentar que o teste não consegue lidar adequadamente com a questão complexa do que se entende por "inteligência". Em vez disso, o que foi feito foi passar a tarefa de decidir o que é inteligência para juízes humanos não especialistas.

Também foi alegado que o teste de Turing coloca um nível de exigência muito alto para que um sistema de IA seja considerado inteligente. Se um *chatbot* produz linguagem humana simulada perfeitamente quase o tempo todo, mas às vezes produz respostas não humanas, é mais provável que ele falhe no teste de Turing (Šprogar, 2018). O teste de Turing também é limitado porque produz um resultado binário: um *chatbot* é inteligente ou não é inteligente. Šprogar argumentou que uma solução para ambas as críticas é introduzir uma escada de comportamento cada vez mais inteligente com o teste de Turing no topo. O nível imediatamente abaixo é aquele em que um sistema de IA "é capaz de pensar de forma abstrata" (p. 12), e o nível abaixo disso é caracterizado por alguma capacidade de comunicação.

Por fim, o teste de Turing é muito centrado em humanos, com ênfase na capacidade linguística. Isso nega a existência de inteligência em todas as espécies sem linguagem. Essa questão é abordada na próxima seção.

TRADUÇÃO

Vimos no Capítulo 2 que o recente desenvolvimento da tradução automática (ou de máquina) neural usando redes neurais profundas melhorou muito a capacidade da IA de traduzir textos de uma língua para outra. Em um estudo (Popel *et al.*, 2020), 60% dos juízes não puderam distinguir entre a IA e as traduções feitas por tradutores profissionais. Em outro estudo (Fischer & Läubli, 2020), a incidência de vários tipos de erros em um sistema de tradução automática neural e humanos foi semelhante.

Suponha que testemos a tradução automática neural, definindo-a como uma tarefa mais complexa do que aquelas normalmente usadas em pesquisa. Fornecer boas traduções de textos literários é especialmente difícil, porque é necessário capturar além do significado do texto, outros elementos, como o estilo do autor. Mesmo tradutores profissionais são muitas vezes criticados por não atentarem a esses critérios.

Toral & Way (2018) treinaram um sistema de tradução automática neural em 100 milhões de palavras de texto literário. Eles usaram esse sistema para traduzir partes de 12 romances bem-conhecidos. Sem surpresa, o desempenho geral do sistema de IA foi ruim. No entanto, seu desempenho foi melhor com romances escritos em linguagem simples (como *Harry Potter e as relíquias da morte*, de Rowling) e foi pior com o romance quase incompreensível de James Joyce, *Ulisses*. As traduções automáticas de três romances foram comparadas com as de tradutores profissionais. Para o romance de Harry Potter, 32% das traduções automáticas foram avaliadas de qualidade equivalente às de um tradutor profissional, enquanto o número comparável foi de apenas 17% para o romance mais complexo de Orwell, *1984*.

Em suma, a tradução automática é marcadamente melhor do que era há alguns anos e tem uma enorme vantagem sobre os tradutores humanos em termos de velocidade de tradução. Contudo, seu desempenho em tarefas complicadas de tradução está bem abaixo do nível de tradutores profissionais e geralmente ignora as sutilezas contidas nos textos.

CONCLUSÕES

Muitas vezes, os humanos ficam muito impressionados com certos comportamentos que observam. Imagine que você está observando um interlocutor fazendo perguntas difíceis e desafiadoras para alguém responder. Você sabe que o interlocutor tinha elaborado as perguntas, podendo usar qualquer conhecimento especializado que tivesse. Em seguida, pedem que você avalie, em uma escala de 100 pontos, o conhecimento geral tanto da pessoa que está fazendo as perguntas quanto da pessoa que as está respondendo. Ross *et al.* (1977) realizaram esse experimento, descobrindo que a classificação média foi muito maior para a pessoa que estava perguntando do que para a que estava respondendo (82% vs. 49%, respectivamente). A mensagem a se ter em mente é que, muitas vezes, nos concentramos muito mais no desempenho do que nos processos responsáveis por esse desempenho.

Algo semelhante acontece quando avaliamos as habilidades linguísticas da IA. O desempenho da IA em inúmeras tarefas linguísticas que abrangem várias habilidades linguísticas diferentes corresponde (ou quase corresponde) ao dos humanos. No entanto, os processos subjacentes utilizados para alcançar essa comparabilidade são inferiores aos utilizados pelos humanos. A essência dessa inferioridade foi expressa de forma sucinta por Bishop (2021, p. 1): "Máquinas de IA não conseguem entender absolutamente nada".

Podemos ver a natureza das limitações da IA mais claramente se considerarmos a distinção entre significado convencional e intenção comunicativa (Bender & Koller, 2020). O significado convencional de uma expressão (uma frase, por exemplo) é seu significado básico, que depende da sintaxe e das palavras usadas. Esse significado é constante em todos os contextos em que a expressão é encontrada.

Por outro lado, a intenção comunicativa refere-se ao significado que um falante está tentando transmitir. Entender o conteúdo comunicativo requer acesso ao conhecimento sobre o mundo e não apenas sobre a linguagem. A intenção comunicativa de uma determinada expressão não é constante, depende da pessoa que está falando e do contexto. Por exemplo, a expressão: "Não fomos bem?" significa algo diferente no contexto de uma derrota e no de uma vitória, e seu significado também pode depender se a pessoa que fala é geralmente presunçosa ou não.

Os modelos de linguagem da IA se saem muito melhor em estabelecer o significado convencional de uma expressão do que em compreender sua intenção comunicativa. Muitos modelos de IA têm treinamento extensivo no processamento de sintaxe e do significado de palavras, mas determinar a intenção comunicativa requer, além disso, uma rica compreensão de outras pessoas e objetos no mundo. Os modelos de linguagem da IA estão se tornando progressivamente mais eficazes, mas nenhum deles até agora tem o potencial de fazer a ponte entre o significado convencional e a intenção comunicativa (Bender & Koller, 2020). Voltaremos a essa questão no capítulo 7.

ADAPTAÇÃO AO AMBIENTE: ANIMAIS VS. IA

Todos os testes de inteligência geral discutidos até agora são limitados. Por exemplo, testes de inteligência-padrão, como as Matrizes Progressivas de Raven, requerem apenas certas habilidades relacionadas à inteligência (como o raciocínio abstrato). Como Sternberg (2019, p. 1) apontou: "Normalmente, define-se a inteligência como uma 'adaptação ao ambiente'. No entanto, não está claro que 'inteligência geral' ou g, tradicionalmente conceitualizada em termos de um fator geral de inteligência, apresenta uma maneira ideal de definir a inteligência como adaptação ao ambiente".

Uma crítica parecida pode ser feita ao teste de Turing: um sistema de IA que tenha se envolvido em conversas semelhantes às humanas pode, em contrapartida, não ter nenhuma capacidade de adaptação ao ambiente. A maioria dos sistemas de IA não tem compreensão do mundo externo organizado no espaço com objetos. Tal capacidade de compreensão faz parte do senso comum e é, possivelmente, um pré-requisito para compreender completamente a linguagem (Shanahan *et al.*, 2020). Esse argumento é sustentado pelo fato de que os bebês humanos desenvolvem uma compreensão de seu ambiente físico *antes* da aquisição da linguagem.

Como podemos avaliar até que ponto os sistemas de IA têm esse conhecimento equilibrado sobre o mundo e como responder a ele? Uma resposta plausível está na próspera área de pesquisa da cognição animal. Inúmeras tarefas cognitivas projetadas para avaliar a inteligência de várias espécies animais (como cães e gatos) podem ser modificadas para testar a inteligência em sistemas de IA (Crosby *et al.*, 2020).

Em 2019, foi organizada uma competição (Crosby *et al.*, 2020) chamada de Olimpíadas Animais-IA, que estava aberta a qualquer sistema de IA. O prêmio era de US$ 32 mil para os sistemas que demonstrassem o melhor desempenho. O desempenho foi avaliado em 300 tarefas de 12 categorias diferentes, constituindo a plataforma de ensaio Animais-IA. Havia um ambiente simplificado onde os sistemas de IA giravam em torno e respondiam a novas situações. As habilidades necessárias para um bom desempenho incluíam raciocínio causal, descoberta de alimentos, evitação de áreas perigosas, raciocínio espacial e evitação de obstáculos (veja a Figura 4.3). Apenas sistemas de IA com habilidades perceptivas, motoras e de raciocínio razoáveis poderiam executar as várias tarefas com sucesso.

As tarefas eram simples, ao ponto em que um humano médio de sete anos poderia exibir um desempenho quase perfeito. Como os 60 sistemas de IA que participaram das Olimpíadas Animais-IA se saíram? O vencedor foi Trrrrr, com 43,7% no geral, seguido por Ironbar, com 43,6%, e Sirius, com 38,7%. Todos os outros 22 sistemas de IA tiveram uma média inferior a 10%.

Mesmo os três melhores sistemas de IA tiveram dificuldades com algumas tarefas. Por exemplo, eles tiveram uma média inferior a 3% no uso de ferramentas (usar objetos de empurrar para produzir ferramentas

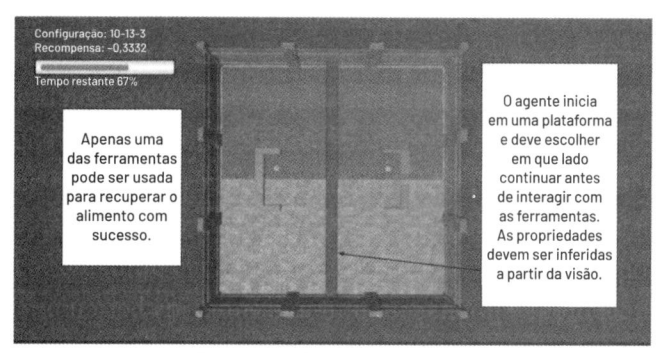

Figura 4.3

Exemplo de tarefa de amostra das Olimpíadas Animais-IA: qual das duas ferramentas pode ser usada para retirar alimentos (círculo verde) da zona vermelha? (Para ver esta imagem colorida, acesse loja.grupoa.com.br, encontre a página do livro por meio do campo de busca e clique em Material Complementar.)
Fonte: De Crosby (2020).

improvisadas e obter alimentos e, em seguida, usar raciocínio causal simples para pensar sobre o resultado de suas ações). Eles também tiveram uma média inferior a 15% em uma tarefa que exigia a capacidade de saber que, quando um alimento sai do seu campo de visão, ele ainda existe. O sucesso nessa tarefa requer uma crença na permanência de objetos, que é alcançada pela maioria dos bebês humanos aos oito ou nove meses de idade aproximadamente (Bremner *et al.*, 2015).

A maioria dos sistemas de IA também teve um desempenho ruim em tarefas de desvio (a comida estava atrás de uma barreira e, portanto, era necessário fazer um desvio). Nessas tarefas, a precisão média foi de 17%. As tarefas de eliminação espacial (deduzir onde os alimentos estavam após eliminar os lugares em que não poderiam estar) também produziram um desempenho médio muito ruim, de 14% correto.

Na literatura sobre animais, as habilidades cognitivas de várias espécies baseadas em seu desempenho em tarefas semelhantes às encontradas dentro do banco de ensaio Animais-IA têm sido muitas vezes exageradas (Farrar & Ostojic', 2019). Como evitar cometer o mesmo erro em relação aos sistemas de IA de alto desempenho? O que foi feito foi avaliar o desempenho de um sistema de IA extremamente simples programado para avançar em direção a recompensas positivas (alimentos) e se afastar de recompensas negativas. Seu desempenho em todas as tarefas foi de cerca de 25%. Os sistemas de IA de alto desempenho tiveram uma média quase 20% maior, o que significa que quase metade de suas respostas corretas não podem ser atribuídas à regra incorporada ao simples sistema de IA.

Há um longo caminho a percorrer antes de qualquer sistema de IA ter habilidades perceptivas, motoras e de raciocínio de alguma maneira próximas àquelas vistas em crianças mais velhas (muito menos em adultos). Para sermos justos, no entanto, devemos ressaltar que toda a competição envolvia tarefas ocultas (ou seja, nenhum dos sistemas de IA tinha qualquer familiaridade prévia com elas antes dos testes). Por isso, é possível que esses sistemas possam melhorar progressivamente seu desempenho com o aprendizado.

Note-se também que os achados podem ter exagerado as dificuldades dos sistemas de IA. É possível que eles tivessem habilidades que não se manifestaram devido às formas específicas de configuração das tarefas. Em outras palavras, seu desempenho pode não ter refletido adequadamente sua competência subjacente (conhecimento).

Em suma, a plataforma de ensaio Animais-IA concentra-se em aspectos importantes do pensamento e da inteligência amplamente ignorados em testes anteriores de inteligência em sistemas de IA. Outro ponto forte é sua dependência de testes eficazes na avaliação da inteligência em espécies sub-humanas. Porém, o banco de ensaio envolve tarefas baseadas exclusivamente no aqui e agora. Portanto, ele não considera uma característica fundamental do pensamento humano: a capacidade de prever e planejar o futuro.

Há também a questão controversa de saber se o pensamento humano difere de modo qualitativo do de outras espécies. Se isso acontece, o desenvolvimento de sistemas de IA que competem com sucesso contra espécies não humanas pode nos dizer pouco se esses sistemas estão se tornando humanos em sua inteligência. No entanto, as habilidades necessárias para o bom desempenho de todas as tarefas dentro do banco de ensaio Animais-IA são as que têm a maioria das crianças mais velhas e dos adultos.

OUTROS TESTES DE INTELIGÊNCIA

Foram propostos vários outros testes de inteligência artificial geral em sistemas de IA. Por exemplo, Goertzel *et al.* (2012) creditaram Steve Wozniak, o cofundador da Apple, com a elaboração do teste do café (veja a Figura 4.4): "Sem conhecimento prévio da casa, ele (o sistema de IA) localiza a cozinha e prepara café... localiza a cafeteira, canecas, café e filtros. Ele coloca um filtro no coador, adiciona a quantidade adequada de pó de café e enche o compartimento de água. Ele começa o ciclo de infusão, espera que este termine e, em seguida, despeja o café em uma caneca. Essa é uma tarefa que quase qualquer pessoa consegue realizar, o que é uma medida ideal de IA geral".

Figura 4.4

Preparando café na cozinha.

O teste do café parece adequado para avaliar a inteligência artificial geral de várias maneiras. Em primeiro lugar, requer habilidades perceptivas (encontrar a cafeteira, canecas e assim por diante). Em segundo lugar, requer habilidades motoras (colocar um filtro no coador e adicionar o pó de café). Em terceiro lugar, requer a capacidade de planejar uma estratégia detalhada para atingir o objetivo de produzir uma xícara de café em uma caneca.

Progressos limitados foram feitos no teste do café de Wozniak. Café X, um braço robótico de US$ 25 mil, pode fornecer aos clientes em um café até 400 xícaras de café por dia, tendo recebido seus pedidos a partir de uma tela sensível ao toque de um quiosque. No entanto, nenhum sistema de IA chegou nem perto de passar no teste do café.

Mikhaylovskiy (2020) discutiu várias outras formas de testar a existência de inteligência artificial geral. Um exemplo é o teste Piaget-MacGuyver Room (Bringsjord & Licato, 2012). O sucesso requer um sistema de IA para realizar qualquer teste com base nos objetos contidos dentro de uma sala. Outras sugestões incluem verificar se um sistema de IA pode resolver vários problemas científicos (projetar um experimento crucial para julgar entre duas teorias científicas e prever um novo fenômeno a partir de uma teoria científica). Desnecessário dizer que não há evidências de que um sistema de IA passará em qualquer um desses testes tão cedo.

CRIATIVIDADE

Nosso foco neste capítulo é principalmente o pensamento *convergente* – o tipo de pensamento que usamos em problemas que têm uma única resposta correta. O pensamento convergente é necessário na maioria dos itens de testes de inteligência (aqueles que envolvem matemática ou a definição dos significados das palavras, por exemplo). No entanto, o comportamento humano inteligente muitas vezes envolve pensamento divergente. Isso se refere ao pensar mais criativo, quando existem inúmeras soluções possíveis para problemas em aberto ("Você consegue pensar em quantos usos diferentes para um tijolo?").

O que é criatividade? Boden (1992) forneceu uma resposta simples: para algo ser criativo, deve ser novo, surpreendente e de valor. O valor é de particular importância: algo novo e surpreendente, mas sem valor tem originalidade, mas é de pouco interesse.

O valor é o critério mais difícil de avaliar. Por exemplo, pintores impressionistas como Claude Monet, Auguste Renoir e Édouard Manet são considerados artistas excepcionalmente criativos. No final do século XIX, porém, suas pinturas foram descartadas como descuidadas e desprovidas de mérito artístico.

A seguir consideraremos até que ponto os sistemas de IA podem corresponder às habilidades de criatividade humana. Antes de prosseguir, no entanto, devemos distinguir entre vários tipos de criatividade (Boden, 1992):

1. *Criatividade combinatória*: envolve encontrar associações entre ideias aparentemente não relacionadas (imagens poéticas e trocadilhos).
2. *Criatividade exploratória*: é mais complexa do que a criatividade combinatória. Muitas vezes envolve "variações sobre um tema": o que é criado é novo, mas claramente relacionado a criações passadas. Músicos, artistas e cientistas de *jazz* se envolvem em muita criatividade exploratória.
3. *Criatividade transformadora*: envolve produzir ideias criativas mais profundas, novas e surpreendentes do que aquelas associadas à criatividade exploratória. Esse tipo de criatividade é muito raro em humanos (a teoria da relatividade de Einstein), e praticamente nenhuma pesquisa testou sua presença em sistemas de IA.

A IA tem mostrado criatividade combinatória. Binsted (1996) desenvolveu um programa de IA chamado Jape, que elaborava jogos de palavras. Os trocadilhos de Jape eram considerados quase tão divertidos quanto os elaborados por humanos e publicados em livros de piadas. Aqui está uma das joias de Jape: "Que tipo de assassino tem fibras?" "Um cereal *killer*." Ah, ah.

Os sistemas de IA também têm exibido criatividade exploratória. Por exemplo, Pachet (2002) desenvolveu o Continuador de *jazz*. Ele aprende o estilo básico de um determinado músico de *jazz* e, em seguida, usa esse conhecimento para produzir uma música nova e criativa semelhante à do músico. O músico Bernard Lubat ficou encantado com a contribuição do Continuador: "O sistema me mostra ideias que eu poderia ter tido, mas que teria levado anos para desenvolver. Está anos à minha frente, mas tudo o que ele toca é muito eu" (citado em Pachet, 2002, p. 188).

Por que o Continuador é tão eficaz? Ele muitas vezes detecta padrões sutis ou ocultos nos estilos dos músicos humanos. Esse conhecimento é usado para criar variações desses estilos.

Pode-se argumentar que o Continuador mostrou criatividade muito limitada, porque sua música devia muito à inspiração de Lubat. No entanto, a maioria das produções criativas e originais dos músicos humanos dependem do trabalho prévio de um músico.

ARTE

O dia 25 de outubro de 2018 foi um marco na história da IA. Uma pintura criada por IA chamada *Retrato de Edmond de Belamy* (veja a Figura 4.5) foi vendida na Christie's em Nova York por mais de £ 300 mil. A pintura mostra um homem fictício usando uma sobrecasaca escura e é pintada em um estilo parecido com o de Rembrandt. Se você pesquisar no Google esse retrato criado por IA, talvez ache decepcionante (por exemplo o rosto está muito sem nitidez).

Essa pintura foi produzida por três homens de uma cooperativa de arte francesa chamada Obvious. Inicialmente, seu sistema de IA recebeu

Figura 4.5

A pintura "Retrato de Edmond de Belamy" que foi criada pela IA.

15 mil retratos. Depois disso, foi feito uso de uma rede gerativa contraditória (Goodfellow *et al.*, 2014) envolvendo dois processos: um Gerador e um Discriminador. O Gerador criou um novo retrato de IA baseado no conjunto de dados, e o Discriminador tentou detectar diferenças entre esse retrato e um retrato criado pelo homem.

O processo acima foi repetido inúmeras vezes com diferentes retratos de IA, até que o Discriminador achou que o retrato feito pela IA tinha sido pintado por um artista humano. No entanto, o apelo limitado dessa pintura sugere que o Discriminador de IA é muito menos sensível às sutilezas dos rostos do que os observadores humanos.

Mazzone e Elgammal (2019) usaram uma abordagem mais sofisticada, chamada Aican (rede criativa contraditória de IA). Inicialmente, foram fornecidas 80 mil imagens de pinturas de cinco séculos da história da arte ocidental. Em seguida, o Discriminador instruiu o Gerador a seguir a estética da arte que havia sido mostrada, mas não emular sem originalidade qualquer estilo já estabelecido. Essas instruções conflitantes causaram um conflito dinâmico, levando a Aican a produzir uma arte um pouco (mas não extremamente) nova (veja a Figura 4.6).

Mazzone e Elgammal (2019) testaram o mérito artístico de sua arte criada pela IA vendo se os espectadores humanos poderiam diferenciar entre ela e a arte criada pelo homem: eles chamaram isso de "um teste visual de Turing" (p. 4). Eles observaram que 75% da arte criada pela Aican foi julgada como sendo produzida por humanos, em comparação com apenas 65% da arte criada pela GAN. De forma surpreendente, a arte criada pela Aican foi classificada como superior à arte criada pelo homem

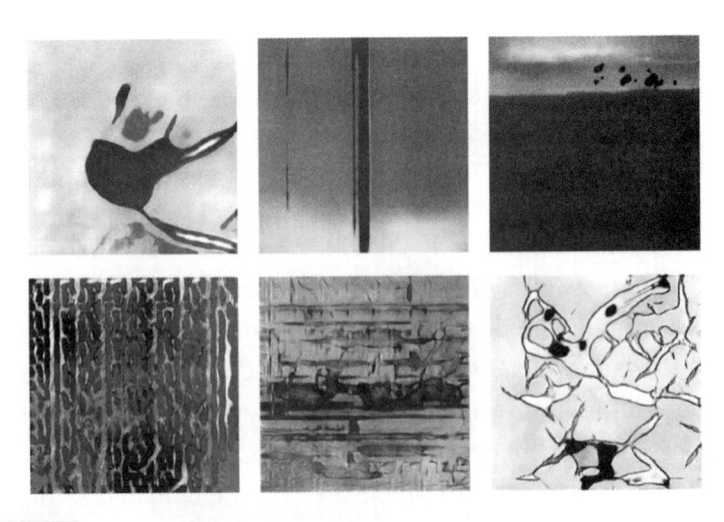

Figura 4.6

Seis imagens pictóricas geradas pela Aican após treinamento com 80 mil imagens de todos os estilos e gêneros abrangendo 500 anos de arte ocidental.

Fonte: Imagens cortesia do Art & Artificial Intelligence Laboratory, Rutgers.

por inspirar (e se comunicar com) o espectador e por ter sido composta de forma muito intencional.

Os achados de Mazzone e Elgammel (2019) não são absolutamente únicos. Chamberlain *et al.* (2018) descobriram que observadores (alguns formados em arte) não conseguiam discriminar entre a arte abstrata gerada por computador e aquela feita pelo homem. Uma crítica comum a tais achados é que as pinturas geradas pela IA são pouco criativas, porque dependem muito de pinturas geradas por uma pessoa. Xue (2021) usou um sistema de IA que gerava pinturas de paisagem ao estilo chinês, que começavam com esboços antes da pintura (Sketch-And-Paint GAN – Sapgan). Esse sistema dependia menos de pinturas já feitas por um humano do que os sistemas de IA anteriores, mas os produtos da Sapgan foram tidos como pinturas humanas em 55% das vezes.

Sua reação às descobertas acima pode muito bem ser que elas mostram a credulidade humana. Na verdade, você deve ter ouvido falar de uma situação em que certos observadores acharam que pinturas de chimpanzés tinham sido produzidas por artistas humanos. Em 1964, por exemplo, quatro pinturas que, supostamente, eram de um artista francês chamado Pierre Brassau foram mostradas em uma exposição de arte em Göteborg. Um crítico de arte (Rolf Anderberg) escreveu: "Brassau usa pinceladas poderosas, mas também com clara determinação. Suas pinceladas se retorcem com furiosa atenção a detalhes. Pierre é um artista que se apresenta com a delicadeza de um bailarino."

Essa foi uma boa história da mídia, dado que Pierre Brassau era, na verdade, um chimpanzé (veja a Figura 4.7). Entretanto, a conquista de Pierre Brassau torna-se menos impressionante quando consideramos outros aspectos dela. Primeiro, outro crítico concluiu que "Só um macaco poderia ter feito isso". Além disso, as quatro pinturas do chimpanzé expostas foram cuidadosamente selecionadas e, portanto, eram pouco representativas da produção total do chimpanzé. As pessoas presentes na exposição não estavam esperando qualquer pintura produzida por um

Figura 4.7

O artista Pierre Brassau no trabalho em 1964.

artista não humano. Se tivessem sido avisadas, provavelmente teriam conseguido identificá-las. Evidências de que observadores podem distinguir entre pinturas de chimpanzés e de artistas humanos foram relatadas por Hawley-Dolan e Winner (2011). Pinturas de artistas humanos profissionais foram classificadas como melhores obras de arte do que as produzidas por chimpanzés (ou crianças ou elefantes).

Uma questão crucial (e controversa) diz respeito a quanto crédito pela arte criada pela IA deve ir para os sistemas de IA envolvidos. Há três razões principais para ceticismo. A primeira é que, ao contrário dos sistemas de IA, os artistas são motivados por vários objetivos (comunicar sua visão e inspirar o espectador). Como argumentou Leo Tolstoy (1897-1995), "A arte começa quando um homem, com o propósito de comunicar a outras pessoas um sentimento certa vez experienciado, resgata-o e vivencia novamente dentro de si, expressando-o por sinais externos" (p. 38).

A segunda razão é que os artistas humanos desempenham um papel importante na criação da arte produzida por IA. Por exemplo, eles selecionam as imagens apresentadas ao sistema de IA e estão frequentemente envolvidos no processo de seleção quando o sistema de IA gera novas imagens. Contudo, a Aican reduziu o papel dos artistas humanos no processo mais do que havia sido feito anteriormente. Em suma, no entanto, os artistas usam computadores para criar arte em vez de o sistema de IA sozinho fazer todo o trabalho criativo.

A terceira razão é que há várias etapas no processo criativo (Botella *et al.*, 2018), mas as duas etapas mais cruciais são a geração (produzir inúmeras ideias ou possibilidades) e a avaliação (avaliar a qualidade das ideias produzidas pela etapa de geração). É simples programar um computador para gerar inúmeras ideias, mas é muito mais difícil para um programa de IA selecionar a melhor ideia ou ideias dentre aquelas que foram geradas.

CONCLUSÕES

Os sistemas de IA exibem alguns aspectos das formas menos complexas de criatividade (criatividade combinatória e exploratória). Contudo, nada sugere que alcançarão a criatividade transformadora (a forma mais complexa de criatividade) em um futuro previsível. O problema-chave é o envolvimento humano significativo em quase todos os casos em que se argumentou que os sistemas de IA demonstraram criatividade. Como é difícil decidir quanto dos produtos finais depende dos seres humanos e quanto depende dos sistemas de IA, não podemos fazer afirmações veementes sobre a criatividade dos sistemas de IA.

POR QUE A INTELIGÊNCIA ARTIFICIAL GERAL NÃO FOI ALCANÇADA?

Aqui fornecemos uma resposta provisória à questão de por que todos os esforços para criar inteligência artificial geral foram em vão. As principais questões envolvidas são discutidas com mais detalhes nos Capítulos 7 e 8.

Talvez pareça que poderíamos usar os sucessos da inteligência artificial estreita (discutida no Capítulo 2) para avançar em direção à inteligência artificial geral. Infelizmente, é improvável que isso funcione. O problema crucial é que a inteligência artificial geral é *qualitativamente* diferente da inteligência artificial estreita, não só *quantitativamente* diferente. Duas citações de diferentes campos captam esse problema. Oren Harari argumentou que "a luz elétrica de Edison não surgiu da melhoria contínua da vela", e Henry Ford apontou: "Se eu tivesse perguntado às pessoas o que elas queriam, elas teriam me dito 'um cavalo mais rápido'!"

Confira a seguir algumas das razões mais específicas pelas quais não podemos usar prontamente os avanços da inteligência artificial estreita para desenvolver a inteligência artificial geral.

1. Sistemas de IA com foco em inteligência artificial estreita são incompatíveis uns com os outros, porque usam abordagens muito diversas (arquiteturas e representações de dados). Assim, é muito difícil (ou impossível) combiná-los para produzir inteligência geral.

2. O desenvolvimento da inteligência artificial geral exigiria a orientação de uma teoria abrangente da inteligência geral. Várias arquiteturas cognitivas gerais foram propostas, mas tiveram

pouco impacto (veja o Capítulo 8). Em contraste, a maioria dos avanços na inteligência artificial estreita não depende de teorias subjacentes complexas.

3. Pressões comerciais ditam que a maioria dos sistemas de IA forneça soluções rápidas e baratas para problemas específicos. Como resultado, eles não podem ser generalizados para lidar com outros problemas.

A maioria dos sistemas de IA são estreitos e limitados em escopo. Recentemente, houve muita empolgação sobre sistemas de IA que usam aprendizado profundo e ensinam a si mesmos a se tornarem especialistas em uma determinada área ou domínio (veja o Capítulo 2). Os sistemas de IA baseados no *deep learning* são pelo menos tão estreitos quanto os sistemas de IA anteriores, porque as habilidades e os conhecimentos que eles adquirem são determinados pelos dados de treinamento que recebem. No entanto, há alguns sinais animadores de que redes neurais profundas, como MuZero (Schrittwieser *et al.*, 2020), podem aprender a ter um desempenho excepcional em inúmeros jogos com autorreforço.

DELIBERAÇÕES E JUÍZO

Brian Cantwell Smith (2019) abordou as limitações da IA em seu livro *The Promise of Artificial Intelligence: Reckoning and Judgement*. Ele argumentou que a IA é muito proficiente em *cálculos* (realizando um grande número deles com incrível velocidade e precisão). Um exemplo claro diz respeito ao sistema de IA AlphaZero, que venceu todos os outros sistemas de IA e o melhor jogador de Go do planeta (veja o Capítulo 2).

Embora os especialistas humanos tenham passado milhares de horas aprendendo a se destacar no Go, o AlphaZero alcançou um excelente desempenho em apenas três dias. Sua taxa de aprendizado foi cerca de 3 mil vezes mais rápida do que a de um humano!

Os cálculos realizados pelos sistemas de IA ocorrem sem qualquer compreensão sobre *o que* está sendo calculado ou *por que* está sendo calculado. De forma mais geral, a IA demonstra uma capacidade de julgamento fraca ou inexistente, à qual Smith (2019) se referiu como pensamento lento e deliberativo baseado em considerações éticas e projetado para alcançar ações responsáveis. Como ele apontou, os sistemas de IA "não sabem do que estão falando". Eles manipulam símbolos habilmente, mas não têm noção de certo e errado. Em outras palavras, eles não consideram nem refletem sobre o significado de seu próprio processamento. Já os humanos tendem a ser fortes na capacidade de avaliar e ter uma opinião, mas fracos em cálculos.

5

Limitações humanas

Os humanos têm grandes pontos fortes relacionados à cognição (veja o Capítulo 3), mas também apresentam muitas limitações cognitivas. O cérebro humano tem capacidade limitada de processamento, então só podemos atender a um número limitado de coisas a cada momento.

Além disso, a maioria das pessoas tem inúmeros vieses cognitivos (como uma tendência a ignorar informações inconsistentes com nosso ponto de vista). A maioria dos vieses cognitivos não significam capacidade limitada de processamento, porque muitas vezes conseguimos evitá-los se estivermos motivados.

Há limitações também porque nossa capacidade de usar as habilidades cognitivas de forma efetiva é comprometida por estados emocionais variados. Por exemplo, a maioria de nós é suscetível ao estresse, e as emoções negativas associadas a ele muitas vezes interrompem nosso funcionamento cognitivo. De forma mais geral, a maioria das pessoas experimenta os desagradáveis estados emocionais de ansiedade e depressão algumas vezes. Essas emoções parecem não ter nenhuma função útil e prejudicam nossa capacidade de pensar.

Neste capítulo, enfatizamos *por que* temos as "limitações" acima para decidir se elas cumprem algum propósito útil. Para antecipar, presumimos que muitas limitações são mais aparentes do que genuínas.

LIMITAÇÕES DE CAPACIDADE

O processamento de informações humanas é em geral mais lento do que o das máquinas movidas a IA. Considere Summit, que foi o supercomputador mais poderoso do mundo. Em junho de 2018, ele realizou 200 trilhões de cálculos por segundo (200 petaFLOPS). Fugaku, seu sucessor como o supercomputador mais poderoso, realiza o dobro de cálculos por segundo. Já os humanos geralmente processam informações a apenas alguns itens por segundo e só conseguem manter quatro itens em mente ao mesmo tempo.

Em algumas tarefas, a velocidade de processamento de informações por humanos é extremamente lenta. Se tentássemos multiplicar dois números de 19 dígitos, levaríamos muito tempo (muitos minutos) e certamente chegaríamos à resposta errada. Nossa velocidade de processamento nesses problemas seria de aproximadamente 0,01 Flops por segundo, que é uma ínfima fração da velocidade de processamento dos supercomputadores.

No entanto, nossa capacidade limitada de processamento, de cerca de quatro itens, não é tão desvantajosa e incapacitante quanto pode parecer (Cowan, 2005). Confira a seguir o por quê.

1. É muito mais fácil pesquisar dentro de um pequeno número de itens do que de um número maior. Por exemplo, três itens podem ser facilmente estruturados em início, meio e fim, enquanto seria muito mais difícil estruturar 10 itens.
2. É muito mais fácil associar todos os itens uns aos outros se houver apenas alguns deles. Existem apenas seis associações de dois itens com quatro itens, enquanto há quase cinco vezes mais associações com oito itens.
3. A interferência entre os itens é muito menos provável quando há apenas quatro itens do que quando há muito mais.
4. A atenção seletiva humana geralmente garante que apenas as informações mais relevantes sejam mantidas em mente.

Os sistemas de IA em geral não têm essa capacidade de discriminar com rapidez informações importantes e triviais.

ATENÇÃO SUSTENTADA

Durante a Segunda Guerra Mundial, cientistas britânicos estudaram operadores de radar detectando eventos incomuns ocasionais durante longos turnos de trabalho. De forma surpreendente, esses operadores perdiam 10% de sua eficiência após apenas 30 minutos realizando essa tarefa (Mackworth, 1948). Isso é conhecido como o "decréscimo de vigilância".

O decréscimo de vigilância ocorre quando as pessoas ficam menos alertas ao realizar uma tarefa repetitiva. No entanto, outro fator importante é muitas vezes negligenciado. Suponha que você seja um rastreador de segurança em um aeroporto procurando itens ilegais ou perigosos nas bagagens (alvos). Felizmente, tais itens estão presentes em apenas uma pequena fração da bagagem dos passageiros. Porém, como os alvos são raros e, portanto, inesperados, os rastreadores demonstram excesso de cautela em denunciá-los. Em um estudo, 92% dos alvos foram detectados quando apareceram mais de 1% das vezes, mas apenas 27% quando apareceram menos de 0,15% das vezes (Mitroff & Biggs, 2014; veja a Figura 5.1).

Como podemos melhorar o desempenho dos rastreadores? Uma abordagem eficaz envolve a projeção de uma imagem da ameaça – a frequência aparente de alvos é artificialmente aumentada projetando-se itens de ameaça ficcionais em imagens de raios X nas bagagens. Essa abordagem (especialmente quando combinada com o fornecimento de *feedback* quando um alvo passa despercebido) pode evitar a cautela excessiva de responder e elimina em grande parte o decréscimo de vigilância (Hofer & Schwaninger, 2005). Schwark *et al.* (2012) descobriram que fornecer *feedback* falso aos rastreadores para indicar que eles não haviam percebido alvos raros reduziu sua cautela sobre reportar alvos e melhorou seu desempenho.

A queda de atenção sustentada também é perigosa na condução de automóveis. A razão mais comum pela qual os motoristas sofrem acidentes

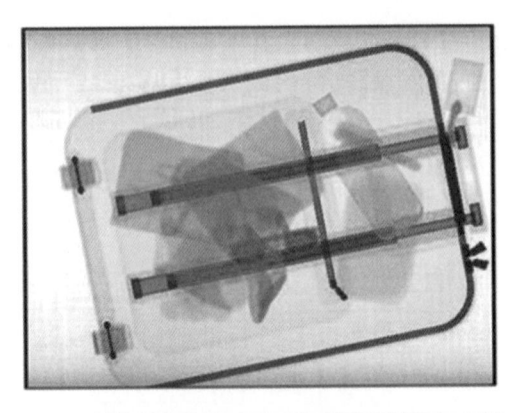

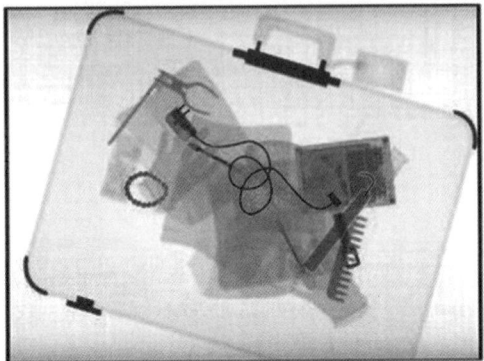

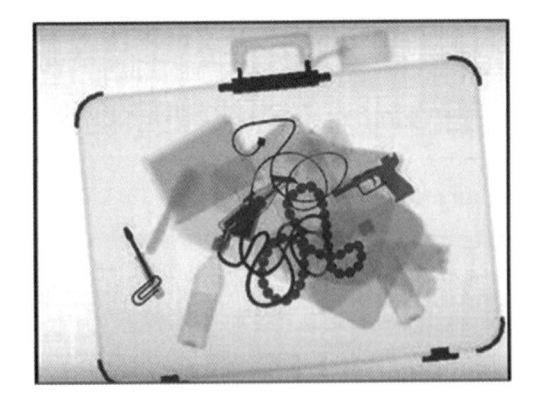

Figura 5.1

Cada mala contém um item ilegal. De cima para baixo: uma garrafa grande, uma dinamite e uma arma.

Fonte: De Mitroff e Biggs (2014).

é por uma falha em olhar corretamente, seguida pela falha em julgar com precisão o caminho e/ou a velocidade de outro motorista, sendo descuidados ou imprudentes e perdendo o controle do carro. Todos esses fatores envolvem a atenção sustentada ou a concentração prejudicadas.

Evidências de que os motoristas muitas vezes não dedicam total atenção à condução foram relatadas por Burdett *et al.* (2018). Motoristas em seu trajeto diário demonstraram devaneio 63% do tempo e focaram ativamente em dirigir apenas 15 a 20% do tempo!

Devemos concluir que os humanos são muito ruins em tarefas que requerem atenção sustentada? Na verdade não – normalmente prestamos plena atenção quando necessário. Burdett *et al.* (2018) descobriram que os motoristas raramente devaneavam em rotatórias ou no tráfego pesado. É possível argumentar que essa é a estratégia ideal, pois seria muito esforço para os motoristas usar atenção máxima 100% do tempo.

Os achados acima explicam por que nossa capacidade limitada de sustentar a atenção *não* leva a um grande número de mortes nas estradas. No Reino Unido, há apenas um acidente a cada quase 300 milhões de quilômetros dirigidos e há apenas uma vítima a cada 3,2 milhões de quilômetros (veja o Capítulo 6). Usamos nossa capacidade de atenção limitada de forma muito eficaz.

Evidências convincentes de que os humanos podem manter a atenção quando é muito importante fazê-lo vêm dos pilotos de Fórmula 1. As corridas do Grand Prix em geral duram 90 minutos, e qualquer piloto que não conseguir manter um alto nível de atenção durante toda a corrida está em perigo real de ferimentos graves ou morte. A atenção sustentada dos pilotos de Fórmula 1 é alcançada através de alta motivação e atenção (associadas a uma frequência cardíaca de 170 a 180 batimentos por minuto). Os motoristas cada vez mais usam programas de treinamento, como o treinamento em economia mental fornecido pela Formula Medicine (com sede em Viareggio) para melhorar seu funcionamento mental.

ESQUECIMENTO

Muitas pessoas reclamam da memória ruim. Nossas falhas de memória podem ser embaraçosas (como esquecer o nome de um amigo, ou pior, esquecer, em uma prova, tudo o que se sabe sobre psicologia). Em geral, supomos que falhas de memória devem ser evitadas e que elas refletem limitações significativas na capacidade de processamento humano.

Quando pensamos sobre esquecimento, nosso foco é tipicamente em falhas de memória retrospectiva (memória para eventos e informações do passado). Porém, falhas de memória prospectiva (lembrar de realizar alguma ação pretendida no momento apropriado) também são importantes. Começaremos com falhas de memória retrospectiva.

Esquecer o passado tem algumas vantagens. Considere o mnemonista russo Solomon Shereshevskii (muitas vezes chamado de S.), que tinha os poderes de memória mais excepcionais já estudados (Luria, 1968). Ele conseguia lembrar de listas de mais de 100 dígitos muitos anos depois de aprendê-las. No entanto, seus poderes fenomenais de memória eram muito perturbadores. Por exemplo, ao ouvir uma passagem em prosa, ele reclamou: "Cada palavra chama imagens, elas colidem umas com as outras, e o resultado é o caos". Sua habilidade de lembrar experiências em detalhes incríveis o impedia de levar uma vida normal, e ele terminou em um hospício.

Quais são as vantagens de esquecer? Geralmente o ideal é esquecer os detalhes específicos do que lemos ou ouvimos e lembrar apenas da essência geral (Norby, 2015). Em outras palavras, é desejável ter memória *seletiva*. Quando confrontados com uma situação nova, queremos *generalizar* a partir de nossas experiências passadas relevantes. A generalização eficaz normalmente só requer lembrar o significado geral de nossas experiências passadas.

Além disso, nosso mundo muda rapidamente e é "ruidoso" (muito variável). Por isso, é útil esquecer informações desatualizadas (como onde seus amigos costumavam morar) para evitar que elas interfiram nas informações atuais (onde seus amigos moram agora, por exemplo). Seria muito difícil tomar boas decisões se você estivesse se lembrando de informações desatualizadas ou enganosas (baseadas em ocorrências raras) (Richards & Frankland, 2017).

Por fim, o esquecimento deliberado pode melhorar nosso bem-estar psicológico. Considere a memória autobiográfica. A maioria dos indivíduos (mas não aqueles que estão deprimidos) têm muitas memórias pessoais mais positivas do que negativas de períodos anteriores de sua vida (Groome *et al.*, 2020). Isso acontece porque tendemos a esquecer memórias negativas. Evidências de que o esquecimento deliberado está associado ao bem-estar psicológico foram relatadas por Stramaccia *et al.* (2020). Indivíduos saudáveis esquecem memórias de forma intencional, diferentemente daqueles com transtornos psicológicos (como ansiedade e depressão).

A maioria das pessoas apresenta esquecimento semideliberado de suas experiências passadas. Nossos objetivos sociais e comunicativos muitas vezes entram em conflito com o objetivo de uma lembrança precisa em nossas vidas cotidianas. Muitas vezes, queremos entreter e impressionar nossos amigos ao descrever nossas experiências. Quase dois terços dos alunos em um estudo (Brown *et al.*, 2015) admitiram ter "pegado emprestado" a memória de outras pessoas ao descrever suas próprias experiências para uma terceira pessoa. Esses erros deliberados causam o efeito "dizer é acreditar": adaptar o que você diz sobre um evento para entreter os outros distorce sua memória subsequente dele (Dudokovic *et al.*, 2004).

Em essência, o efeito "dizer é acreditar" ocorre porque muitas vezes atribuímos mais importância ao objetivo da inserção social do que ao objetivo de lembrar de forma precisa. Isso pode ser descrito como o efeito "compartilhar é acreditar" (Echterhoff & Higgins, 2018, pp. iv-v).

Em suma, esquecer, na memória retrospectiva, cumpre várias funções úteis (Fawcett & Hulbert, 2020). O ato de esquecer funciona como um guardião. Torna mais fácil mantermos uma autoimagem positiva e coerente (suprimindo ou esquecendo informações negativas relevantes para o *self*). Também atua como um bibliotecário, reduzindo a quantidade de informações triviais contidas na memória de longo prazo e atualizando informações armazenadas. Além disso, age como um inventor, permitindo-nos descartar crenças e preconceitos incorretos e, assim, pensar de modo mais criativo sobre os problemas da vida.

E as falhas da memória prospectiva? Muitas ocorrem porque o indivíduo em questão carece de motivação adequada para realizar a ação que planeja (encontrar um amigo). Isso explica por que a maioria das pessoas acha que lapsos frequentes da memória prospectiva sinalizam uma "fragilidade pessoal" (Graf, 2012). Já a memória retrospectiva deficiente é (em geral de maneira equivocada) interpretada como indicação de um "cérebro defeituoso".

Quase todos os acidentes fatais de avião causados por erros humanos envolvem esquecimento (veja a Figura 5.2). Dismukes e Nowinski (2006) descobriram que 99% desses acidentes foram devidos a falhas na memória prospectiva, e não na retrospectiva. De fundamental importância, essas falhas ocorreram principalmente quando os pilotos foram

Figura 5.2

Acidente aéreo.

interrompidos ao trabalhar com uma série fixa de procedimentos enquanto se preparavam para decolar ou pousar. Eis um exemplo trágico:

> Em 31 de agosto de 1988, um Boeing 727 (voo 1.141) estava em uma longa fila aguardando a partida do aeroporto Dallas-Fort Worth. O controlador de tráfego aéreo disse inesperadamente para a tripulação passar pelos outros aviões e se dirigir até a pista. Isso fez com que a tripulação esquecesse de configurar os *flaps* das asas e o aerofólio de bordo de ataque para 15 graus (uma falha de memória prospectiva). Como resultado, o avião caiu depois do fim da pista, causando várias mortes.

A boa notícia é que a taxa de acidentes nos países desenvolvidos é de cerca de 1 em 5 milhões de voos. Em 2017, não houve mortes em jatos comerciais de passageiros. Por isso, você não precisa se preocupar muito com as falhas de memória dos pilotos.

Falhas de memória prospectiva são raras na vida cotidiana. Marsh *et al.* (1998) encontraram apenas 1% nas atividades importantes (compromissos e consultas odontológicas foram esquecidos).

Em suma, esperamos ter lhe convencido de que Fawcett e Hulbert (2020, p. 12) estavam certos em argumentar que: "Em vez de uma das maiores falhas da mente, esquecer é realmente uma de suas melhores características". É possível que tenhamos pintado um quadro muito favorável. Eis um exemplo trágico dos potenciais efeitos devastadores de uma falha de memória (Einstein & McDaniel, 2005, p. 286):

> Depois de uma mudança em sua rotina habitual, um pai muito amoroso esqueceu de se dirigir à creche e, em vez disso, dirigiu por sua rota habitual até o trabalho. Algumas horas depois, seu filho, que estava dormindo tranquilamente no banco de trás, estava morto.

Testemunhas oculares fornecem inúmeros exemplos reais de terríveis efeitos de erros de memória. Nos Estados Unidos, mais de 200 indivíduos inocentes foram condenados com base na identificação equivocada de testemunhas oculares. Garrett (2011) revisou 161 casos desse tipo e descobriu que praticamente todas as testemunhas oculares equivocadas tinham certeza no julgamento de que haviam identificado o culpado.

Essas descobertas sugerem de forma contundente que falhas de memória de testemunhas oculares são responsáveis por muitos erros da justiça. Na realidade, a verdade tem mais nuances. Em 57% dos casos acima, as testemunhas oculares inicialmente não tinham certeza na identificação do réu. Por exemplo, Ronald Cotton foi considerado culpado de estuprar Jennifer Thompson porque foi identificado no tribunal (veja a Figura 5.3). No entanto, quando Jennifer o viu em uma foto, hesitou por quase cinco minutos antes de dizer: "Eu acho que é ele". O que aconteceu nesse caso (e em muitos outros) foi que as afirmações da polícia após sua identificação inicial aumentou a confiança de Jennifer de que ela havia reconhecido o culpado. O problema central foi a pressão social, e não a memória ruim.

Figura 5.3

Jennifer Thompson e Ronald Cotton. Ronald Cotton foi erroneamente considerado culpado de estuprar Jennifer Thompson e passou muitos anos na prisão até ser absolvido. De Wixted and Wells (2017).

Fonte: Imagem cortesia do PopTech Institute.

TRANSFERÊNCIA DE APRENDIZAGEM

Muitos sistemas de IA são limitados, porque a excelente aprendizagem que exibem em uma determinada tarefa não se repete em tarefas muito semelhantes (Capítulo 4). O que está em questão aqui é a transferência de aprendizagem: se aprender uma determinada tarefa melhora seu desempenho em uma tarefa diferente, temos uma "transferência positiva de aprendizagem".

Como esperado, a extensão da transferência positiva da aprendizagem depende do quão semelhante a nova tarefa é à anterior. "Transferência próxima" refere-se a efeitos positivos quando as duas tarefas são semelhantes, e "transferência distante" refere-se a efeitos positivos quando as duas tarefas são diferentes. Os sistemas de IA geralmente apresentam transferências próximas e distantes muito pobres. Vamos ver aqui se a transferência humana de aprendizagem é tão limitada.

Há grandes evidências de transferência próxima em humanos. Por exemplo, provavelmente você levou muito menos tempo para aprender a usar seu segundo celular do que o primeiro. Resolver vários problemas de multiplicação torna mais fácil resolver novos.

Há uma controvérsia considerável em relação à transferência distante (Sala & Gobet, 2017). Ng *et al.* (2020) perguntaram às pessoas do público se acreditavam que várias atividades cognitivas e intelectualmente estimulantes melhoravam a função cerebral (memória, tempo de atenção e capacidade de pensar). Cerca de 85% afirmaram que aprender uma nova língua ou a tocar um instrumento musical melhoraria a função cerebral, e 80% acharam que a função cerebral seria melhorada resolvendo palavras cruzadas. Portanto, a maioria das pessoas acreditava que os humanos podem apresentar transferência distante.

Ng *et al.* (2020) também descobriram que 80% das pessoas acreditavam que programas de "treinamento cerebral" melhoram a capacidade de pensar. A maioria desses programas (como o Treinamento de Memória Operacional Cogmed, da Pearson) foi projetada para melhorar a memória operacional, que é de importância central no processamento e armazenamento de informações. A lógica por trás da maioria dos programas de treinamento cerebral parece plausível. A memória operacional está envolvida na maioria das tarefas cognitivamente exigentes. Por isso, aumentar sua capacidade pode muito bem aumentar a capacidade de pensamento, produzindo transferência distante. Por exemplo, sabemos que indivíduos com alta capacidade de memória operacional têm maior inteligência fluida (a capacidade de resolver novos problemas) do que aqueles com baixa capacidade (Kovacs & Conway, 2016).

Simons *et al.* (2016) revisaram vários programas de treinamento cerebral de destaque (incluindo o Treinamento de Memória Operacional Cogmed). Eles concluíram: "Encontramos grandes evidências de que as intervenções de treinamento cerebral melhoram o desempenho nas tarefas treinadas, menos evidências de que tais intervenções melhoram o desempenho em tarefas relacionadas e poucas evidências de que melhoram o desempenho em tarefas depois de certo tempo ou que melhoram o desempenho cognitivo diário" (p. 103). Da mesma forma, o treinamento musical ou a prática extensa no xadrez produzem transferência distante insignificante em termos de benefícios cognitivos e acadêmicos (Sala & Gobet, 2017, 2020).

Por que tem se revelado tão difícil demonstrar a existência da transferência distante? Thorndike e Woodworth (1901) argumentaram que o treinamento em uma tarefa só melhorará o desempenho em uma segunda tarefa se as duas tarefas compartilharem elementos idênticos ou comuns. A transferência próxima ocorre porque duas tarefas semelhantes compartilham muitos elementos, enquanto a transferência distante não, porque duas tarefas diferentes compartilham muito poucos elementos comuns.

Essa teoria de elementos idênticos está na direção certa. Porém, a noção de "elementos idênticos" é imprecisa. Há um perigo de raciocínio circular: se houver transferência positiva entre duas tarefas, elas compartilham elementos idênticos. Se não houver transferência, elas não compartilham nenhum elemento idêntico.

Pesquisas mostrando a falta de efeitos de transferência positiva poderiam sugerir que a educação tem pouco valor geral. Afinal, pensar ou resolver problemas na vida cotidiana normalmente compartilha poucos ou nenhum elemento idêntico com a maioria do aprendizado escolar (lembrar datas históricas, por exemplo). Felizmente, outras evidências sugerem uma conclusão diferente. Ritchie e Tucker-Drob (2018) descobriram que cada ano extra de educação adicionou entre um e cinco pontos ao QI de uma pessoa.

O efeito Flynn também é relevante. Ele consistiu em um aumento rápido do QI médio em vários países ocidentais nos últimos 50 anos (Flynn, 1987). No geral, houve um aumento de 2,31 pontos no QI por década em muitos países (Trahan *et al.*, 2014). Recentemente, no entanto, o efeito Flynn diminuiu (ou parou).

Houve um aumento drástico de estudantes universitários durante o período (aproximadamente, de 1950 a 2000) quando o efeito Flynn foi mais forte. Sua desaceleração coincidiu com um número estável de alunos de 18 anos ingressando na universidade. A educação foi provavelmente o determinante mais forte do efeito Flynn, embora outras mudanças (a internet) sem dúvida também tenham desempenhado um papel importante.

Em suma, os humanos mostram uma transferência distante mínima quando o treinamento inicial é limitado em escopo e tempo. No entanto, essa não é uma limitação séria na cognição humana. Há mais evidências de transferência distante quando o treinamento é mais amplo e muito mais prolongado (um curso de graduação universitária). Além disso, e mais importante, a inteligência humana (especialmente a inteligência fluida) nos proporciona uma capacidade muito geral de aprender com rapidez, quase independentemente da relevância da tarefa ou da situação em questão para aquelas previamente encontradas.

SET MENTAL

Às vezes falhamos em resolver problemas de forma eficiente, porque somos superinfluenciados por nossas experiências anteriores. O termo "*set* mental" refere-se à maneira como muitas vezes nos agarramos a uma estratégia de resolução de problemas anteriormente eficaz quando ela se torna inadequada ou não ideal. Imagine que lhe apresentem uma série de cartões. Cada cartão contém duas letras (A e B), uma à esquerda e outra à direita. Você diz "A" ou "B" em cada tentativa, e depois de cada uma o experimentador indica se sua resposta está correta. Este problema é absurdamente simples – A está correto, e B está incorreto.

Levine (1971) descobriu que 80% dos estudantes universitários não conseguiram resolver esse problema aparentemente trivial em 100 ensaios! Esses alunos já tinham recebido problemas usando os mesmos cartões, em que a solução envolvia uma sequência de posições (selecionando a letra à direita, depois a letra à esquerda, depois a letra à esquerda e, em seguida, a sequência repetida). Os alunos haviam formado um *set* mental para procurar sequências de posições. Como existem inúmeras sequências de posições possíveis, a maioria deles ainda estava trabalhando nessas possíveis sequências após 100 tentativas.

Pope *et al.* (2015) compararam a capacidade de mudar um *set* mental em adultos humanos, crianças e babuínos. A condição de treinamento (ou Base) era a seguinte: (1) apresentação de dois quadrados vermelhos, sendo que depois os participantes tocavam os locais anteriormente ocupados por aqueles quadrados vermelhos e (2) se isso fosse feito corretamente, um triângulo azul era apresentado e tinha que ser tocado para haver recompensa. Após os participantes terem estabelecido o *set* mental adequado, a tarefa mudou ligeiramente e se tornou a Sonda, ou condição do teste – o triângulo azul estava presente o tempo todo. Tudo o que os participantes tinham a fazer era tocar o triângulo azul para receber uma recompensa (usando assim a estratégia direta e mudando o *set* mental), embora eles pudessem, alternativamente, continuar usando a estratégia original.

Pope *et al.* (2015) descobriram que 100% dos babuínos mudaram com sucesso o *set* mental, mas apenas 20% dos humanos o fizeram (veja a Figura 5.4). Entre os humanos, 45% das crianças mudaram o *set* mental, mas apenas 12% dos adultos. Assim, a capacidade de mudar o *set* mental estava inversamente relacionada à inteligência. Os babuínos mudaram o

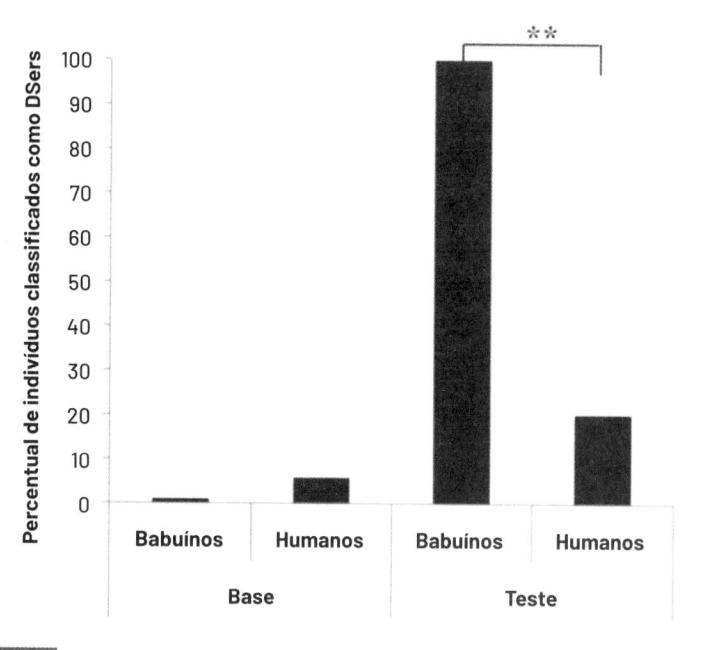

Figura 5.4

Percentuais de babuínos e adultos nas condições Base (treinamento) e Teste classificados como DSers (usuários de estratégia direta – do inglês *direct strategy users*).
Fonte: De Pope et al. (2015).

set mental porque envolvia muito menos capacidade de processamento do que a estratégia original. Adultos humanos não mudaram o *set* porque acharam difícil acreditar que a tarefa poderia ser tão fácil quanto simplesmente tocar o triângulo azul.

Em suma, o *set* mental pode causar pensamento excessivamente rígido e prejudicar o desempenho. Mas nós temos que encontrar um equilíbrio. O uso de estratégias de processamento que foram eficazes antes (como ocorre com o *set* mental) muitas vezes significa que novos problemas podem ser resolvidos de forma rápida e eficiente. O *set* mental é, em geral, um ponto forte dos humanos: na vida cotidiana, é raro que uma estratégia de resolução de problemas que tenha funcionado muito bem em inúmeras ocasiões de repente e inesperadamente se torne ineficaz.

LIMITAÇÕES DEVIDO A VIESES COGNITIVOS E "IRRACIONALIDADE"

A maioria de nós é suscetível a muitos vieses cognitivos em nossos julgamentos e tomadas de decisão, como foi enfatizado por Amos Tversky e Danny Kahneman (1974). Na última contagem, mais de 100 diferentes vieses cognitivos foram identificados. Sua prevalência talvez seja previsível. Podemos supor que os especialistas estariam imunes a eles em sua área de especialização, mas essa suposição está errada (veja abaixo).

Um dos primeiros vieses cognitivos a serem investigados sistematicamente foi a heurística de disponibilidade, ou regra de ouro: as frequências dos eventos são muitas vezes estimadas pela facilidade subjetiva com que podem ser resgatados. Suponha que você tenha estimado as frequências relativas de diferentes causas de morte. Se tivesse usado a heurística de disponibilidade, você provavelmente decidiria que mais mortes são causadas por assassinato do que por suicídio (Lichtenstein *et al.*, 1978). Na verdade, ocorre o oposto. No entanto, assassinatos normalmente atraem muito mais publicidade do que suicídios e, por isso, são mais fáceis de lembrar.

A heurística de disponibilidade pode causar erros graves na vida cotidiana (Groopman, 2007). Por exemplo, Harrison Alter (um médico americano) viu dezenas de pacientes sofrendo de pneumonia viral. Um dia, uma mulher navajo que havia tomado um pouco de aspirina relatou graves problemas respiratórios. O Dr. Alter erroneamente diagnosticou pneumonia viral (embora alguns dos sintomas dessa doença estivessem faltando), porque ele foi muito influenciado pela heurística de disponibilidade. Felizmente, outro médico diagnosticou, de forma correta, que a paciente era alérgica a aspirina.

Outra regra de ouro é a heurística da representatividade – um indivíduo se encaixa em uma categoria específica por ser representativo (ou típico) dessa categoria. Eis um exemplo de Tversky e Kahneman (1983):

> Linda tem 31 anos, é solteira, franca e muito inteligente. Ela tem mestrado em filosofia. Quando estudante, era muito preocupada

com questões de discriminação e justiça social e participava de manifestações antinucleares.

É mais provável que Linda seja uma caixa de banco ou uma caixa de banco ativa no movimento feminista? A maioria das pessoas (incluindo você?) afirmam que é mais provável que ela seja uma caixa de banco feminista. Isso se baseia na heurística da representatividade – a descrição soa mais como a de uma caixa de banco feminista do que a de uma caixa de banco. No entanto, *todas* as caixas de banco feministas pertencem à categoria maior de caixas de banco e, por isso, a resposta mais aceita está errada!

O uso equivocado da heurística da representatividade fez com que o Dr. Pat Croskerry (veja a Figura 5.5) diagnosticasse de forma errada Evan McKinley, um guarda florestal de quarenta e poucos anos (Groopman, 2007). Ele era magro e estava em muito boa forma. Durante uma caminhada, sentiu um desconforto grave no peito. Sentia dor a cada respiração. Pat Croskerry descobriu que McKinley nunca tinha fumado, não

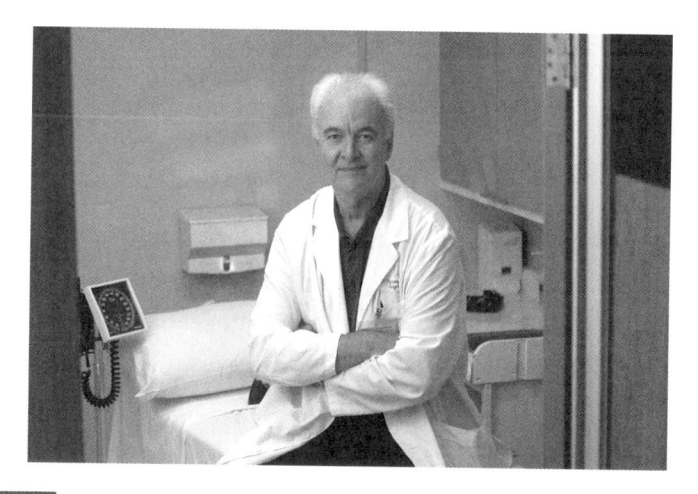

Figura 5.5

Dr. Croskerry.

estava sob estresse, sua pressão sanguínea estava normal, o eletrocardiograma e o raio X do tórax não revelaram problemas.

O Dr. Croskerry concluiu: "Não estou nem um pouco preocupado com sua dor no peito... Minha suspeita de que isso está relacionado a seu coração é quase zero". Pouco depois, McKinley teve um ataque cardíaco! Isso levou Croskerry a admitir: "Meu pensamento foi muito influenciado por quão saudável esse homem parecia e pela ausência de fatores de risco". Em outras palavras, McKinley parecia muito *representativo* de pessoas saudáveis com um risco baixíssimo de ter um ataque cardíaco.

O viés de confirmação é um dos vieses cognitivos mais difundidos. Consiste em buscar informações que apoiem nossas crenças e evitar informações contrárias a essas crenças. Também envolve interpretar informações ambíguas como mais próximas das nossas crenças anteriores do que é objetivamente justificado.

Até especialistas são propensos ao viés de confirmação (Mendel *et al.*, 2015). Psiquiatras fizeram o diagnóstico preliminar de um paciente com base em informações limitadas e, em seguida, decidiram outras informações a considerar. Dos psiquiatras que buscaram evidências confirmatórias que sustentassem seu diagnóstico, 70% fizeram o diagnóstico final errado (em comparação com 27% daqueles que buscaram evidências não confirmatórias).

Especialistas em ciência forense são propensos a vários vieses cognitivos (Dror, 2020). Eis um exemplo da vida real de como eles podem ser influenciados pelo viés de confirmação (Almog & Zitrin, 2009). Dois bares em Birmingham sofreram ataques a bomba em 1974, deixando 21 pessoas mortas e 182 feridas. Seis irlandeses foram considerados culpados e condenados à prisão perpétua. Suas condenações foram anuladas, 16 anos depois, sendo consideradas impróprias e insatisfatórias, tornando esse caso notório um dos maiores erros da justiça na história britânica.

Cientistas forenses que trabalharam no caso acima obtiveram resultados positivos dos suspeitos usando o que é conhecido como teste de Griess. Eles inferiram que os suspeitos tinham manuseado explosivos (mais especificamente, nitroglicerina). Os cientistas forenses mostraram viés de confirmação, porque ignoraram interpretações inocentes de suas descobertas. Por fim, descobriu-se que os resultados positivos eram devidos a traços de nitrocelulose nas mãos dos suspeitos, que estavam lá porque tinham manuseado cartas de baralho.

Médicos experientes foram confrontados com o seguinte problema (Hoffrage *et al.*, 2000). Um indivíduo testou positivo para câncer colorretal. Se alguém tem câncer colorretal, a probabilidade de o teste ser positivo é de 50%. Se alguém não tem câncer colorretal, a probabilidade de um teste positivo é de 3%. Da população em geral, 0,3% têm câncer colorretal. Qual é a probabilidade de um indivíduo que testar positivo para câncer colorretal ter a doença?

Apenas 4% dos médicos deram a resposta correta: 5%. Muitas outras respostas corretas foram dadas quando o problema foi expresso em frequências em vez de probabilidades (Hoffrage *et al.*, 2000). De cada 10 mil pessoas, 300 terão a doença e, entre elas, 150 testarão positivo. Das 9.970 pessoas sem a doença, 3% (300 pessoas) testarão positivo. Assim, das 315 pessoas que testam positivo, apenas 5% realmente têm a doença. Quando o problema foi expresso dessa forma, 67% dos médicos chegaram à resposta correta.

O que acontece nesse caso? A solução de problemas requer considerar o que está acontecendo na população em geral (a taxa básica). A taxa de falso-positivo (ou seja, a probabilidade de um indivíduo saudável testar positivo) deve estar relacionada à taxa real positiva (probabilidade de alguém com a doença testar positivo). Não fazer isso é muito mais comum quando o problema é apresentado em probabilidades – muitos médicos nessa versão chegaram à resposta errada de 50%, porque ignoraram as informações de base populacional. Isso é negligência na taxa básica, ou viés.

A negligência na taxa básica não se restringe a médicos especialistas. Lindsey *et al.* (2003) apresentaram a advogados especializados uma situação em que havia uma correspondência entre a amostra de DNA do réu e a que se coletou da vítima. Eles tinham que indicar a probabilidade de o réu ser a fonte do vestígio na vítima. Quando o problema foi apresentado em probabilidades, apenas 13% dos advogados especialistas fizeram uso pleno das informações de taxa básica. No entanto, esse número aumentou para 68% quando o problema foi apresentado em frequências.

Motivação insuficiente não explica negligência generalizada na taxa básica. Estudantes universitários que receberam uma oferta de incentivo de mais do que o salário médio mensal por bom desempenho mostraram tanta negligência na taxa básica quanto aqueles que não receberam esse incentivo (Enke *et al.*, 2020).

VIESES COGNITIVOS SIGNIFICAM QUE SOMOS IRRACIONAIS?

Kahneman e Tversky argumentaram que a maioria das pessoas apresenta inúmeros vieses cognitivos sistemáticos e resistentes a mudanças. Eles concluíram que nosso pensamento e nossa tomada de decisão são, muitas vezes, um pouco irracionais. Outros psicólogos (Gigerenzer, 2018), porém, têm argumentado que o pensamento humano é muito mais racional do que o sugerido por pesquisas laboratoriais. Abaixo, discutimos os argumentos desse último grupo de psicólogos. Note que a palavra "racionalidade" é o que Minsky chamou de "palavra-mala" (Brockman, 1998): ela tem vários aspectos e, por isso, seu significado deve ser cuidadosamente desembalado.

Alguns psicólogos cognitivos apresentam "viés de viés" (Gigerenzer, 2018), vendo vieses *sistemáticos* no comportamento humano quando há mero erro *não sistemático*. A noção de vieses *sistemáticos* implica que a maioria das pessoas comete erros muito semelhantes ao fazer julgamentos ou se envolver em tomadas de decisões. Essa é uma afirmação muito mais duvidosa do que simplesmente reconhecer que as pessoas são propensas a erros.

Alega-se que os vieses sistemáticos que supostamente temos são dispendiosos à nossa saúde, riqueza e bem-estar geral. No entanto, há evidências mínimas disso, sugerindo que os achados de pesquisas laboratoriais artificiais não se aplicam à vida cotidiana (Gigerenzer, 2018).

Tversky e Kahneman argumentaram que os vieses cognitivos apresentam "persistência obstinada". Contudo, a maioria das pessoas aprende a reduzir ou eliminar tais vieses através de sessões de treinamento curtas (podemos facilmente persuadir alguém a usar informações de taxa básica) (Gigerenzer, 2018).

As heurísticas e as regras de ouro muitas vezes fornecem apenas respostas quase corretas, mas que podem ser usadas de forma rápida e sem esforço. Há muitas situações (condições ambientais em rápida mudança) em que seria inútil passar muito tempo produzindo julgamentos precisos. Por exemplo, suponha que um médico tenha fortes suspeitas de que um paciente muito doente tenha uma determinada doença com base na heurística da representatividade. Se é essencial uma ação rápida, em geral, é melhor que o médico "siga as probabilidades" em vez de atrasar o tratamento considerando diagnósticos alternativos improváveis.

As heurísticas simples às vezes superam estratégias muito mais complexas em cenários da vida real. Considere decisões sobre investimentos envolvendo a alocação de fundos. Um estudo (DeMiguel *et al.*, 2009) considerou nove estratégias complexas (incluindo uma que rendeu a Harry Markowitz o Prêmio Nobel de Economia). Eles também consideraram a estratégia da carteira 1/N: alocar dinheiro igualmente para cada um dos fundos N. Nenhuma estratégia complexa foi melhor do que a estratégia 1/N de modo consistente. Por que a estratégia 1/N simples foi tão eficaz? Estratégias complexas são muito sensíveis a dados passados sobre ações. No entanto, elas também são sensíveis ao "ruído" nos dados, tornando-se muito complexas e distorcidas.

AVERSÃO À PERDA

É razoável supor que tomaríamos decisões para maximizar as chances de ganhar e minimizar as chances de perder. No entanto, como estamos prestes a ver, os tomadores de decisão humanos muitas vezes tomam decisões aparentemente irracionais. Suponha que alguém lhe ofereça US$ 200 se uma moeda lançada der cara, mas lhe tome US$ 100 se der coroa. Você aceitaria na hora (não é verdade?), porque a aposta proporciona um ganho médio esperado de US$ 50 por lance. Na verdade, Tversky e Shafir (1992) descobriram que 64% de seus participantes rejeitaram essa aposta.

Eis mais duas decisões. Você prefere um ganho certo de US$ 800 ou uma chance de 85% de ganhar US$ 1 mil e uma probabilidade de 15% de não ganhar nada? Uma vez que o valor esperado na última decisão é maior do que o da primeira (US$ 850 vs. US$ 800, respectivamente), você pode escolher a última opção. Você prefere uma perda certa de US$ 800 ou uma probabilidade de 85% de perder US$ 1 mil e de 15% de evitar perdas? A perda média esperada é de US$ 800 para a escolha anterior e US$ 850 para a última, então você fica com a escolha anterior, não é?

Na verdade, Kahneman e Tversky (1984) descobriram que a maioria das pessoas preferiu as escolhas com o *menor* ganho esperado e a *maior* perda esperada! Como podemos explicar essas decisões aparentemente irracionais? Kahneman e Tversky (1979, 1984) explicaram que as perdas têm mais impacto subjetivo sobre os indivíduos do que os ganhos da mesma magnitude: aversão à perda. É por isso que as pessoas correm riscos para tentar evitar perdas, mas preferem um ganho certo a um ganho arriscado (mesmo que potencialmente maior).

Há evidências laboratoriais abundantes de aversão à perda (Eysenck & Keane, 2020). No entanto, a maioria dos ganhos ou perdas em condições laboratoriais é modesta ou hipotética e, portanto, os achados laboratoriais podem não se aplicar ao mundo real. Estudos laboratoriais normalmente envolvem indivíduos sem conhecimento especializado. Parece provável que especialistas (jogadores profissionais, por exemplo) estariam em grande parte imunes à aversão à perda.

Eil e Lien (2014) estudaram jogadores de pôquer muito experientes (veja a Figura 5.6). Apesar de sua experiência, eles em geral jogavam de forma mais agressiva (apostando e aumentando com mais frequência) quando perdiam (uma estratégia abaixo do ideal, indicando aversão à perda). Além disso, eram avessos ao risco quando venciam.

Para golfistas profissionais, um *birdie* (acertar um buraco com uma tacada a menos que o padrão esperado, o chamado par) é um ganho, mas um *bogey* (acertar com uma tacada a mais que o par) é uma perda. A aversão à perda faria com que fossem mais cautelosos ao fazer o *putt* para um *birdie* do que para um par. Neste último caso, a falha em acertar o buraco com o *putt* produziria um *bogey* e, portanto, uma perda.

Figura 5.6

Mesmo jogadores de pôquer experientes (como os mostrados na figura) exibem vieses como aversão à perda ao jogar por dinheiro.

Pope e Schweitzer (2011) estudaram 2,5 milhões de *putts* de golfistas profissionais. *Putts* de par tinham mais probabilidade de parar aquém do buraco do que *putts* de *birdies* de mesma distância (indicativo de aversão à perda). A aversão à perda foi encontrada em 94% dos golfistas (incluindo Tiger Woods).

Com o tempo, a aversão à perda nos torna mais pobres do que se nossa tomada de decisão sob risco fosse baseada racionalmente em ganhos e perdas esperados. Seria fácil implementar um programa de IA para evitar a aversão às perdas e maximizar seus ganhos financeiros.

Se a aversão à perda é uma limitação humana, por que a temos com tanta frequência? Fatores emocionais geralmente influenciam. Muitas vezes tomamos decisões avessas a perdas porque *levamos mais a sério* (e pesamos mais) os sentimentos negativos antecipados da perda do que os sentimentos positivos previstos de ganhos (Charpentier *et al.*, 2016). Talvez não seja muito racional levar em conta as emoções antecipadas dessa forma.

Muitas vezes, também, outras pessoas nos responsabilizam por nossas decisões. Pode ser difícil explicar por que nossas decisões levaram a perdas. Simonson e Staw (1992) testaram o papel da prestação de contas dizendo às pessoas que suas decisões seriam compartilhadas com outros ou seriam confidenciais. Houve maior aversão à perda na condição de alta prestação de contas, porque os indivíduos nessa condição têm mais necessidade de justificar suas decisões prévias.

Outro motivo é que nossa tomada de decisão costuma ocorrer em um contexto social. Considere o programa de televisão *Quem quer ser um milionário* (veja a Figura 5.7). Um participante que já ganhou £ 75 mil deve decidir se tentará uma pergunta quando duas possíveis respostas restarem. Se ele responder corretamente, ganha um adicional de £ 75 mil, mas perde £ 25 mil se estiver errado. O equilíbrio de vantagem em termos financeiros estritos reside em responder à pergunta. Suponha que, no entanto, a família do participante tenha recursos financeiros limitados, e

Figura 5.7

Chris Tarrant apresentando *Quem quer ser um milionário?*

suas vidas seriam transformadas se levassem para casa o dinheiro que já ganharam. Nesse caso, o contexto social indica que o participante deve pegar o dinheiro em vez de adivinhar.

Além disso, a aversão à perda também pode ser explicada em termos evolutivos (McDermott *et al.*, 2008). Engajar-se em comportamentos de risco (ou seja, ser avesso à perda) pode ser ideal para alguém que esteja morrendo de fome, enquanto faz sentido evolutivo minimizar o risco quando os recursos forem abundantes. Em nossa história evolutiva, o primeiro estado das coisas era muito mais comum. Animais famintos são mais propensos a se envolver em forrageio de alto risco do que aqueles com acesso a abundância de alimentos (Symmonds *et al.*, 2010). De relevância mais direta aqui, humanos famintos tomam decisões financeiras mais arriscadas do que os saciados.

Malpress *et al.* (2015) ampliaram a teoria evolutiva de McDermott *et al.* (2008). Eles argumentaram que aqueles que praticavam forrageio em nosso passado evolutivo poderiam prever até certo ponto a disponibilidade futura de alimentos com base em suas experiências recentes. Os envolvidos em forrageio com reservas limitadas de alimentos, prevendo que a disponibilidade de alimentos provavelmente diminuiria, tinham forte motivação para escolher opções de forrageio de alto risco. Essa estratégia era a ideal, porque maximizava o esperado sucesso reprodutivo vitalício dos que faziam forrageio.

RACIOCÍNIO LÓGICO

Aristóteles (talvez a pessoa mais inteligente de todos os tempos) alegou que os seres humanos são seres racionais e que a maior forma de felicidade humana é *a Eudaimonia* (uma vida vivida de acordo com a razão). Como podemos avaliar os poderes do raciocínio humano? Aristóteles respondeu a essa pergunta inventando uma forma de lógica que permaneceu incontestável por 2 mil anos.

Ele se concentrou no raciocínio silogístico. Um silogismo consiste em duas afirmações (*Todas escoteiras são crianças* e *Todas as crianças são obedientes*) seguidas de uma conclusão (*Portanto, todas as escoteiras são obedientes*). Você deve decidir se a conclusão é válida. A validade da conclusão depende apenas se ela segue logicamente as premissas – o que é verdadeiro ou falso no mundo real é irrelevante. A maioria dos seres humanos (mesmo os altamente inteligentes e com boa instrução) tem um raciocínio lógico muito pobre (Eysenck & Keane, 2020).

Em contraste, é fácil projetar programas de IA que invariavelmente (e de forma rápida) produzem respostas corretas para todos os problemas-padrão baseados em lógica. O fraco desempenho humano significa que nosso pensamento é limitado e irracional e, portanto, muito inferior à IA? Os psicólogos britânicos Wason e Johnson-Laird afirmam que muitas inferências incorretas em tarefas de raciocínio lógico se assemelham a "delírios patológicos", sugerindo a presença de um transtorno!

Na verdade, tarefas de raciocínio lógico exigem processos diferentes dos necessários na vida cotidiana. Elas exigem que assumamos que as premissas ou declarações iniciais são verdadeiras e, em seguida, decidamos se a conclusão as segue ("sim" ou "não"). A vida real raramente é tão clara: em geral, envolve argumentos que, provável ou possivelmente, são verdadeiros.

Além disso, quase sempre usamos conhecimentos e crenças relevantes preexistentes com o raciocínio do mundo real. Por outro lado, em tarefas baseadas na lógica, nos dizem para ignorar o que sabemos (e nossas crenças). Considere o seguinte silogismo:

> Todos os indivíduos estáveis podem ter casamentos saudáveis.
> Homossexuais são indivíduos estáveis.
> Portanto, homossexuais podem ter casamentos saudáveis.

A conclusão é logicamente válida. No entanto, os conservadores são mais propensos do que os liberais a argumentar que a conclusão acima é inválida (Calvillo *et al.*, 2020). Avaliar a validade dos silogismos com base em nossas crenças em vez de sua validade/invalidade lógica envolve o que é conhecido como viés de crença e ocorre com muita frequência no raciocínio silogístico.

Outra razão para o argumento de que o raciocínio humano é ilógico é nossa suscetibilidade a várias falácias (Hahn & Oaksford, 2014). Por exemplo, considere a falácia da ladeira escorregadia (um pequeno primeiro passo levará a uma cadeia de eventos, produzindo um resultado indesejável). Um desses argumentos (de Corner *et al.*, 2011) é o seguinte: "Se a eutanásia voluntária for legalizada, no futuro haverá mais casos de 'assassinato médico'."

Corner *et al.* (2011) argumentaram que é um erro considerar todos os argumentos escorregadios ilógicos, porque eles variam muito em intensidade. Por exemplo, argumentos escorregadios com alta probabilidade de resultado negativo são mais fortes do que aqueles em que a probabilidade é baixa. Como previsto, a maioria das pessoas considerou os primeiros argumentos citados mais fortes do que os últimos.

Haigh *et al.* (2016) apontaram que a maioria dos argumentos escorregadios implica resistência à mudança e, por isso, eles seriam mais fortes quando estivessem de acordo com as crenças pessoais do falante. Essa afirmação foi apoiada pelos julgamentos das pessoas sobre a persuasão de vários argumentos escorregadios.

Existem inúmeras outras "falácias", mas discutiremos apenas mais uma: a falácia *ad hominem*, que envolve desacreditar um argumento atacando a pessoa que o faz. Muitas vezes, é correto descrevê-lo como uma falácia. Por exemplo, aqueles que rejeitam argumentos a favor da mudança climática costumam recorrer a ataques especulativos quanto à integridade dos cientistas climáticos (Cann & Raymond, 2018).

Contudo, a falácia *ad hominem* pode ser justificada. Suponha que a pessoa que sustenta um argumento saiba pouco sobre o assunto em questão, seja geralmente desonesta ou tenha algo a ganhar com o argumento que está propondo. Nessas circunstâncias, é apropriado que sejamos menos persuadidos pelo argumento do que se ela for uma especialista, ou geralmente honesta ou não for ganhar nada com o argumento.

Em suma, a noção de que todas as "falácias" demonstram a capacidade limitada das pessoas de raciocinar de modo lógico é muito extrema. Ao avaliar a persuasão de um argumento, devemos considerar fatores como nosso conhecimento relevante prévio, as características da pessoa que apresenta o argumento e a força dele. Assim, nossa aparente suscetibilidade às falácias não indica necessariamente deficiências no pensamento e raciocínio humano.

POR QUE SOMOS TÃO PROPENSOS A VIESES E À IRRACIONALIDADE?

Discutimos várias maneiras de explicar nossa aparente irracionalidade e falta de lógica comparativamente à IA, que pode ser facilmente programada para evitar a maioria dos vieses cognitivos e do pensamento ilógico. De importância central é que os seres humanos (ao contrário dos sistemas de IA) muitas vezes buscam dois ou mais objetivos de forma simultânea. Considere indivíduos trabalhando em uma determinada tarefa cognitiva. Um de seus objetivos é alcançar um bom desempenho, mas eles também podem ter outros objetivos pessoais (evitar emoções negativas) e objetivos sociais (conseguir justificar suas decisões para os outros e serem aceitos pelos outros).

Começamos com um exemplo envolvendo viés de omissão (uma preferência tendenciosa de arriscar danos por inação e não ação). Em um estudo (Brown *et al.*, 2010), muitos pais britânicos preferiram o risco maior de seus filhos terem uma doença do que o de seus filhos sofrerem reações adversas à vacinação (veja a Figura 5.8). Até especialistas exibem viés de omissão. Pneumologistas (especialistas no tratamento de doenças pulmonares) receberam cenários envolvendo avaliação de embolia pulmonar e tratamento de choque séptico (Aberegg *et al.*, 2005) e foram menos propensos a selecionar a melhor estratégia de gestão quando dada a opção de não fazer nada.

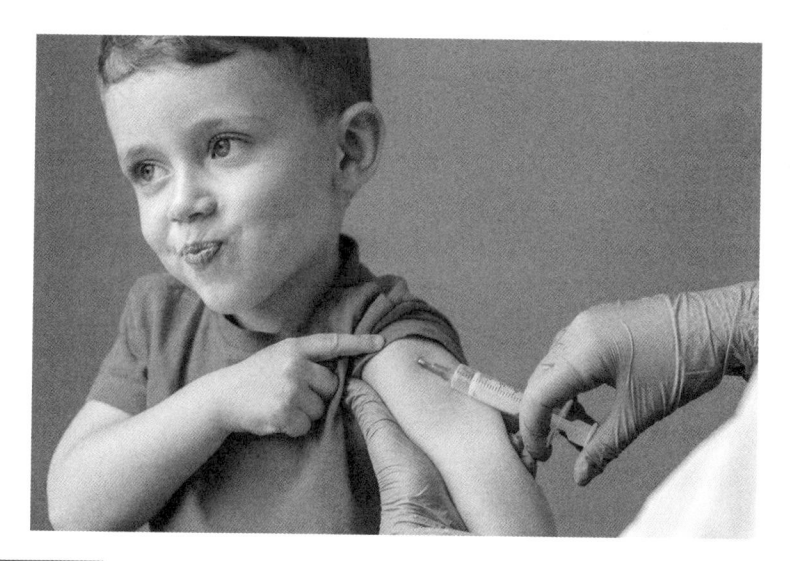

Figura 5.8

Criança recebendo vacina.

Inicialmente, o viés de omissão parece irracional. Porém, pode parecer menos irracional quando percebemos que muitos indivíduos se concentram nas consequências emocionais antecipadas de sua decisão de se envolver em ação ou inação. Indivíduos que apresentam viés de omissão muitas vezes anteveem experimentar arrependimento se suas ações causarem danos.

FATORES SOCIAIS (POR EXEMPLO, CONFORMIDADE)

Outra limitação aparente da cognição humana é que ela pode ser facilmente distorcida por fatores sociais (o desejo de sermos aceitos pelos outros). O psicólogo americano Solomon Asch (1951, 1956) realizou pesquisas sobre conformidade que demonstraram essa limitação e marcaram uma era. Vários indivíduos visualizaram uma tela (veja a Figura 5.9) e indicaram qual das três linhas, rotuladas A, B e C, tinha o mesmo comprimento de uma linha padrão (X). Essa tarefa foi muito fácil: 99% das decisões estavam corretas.

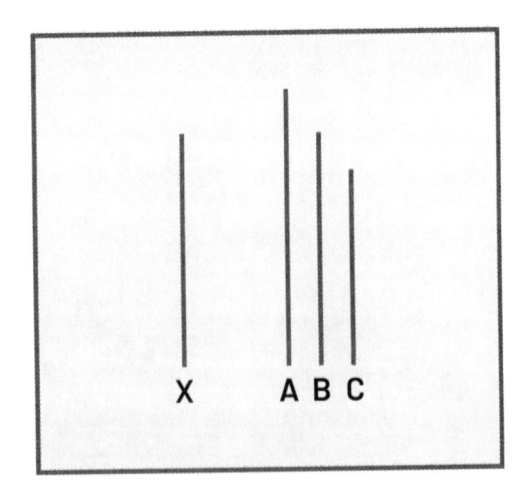

Figura 5.9

Tarefa de conformidade de Asch. Os indivíduos indicaram qual das três linhas (A, B e C) tinha o mesmo comprimento da linha à esquerda (X).

Essa tarefa parece ser meio chata. Note, no entanto, que quase todos os participantes foram previamente instruídos pelo experimentador a darem respostas erradas em algumas tentativas. Os participantes que não sabiam de nada foram os últimos (ou penúltimos) a dar sua resposta. Eles enfrentaram um conflito desagradável entre o que *sabiam* ser a resposta correta e a pressão social do grupo. Muitos ficaram angustiados, suaram ou pareceram perplexos e confusos. Em 37% dos ensaios, esses participantes que não sabiam de nada resolveram o conflito dando a mesma resposta errada que os outros.

Asch (1955, p. 35) ficou convencido de que a conformidade era muito indesejável: "Quando o consenso é dominado pela conformidade, o processo social é poluído e, ao mesmo tempo, o indivíduo renuncia aos poderes dos quais depende seu funcionamento como ser pensante e sensível".

As opiniões negativas de Asch são muito duras. Note que os participantes *não* se conformaram em 63% dos ensaios. Observe também que 25% dos participantes nunca se conformaram com as respostas erradas do grupo, e quase 70% discordaram da maioria na maior parte dos ensaios.

Hodges (2014) argumentou que as decisões humanas são, com frequência, muito influenciadas por valores. Na situação de Asch, os participantes enfrentam conflitos entre três valores: verdade, confiança e solidariedade social. Eles podem resolver melhor esses conflitos sendo verdadeiros em algumas tentativas, mas mostrando solidariedade social com o resto do grupo e confiança em suas decisões, aceitando suas opiniões sobre outras tentativas. Foi assim que a maioria dos participantes se comportou.

Um estudo de Abrams *et al.* (1990) usando a tarefa de Asch com estudantes de psicologia apoia a hipótese de Hodges. Disseram a alguns participantes reais que os outros membros do grupo eram estudantes de psicologia ou estudavam história antiga. A conformidade com as decisões incorretas do grupo foi encontrada em 58% dos ensaios quando os cúmplices foram descritos como estudantes de psicologia, mas em apenas 8%

dos ensaios quando supostamente estavam estudando história antiga. Portanto, a conformidade foi bem maior quando os participantes foram mais motivados pelos valores de solidariedade social e confiança.

Agora nos voltaremos para as mudanças climáticas. Há mais de uma década, 97% dos pesquisadores especializados em clima já acreditavam nas mudanças climáticas ocasionadas pelo homem (Anderegg *et al.*, 2010). Para os não especialistas (que não dedicaram tempo pensando sobre o assunto e não tinham um conhecimento relevante), pareceu "racional" concordar com os especialistas. No entanto, pelo menos 30% dos americanos negam as mudanças climáticas.

Essas pessoas que negam as mudanças climáticas são ignorantes ou pouco inteligentes? Essa pergunta é simplista e enganosa. Se fosse verdade, americanos com altos níveis de alfabetização científica e de aptidões numéricas seriam muito menos propensos a negar as mudanças climáticas do que aqueles com níveis mais baixos. Porém, a diferença real é pequena (Kahan *et al.*, 2012)

O que, então, determina se os americanos negam as mudanças climáticas? Seus valores e suas crenças políticas gerais são da maior importância (Kahan *et al.*, 2012). A maioria das pessoas igualitárias e comunitárias (que acreditam na igualdade e no valor da sociedade) acredita nas mudanças climáticas causadas pelo homem. Já a maioria dos individualistas hierárquicos (que acreditam em uma sociedade hierárquica e na importância da responsabilidade pessoal) nega sua existência. Portanto, as crenças dos americanos sobre as mudanças climáticas refletem como eles se veem e os valores que endossam.

Em suma, o desempenho humano muitas vezes não parece muito impressionante. Contudo, os humanos (ao contrário dos sistemas de IA) com frequência buscam vários objetivos ao mesmo tempo. Por exemplo, aqueles que "falham" na tarefa de Asch, por outro lado, alcançam os objetivos importantes da solidariedade social e da confiabilidade. Da mesma forma, aqueles que negam as mudanças climáticas causadas pelo homem atingem os objetivos de serem consistentes com seus valores subjacentes e suas crenças políticas gerais.

AUTOENGRANDECIMENTO E AUTOESTIMA

Além dos vieses cognitivos já discutidos, também temos muitos vieses em relação a nós mesmos. Um deles é o efeito melhor que a média (uma tendência a perceber suas habilidades ou inteligência como superiores às da maioria das outras pessoas). Zell *et al.* (2020) encontraram extensas evidências desse efeito em uma revisão de pesquisa de quase um milhão de pessoas.

A confiança excessiva em nossas próprias habilidades pode causar inúmeros erros no pensamento e na tomada de decisões. Considere o efeito Dunning-Kruger (Kruger & Dunning, 1999): indivíduos incompetentes muitas vezes não têm consciência de sua própria incompetência. Como disse o filósofo britânico Bertrand Russell: "Os estúpidos estão convencidos, enquanto os inteligentes estão cheios de dúvidas".

O efeito Dunning-Kruger é muito comum. Aqueles que sabem menos sobre as causas reais do autismo são os mais propensos a pensar que sabem mais do que médicos e cientistas sobre essas causas (Motta *et al.*, 2018). Achados semelhantes foram obtidos a partir de pesquisas sobre crenças em relação a alimentos geneticamente modificados. Os oponentes mais extremos de alimentos geneticamente modificados sabem menos sobre eles (mas erroneamente acham que sabem mais!) (Fernbach *et al.*, 2019). Indivíduos que exageram seus próprios conhecimentos e habilidades exibem o viés do autoengrandecimento.

Outros vieses estão ligados ao autoengrandecimento. Um exemplo é o da falsa singularidade (equivocadamente considerar-se melhor do que a maioria das outras pessoas) (Pope, 2014). Outro exemplo é o viés egoísta – a tendência de atribuir nossos sucessos à nossa capacidade e esforços, mas os fracassos à má sorte ou à dificuldade das tarefas.

O autoengrandecimento e os vários outros vieses associados a ele formam uma grande limitação. Se você se convence de que seu conhecimento é muito maior do que é realmente, você reluta a aumentar esse conhecimento. Além disso, é provável que seja imune a *feedback* indicando que seu pensamento está incorreto. No entanto, o autoengrandecimento pode fazer com que os indivíduos se sintam mais felizes do que se focassem em sua ignorância e suas limitações.

Uma das ilustrações mais claras da noção de que a "ignorância é uma bênção" é fornecida pelo viés do otimismo. Por exemplo, a maioria das pessoas exagera quanto tempo viverá e quanto dinheiro ganhará, mas minimiza as chances de contrair uma doença grave ou de se envolver em um acidente de carro (Sharot, 2010). Aqueles que apresentam o viés do otimismo tendem a ser mais felizes e experimentam menos depressão do que aqueles que não apresentam esse viés.

QUÃO RACIONAIS SÃO OS HUMANOS?

Você pode ter se desanimado ao saber sobre as numerosas falhas e vieses da cognição humana. Pode achar ainda mais desanimador saber que mencionamos apenas uma pequena fração da ausência de razão, dos vieses cognitivos e das inadequações da cognição humana. Os seres humanos parecem irracionais e pouco inteligentes quando comparados com o que pode ser considerado o ideal ou a perfeição (capacidade de processamento ilimitado, esquecimento zero, atenção sustentada consistentemente alta, pensamento não prejudicado por fatores emocionais e ausência de todos os vieses cognitivos).

Como podemos explicar melhor nossas numerosas "falhas" e limitações aparentes? Talvez os humanos sejam muito menos racionais do que gostaríamos de acreditar. No entanto, várias outras explicações lançam uma luz mais positiva sobre a racionalidade e a inteligência humanas. A seguir, consideramos três dessas explicações.

RACIONALIDADE RESTRITA

A tentativa mais influente de explicar nossas deficiências cognitivas foi apresentada por Herb Simon. De acordo com Simon (1990, p. 6), "Devido aos limites de suas velocidades de computação e de potência, sistemas inteligentes devem usar métodos aproximados para lidar com a maioria das tarefas. Sua racionalidade é restrita". A racionalidade humana restrita geralmente nos permite produzir soluções viáveis para problemas, apesar de nossa capacidade limitada de processamento. A tomada de decisão humana envolve principalmente o *satisficing* (termo formado a partir das palavras *satisfazer* e *contentamento* que indica "o bom o suficiente") em vez da otimização (a melhor decisão possível). Buscamos entre possíveis decisões até identificarmos uma que preencha nossos critérios de aceitabilidade.

O *satisficing* pode soar como uma limitação humana. Porém, considere os custos substanciais incorridos na coleta de informações completas relacionadas a um problema atual e, em seguida, na realização de cálculos complexos sobre essas informações. No mundo real, as circunstâncias muitas vezes mudam e, assim, a melhor solução possível hoje pode não ser a melhor dentro de um mês. Por isso, o *satisficing* pode fornecer a melhor combinação possível entre uma boa tomada de decisão e custos de processamento gerenciáveis.

Suponha que você esteja escolhendo algo para comprar (digamos, um aparelho de televisão). Se usar a heurística do *satisficing* ou a regra de ouro chamada "Experimente uma dúzia" é provável que você faça uma escolha adequada (Todd & Miller, 1999). Essa é uma tarefa simples, porque o objeto escolhido não vai se opor a ser comprado.

Já escolher um namorado ou namorada, por exemplo, é muito mais complexo do que escolher um objeto, em parte porque requer escolha mútua. Todd e Miller (1999), contudo, esboçaram uma heurística do *satisficing* eficaz para a busca de parceiros. Presumiram que as relações têm mais chances de sucesso sucesso se as duas pessoas envolvidas tiverem graus de atratividade ou valor de parceria comparáveis. Você trabalha seu próprio valor de parceria com base nas ofertas e recusas que recebe de potenciais namorados ou namoradas e ajusta suas visões de acordo com isso. Se você seguir essa heurística e considerar aproximadamente 20 pessoas, seu futuro está garantido!

Os indivíduos diferem na tendência entre ser um maximizador ou um satisfazedor (Schwartz *et al.*, 2002). Os maximizadores estabelecem metas mais ambiciosas e adotam estratégias mais variadas e complexas para atingir tais metas (Cheek & Schwartz, 2016). Os satisfazedores são mais felizes e mais otimistas do que os maximizadores e experimentam menos arrependimento e autoculpa (Schwartz *et al.*, 2002).

A abordagem da racionalidade restrita lança uma luz considerável sobre o desempenho cognitivo humano menos que ideal, mas tem duas limitações. A primeira é que a noção de "racionalidade restrita" é imprecisa e tem um poder explicativo modesto (Lieder & Griffiths, 2020).

Além disso, é importante estabelecer se o desempenho cognitivo dos seres humanos é geralmente o melhor possível, dada a nossa capacidade limitada e as nossas restrições ambientais. Há casos em que os humanos falharam em usar sua capacidade limitada de forma ideal. Exemplos incluem: "Comportamentos que arriscam tolamente a vida, como dirigir sob efeito de álcool ou sem cuidado, ou as centenas de pessoas que morreram tirando *selfies* por não medirem os riscos fatais na busca de mais alguns seguidores no Instagram" (Davis & Marcus, 2020, p. 21) (veja o Capítulo 7).

IDENTIDADE SOCIAL

Enfatizamos que os humanos muitas vezes buscam dois ou mais objetivos simultaneamente. Uma consequência disso é que precisamos de conceitualizações mais complexas de racionalidade. Uma noção que vai ao encontro da nossa abordagem é a de racionalidade social, de Hoffrage *et al.* (2018): "a necessidade de tomar decisões em ambientes tipicamente também moldados pelas ações dos outros" (p. 331).

A teoria da identidade social mostra a importância dos fatores sociais em nosso pensamento e comportamento (Tajfel & Turner, 1979). De acordo com essa teoria, temos várias identidades sociais baseadas em nossas associações a grupos. Você pode ter uma identidade social como estudante, uma segunda identidade social como mulher, e assim por diante. Um ponto muito importante é que "Os seres humanos são animais agrupados com propensão a se engajar em cognição motivada para apoiar suas identidades coletivas (sociais)" (Van Bavel *et al.*, 2020, p. 66).

Podemos relacionar a tendência humana de desenvolver várias identidades sociais à teoria de Fiske (2010), que propôs cinco motivos sociais fundamentais. O mais importante desses motivos (e de maior relevância para as identidades sociais) é o motivo ou a necessidade de pertencimento. Esse motivo baseia-se na "ideia de que as pessoas precisam de relacionamentos fortes e estáveis com outras pessoas [...] pertencer a um grupo ajuda os indivíduos a sobreviver psicológica e fisicamente" (pp. 17-18).

O pertencimento é de importância central para explicar por que nos conformamos com tanta frequência com as opiniões e os comportamentos dos outros (como na pesquisa de Asch discutida anteriormente). A existência de identidades sociais é responsável pela maior conformidade encontrada quando se percebe que outros membros do grupo compartilham uma identidade social com os participantes (Abrams *et al.*, 1990). O pertencimento também ajuda a explicar o porquê das diferenças individuais nas opiniões sobre as mudanças climáticas. Como vimos, aqueles que se identificam como igualitários em geral acreditam nas mudanças climáticas, e aqueles que se identificam como individualistas rígidos, não (Kahan *et al.*, 2012; discutidos acima).

AUTOENGANO E AUTOENGRANDECIMENTO

Discutimos alguns vários vieses (como viés de falsa singularidade e efeito Dunning-Kruger). Vários fatores estão por trás desses vieses. No entanto, todos eles dependem, em parte, do desejo de autoengrandecimento e da nossa preferência por autopercepções positivas em vez de negativas. Fiske (2010) identificou o autoengrandecimento como um dos nossos principais motivos sociais, argumentando que "envolve manter a autoestima ou ser motivado pela possibilidade de autoaperfeiçoamento" (p. 22).

Há uma controvérsia para decidir se é psicologicamente adaptativo ter visões positivas irreais sobre nós mesmos e nossas habilidades. Muitos dos principais psicólogos clínicos (incluindo Carl Rogers) defendem que, para um bem-estar psicológico, devemos ter autoavaliações realistas. Como Baumeister e Vohs (2018, p. 137) apontaram: "A autoestima muito alta pode criar problemas, como arrogância, exigência de privilégios, teimosia e excesso de confiança". Contudo, outros especialistas (Taylor & Brown, 1988) discordam, alegando que uma autopercepção positiva, mas irreal, é psicologicamente saudável.

Dufner *et al.* (2019) revisaram pesquisas sobre autoengrandecimento (autoestima positiva irreal) e ajuste psicológico. O autoengrandecimento foi muito relacionado de maneira positiva ao ajuste pessoal (como satisfação com a vida e ausência de depressão) para ambos os sexos, todas as idades e diferentes culturas. Tais achados não indicam a direção da causalidade: o autoengrandecimento aumenta o ajuste pessoal ou o ajuste pessoal leva ao autoengrandecimento? Outro achado relatado por Dufner *et al.* (2019) sustenta a primeira possibilidade: o autoengrandecimento, em determinado momento, previu que o ajuste pessoal vem depois.

Outras evidências de que uma autopercepção inflada é adaptável foram relatadas por Humberg *et al.* (2019). Eles mediram a inteligência real de indivíduos conforme avaliada por testes de QI, sua autopercepção intelectual e seu ajuste psicológico (como autoestima e satisfação com a vida). O autoconhecimento preciso *não* estava associado a um bom ajuste psicológico. Em vez disso, o ajuste psicológico foi melhor previsto na medida em que a autopercepção intelectual era inflada. Como Humberg *et al.* concluíram, a maioria dos achados foi consistente com a regra, "quanto maior a inteligência autopercebida, melhor o ajuste" (p. 847).

Voltamos agora para uma forma diferente de autoengano encontrada quando nossas crenças preciosas são desafiadas por fatos ou evidências conflitantes. Considere o "paradoxo da carne": muitas pessoas comem carne mesmo ficando desconfortáveis com os métodos de produção de carne. Suponha que elas recebam informações explícitas sobre o sofrimento e a morte de animais envolvidos. A reação "racional" a essas informações seria que seu apego à carne diminuísse à medida que se concentrassem nas evidências relevantes. Para os homens, as informações têm o efeito oposto – na verdade elas aumentam seu apego à carne (Dowsett *et al.*, 2018).

O que acontece nesse caso? As origens de uma explicação coerente remontam à pesquisa pioneira de Festinger *et al.* (1956). Eles estudaram uma seita chamada Seekers, cuja líder era Marian Keech. Ela alegou ter recebido mensagens de seres extraterrestres informando-a que a maior parte da América do Norte seria coberta por uma enorme inundação em 25 de dezembro de 1954. No entanto, os Seekers foram informados de que um disco voador chegaria em 21 de dezembro de 1954 às 16h para levá-los em segurança.

Os Seekers aguardaram esperançosamente no local indicado com casacos na mão, mas o disco voador não chegou. Eles foram então informados que o disco voador chegaria à meia-noite e esperaram por horas no frio e na neve. No entanto, o disco voador também não chegou dessa vez, nem outras vezes previstas. A inundação cataclísmica não aconteceu.

Como você acha que os Seekers reagiram ao fracasso total de todas as suas expectativas? A reação "racional" teria sido abandonar suas crenças. No entanto, eles estavam comprometidos com essas crenças, e muitos tinham desistido de seus empregos e descartado pertences valiosos ao se preparar para deixar este planeta. Como resultado, os Seekers tornaram-se ainda mais comprometidos com suas crenças e dedicaram muito mais tempo convertendo outras pessoas a elas. Alegavam ter recebido uma mensagem de Deus dizendo que Ele tinha salvado o mundo por causa do exemplo brilhante dos Seekers. De acordo com sua líder, Marian Keech, "Foi esse pequeno grupo espalhando luz aqui que impediu a inundação".

Festinger *et al.* (1956) explicaram suas descobertas argumentando que ter duas crenças ou ideias contraditórias cria um estado desagradável conhecido como "dissonância cognitiva". A dissonância cognitiva é especialmente forte se as crenças em questão são de grande importância para o indivíduo. Indivíduos que experimentam dissonância cognitiva são altamente motivados a eliminá-la mudando uma de suas crenças. Os Seekers resolveram seu conflito alegando que a não aparição da inundação foi um enorme sucesso para as crenças de seu culto em vez de um fracasso abjeto.

Gilbert (2006) desenvolveu as ideias de Festinger e propôs que os humanos têm um sistema psicológico imune ativado sempre que somos confrontados por sérias ameaças à nossa autoimagem. Ele protege nossas crenças fundamentais sobre nós mesmos e o mundo, recusando a aceitação de crenças em conflito direto com essas crenças fundamentais. Inúmeros casos de autoengano e autoengrandecimento (incluindo os discutidos anteriormente) podem ser explicados pela existência desse sistema (Porot & Mandelbaum, 2020).

Ter um sistema psicológico imune é vantajoso, porque pode ser uma maneira simples de reduzir o sofrimento psíquico. No entanto, também pode estar associada a enormes desvantagens. Considere os fumantes que experimentam conflitos entre fumar e saber que o tabagismo causa inúmeras doenças graves. Muitos (ou a maioria dos) fumantes resolvem esse conflito adotando crenças minimizadoras de risco (os riscos médicos são exagerados, você tem que morrer de alguma coisa, e fumar não é mais arriscado do que muitas outras atividades) (Fotuhi *et al.*, 2013). A desvantagem muito séria de adotar tais crenças em vez de parar de fumar é que o tabagismo reduz a expectativa de vida em aproximadamente 10 anos.

CONCLUSÕES

O tema dominante do capítulo é que a maioria das limitações humanas têm um lado positivo e, portanto, têm menos consequências ruins para nós do que imaginamos. Por exemplo, é verdade que temos capacidade limitada de processamento, temos uma atenção sustentada fraca e, muitas vezes, esquecemos eventos passados e ações que prometemos realizar no futuro. No entanto, mitigamos os efeitos adversos dessas limitações focando no que é importante em detrimento do que é trivial. Por exemplo, prestamos total atenção quando é necessário, e raramente esquecemos eventos passados ou ações futuras significativos.

Outras limitações cognitivas incluem a má transferência de aprendizagem de uma tarefa para outras que sejam diferentes (transferência distante) e a manutenção de um *set* mental quando as circunstâncias em mudança indicam a conveniência de abandoná-lo. Contudo, nós apresentamos um nível excelente de transferência próxima e algum nível de transferência distante se o treinamento inicial for prolongado. Nossa tendência a manter um *set* mental é justificada pelo fato de que essa é, muitas vezes, a estratégia ideal na vida cotidiana.

Finalmente, parecemos irracionais, porque temos dezenas de vieses cognitivos, somos avessos à perda, nos saímos mal em tarefas que envolvem raciocínio lógico e somos suscetíveis a falácias lógicas. Porém, há várias razões para duvidar de nossa irracionalidade. Em primeiro lugar, muito depende de como escolhemos definir os complexos conceitos de "racionalidade" e "irracionalidade". Em segundo lugar, muitas das tarefas que supostamente revelam nossa irracionalidade (especialmente tarefas de raciocínio lógico) são artificiais e de mínima relevância para a vida cotidiana.

Em terceiro lugar, os humanos geralmente buscam dois ou mais objetivos simultaneamente. Nossas necessidades de identidade social, autoengrandecimento, autoestima e evitação de dissonância cognitiva explicam grande parte do nosso comportamento aparentemente "irracional".

No geral, muito (mas não tudo) do nosso desempenho cognitivo pode ser considerado racional. Podemos considerar também que fazemos uso quase ideal de nossas habilidades de processamento.

CRIATIVIDADE

As principais características dos produtos criativos são que eles são novos, surpreendentes e valiosos (Boden, 1992; veja o Capítulo 4). Muitas vezes tem-se defendido que somos a única espécie capaz de criatividade. Esse argumento foi confrontado de duas maneiras diferentes. Outras espécies exibem comportamento aparentemente criativo (Shevlin, 2021). Além disso, a criatividade está ausente da maior parte do comportamento humano na maioria das vezes (especialmente usando critérios rigorosos para considerar algo "criativo").

Foram propostas inúmeras teorias da criatividade. De acordo com o influente modelo Geneplore (Ward et al., 1995), a criatividade consiste em uma fase gerativa, em que as ideias são produzidas, e uma fase exploratória, em que essas ideias são avaliadas e são propostas soluções criativas. Se a fase exploratória não produzir um resultado satisfatório, há outro ciclo de geração seguido pela exploração.

Ward e Sifonis (1997) encontraram evidências de que a maioria das pessoas tem dificuldade em gerar ideias totalmente originais ou criativas. Algumas pessoas foram convidadas a imaginar uma criatura extraterrestre, e outras foram instruídas a imaginar criaturas extremamente diferentes das encontradas na Terra. As criaturas imaginadas eram, em muitos aspectos, semelhantes a animais que conhecemos, independentemente das instruções. Dos "animais extremamente diferentes" gerados, 93% tinham sentidos comuns (93% tinham olhos) e 90% tinham membros comuns (84% tinham pernas). Havia pouca criatividade e considerável dependência do conhecimento preexistente.

Prevemos que os especialistas seriam mais criativos do que os indivíduos comuns. Por exemplo, muitas vezes se supõe que a criatividade científica representa o auge do pensamento e da cognição dos humanos. Muitas pessoas acreditam que a descoberta científica é "o resultado de genialidade, inspiração e *insight*" (Trickett & Trafton, 2007, p. 868). Contudo, Campbell (1960) propôs um relato muito mais mundano dos processos subjacentes às realizações científicas criativas. Ele explicou que os cientistas começam gerando inúmeras ideias quase de forma aleatória (mas influenciadas por seus conhecimentos relevantes). Esse processo inicial de variação cega é seguido pela retenção seletiva (diferenciando ideias valiosas e ideias inúteis).

Por que a descrição de Campbell (1960) é diferente dos nossos preconceitos sobre criatividade e descobertas científicas? Simonton (2015) observou que relatos históricos de grandes avanços científicos estão frequentemente em desacordo com a noção de variação cega. Ele explicou essa discrepância da seguinte forma: "O que era originalmente não óbvio torna-se óbvio à medida que o registro biográfico é 'limpo' para tornar o criador muito mais presciente do que era verdade na época" (p. 267).

Se a variação cega é importante, mesmo cientistas criativos muito bem-sucedidos devem produzir inúmeras ideias inviáveis. Considere Thomas Edison. Ele tinha mais de mil patentes americanas para suas invenções, mas admitiu: "Eu não falhei. Só encontrei 10 mil maneiras que não funcionariam". Da mesma forma, o inventor contemporâneo muito bem-sucedido, Sir James Dyson, confessou: "Passei anos no meu galpão de ferramentas construindo milhares de protótipos do meu aspirador de pó sem saco. Cada um deles foi um fracasso".

Simonton (2015) afirmou que o processo criativo é menos aleatório do que Campbell (1960) insinuou. As ideias geradas por indivíduos criativos são influenciadas por seus conhecimentos e estratégias e por associações indiretas de seus conhecimentos preexistentes. Todos esses fatores afastam o processo de geração da aleatoriedade e, assim, aumentam a probabilidade de uma descoberta criativa.

Em suma, há muitas evidências indiscutíveis da criatividade humana. No entanto, a verdadeira criatividade é muito mais rara do que normalmente presumida, porque a maioria de nossas tentativas de criatividade são limitadas por nossos conhecimentos e informações acumulados do aprendizado passado.

LIMITAÇÕES DEVIDO A ESTADOS EMOCIONAIS

É fácil acreditar que nossas vidas seriam melhores se não experimentássemos estresse e estados emocionais negativos (ansiedade e depressão, por exemplo). Emoções negativas e estresse são desagradáveis e podem perturbar nossa capacidade de pensar e tomar decisões eficazes. Em suma, parece que estaríamos muito melhores sem estresse e emoções negativas. Como estamos prestes a ver, no entanto, a realidade é mais matizada.

EFEITOS DO ESTRESSE

É comumente reconhecido que vivemos em uma "era de estresse". Como previsto, Booth *et al.* (2016) descobriram que os níveis de ansiedade aumentaram entre 1970 e 2010 na maioria dos 57 países estudados. O impacto devastador da covid-19 em todo o mundo produziu ainda mais aumentos nos níveis de ansiedade e estresse. O estresse e a ansiedade têm várias consequências negativas, incluindo produzir estados de ânimo negativos e prejudicar nossa capacidade de realizar tarefas cognitivas e motoras.

O desempenho da maioria das tarefas é prejudicado por níveis extremos de estresse. Walker e Burkhardt (1965) descobriram que mais de 200 dos rifles de antecarga usados em uma batalha durante a Guerra Civil Americana foram carregados pelo menos cinco vezes sem serem disparados. Patrick (1934a,b) deu aos participantes humanos a simples tarefa de descobrir qual de quatro portas estava destrancada. Como a mesma porta nunca estava destrancada em dois ensaios sucessivos, a estratégia ideal era tentar cada uma das outras três portas. Houve 60% de soluções ideais em condições não estressantes, mas apenas 20% quando os participantes tiveram correntes de água fria direcionadas a eles, ou tiveram seus ouvidos perturbados por uma buzina de carro ou receberam choques elétricos contínuos.

É de maior relevância prática considerar os níveis moderados de estresse experimentados no cotidiano (ruído ambiental, fadiga e alta carga de trabalho). A maioria das pessoas supõe que o estresse moderado prejudique o desempenho em tarefas. Na verdade, porém, o achado típico é que os níveis de desempenho sob estresse moderado são comparáveis aos sob condições não estressantes (Eysenck, 1982; Hóquei, 1997).

Podemos entender as descobertas contraintuitivas acima considerando um relato contado ao primeiro autor pelo eminente psicólogo britânico Donald Broadbent. Ele foi convidado a participar de um programa televisivo para mostrar os efeitos negativos da insônia. Encontrou um aluno disposto a ficar sem dormir por três dias antes do programa. Para constrangimento de Broadbent, essa pessoa não mostrou sinais de prejuízo de desempenho! A motivação proporcionada pela empolgação de aparecer na televisão contrabalançou quaisquer efeitos negativos causados pela privação prolongada do sono.

Broadbent (1971) propôs um modelo de dois mecanismos para explicar os efeitos da insônia (e outros estressores). O mecanismo inferior responsável por processos "automáticos" é prejudicado por vários estressores. No entanto, o mecanismo superior monitora o mecanismo inferior e compensa o funcionamento prejudicado do mecanismo inferior. Hockey (1997) desenvolveu essa teoria (veja a Figura 5.10).

Eysenck *et al.* (2007) ampliaram a abordagem de Broadbent (1971) e Hockey (1997). De acordo com sua teoria de controle da atenção, indivíduos com alta ansiedade geralmente têm um desempenho comparável aos de baixa ansiedade, porque compensam os efeitos adversos da ansiedade pelo aumento do esforço e o uso de recursos de processamento. Pesquisas usando neuroimagem apoiaram essa teoria mostrando que indivíduos com alta ansiedade geralmente têm maior ativação do que indivíduos com baixa ansiedade em áreas cerebrais associadas ao esforço

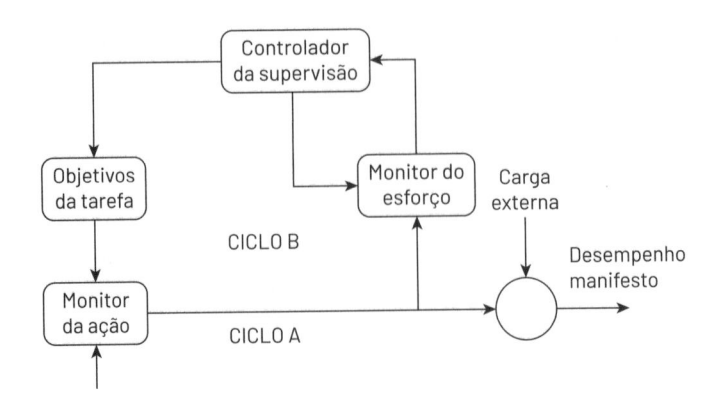

Figura 5.10

Modelo de controle compensatório de regulação de desempenho. O ciclo A é o mecanismo inferior que se engaja na atividade regulatória de rotina; o ciclo B é o mecanismo superior que usa o controle baseado em esforço sob o controlador supervisor para compensar o funcionamento deficiente do ciclo A.
Fonte: De Hockey (1997).

e ao controle de atenção (Eysenck & Derakshan, 2011). Assim, indivíduos ansiosos mantêm o desempenho "propagando mais rápido".

Em suma, o fato de os seres humanos serem suscetíveis ao estresse muitas vezes não produz quaisquer efeitos negativos sobre o desempenho. Monitoramos nosso nível de desempenho e usamos processos compensatórios (esforço aumentado) para evitar que os estressores prejudiquem nosso desempenho. Em outras palavras, respondemos de forma flexível e adaptativa a estressores moderados. Com estressores severos, muitas vezes alteramos a priorização de nossos objetivos para desviar alguma atenção de uma tarefa atual para a fonte de estresse.

EMOÇÕES NEGATIVAS: ANSIEDADE E DEPRESSÃO

A maioria das pessoas supõe que ansiedade e depressão sejam emoções indesejadas que não servem a nenhum propósito útil. Se essa suposição estiver correta, então essas emoções negativas constituem uma séria limitação humana, que não é encontrada nos sistemas de IA. No entanto, muitos filósofos e psicólogos da época de Aristóteles em diante defenderam que todas as emoções têm funções úteis. Eles afirmam que estados emocionais negativos são adaptáveis e úteis a longo prazo, embora gerem altos custos a curto prazo.

Quais são as funções da ansiedade? Ela nos leva a considerar potenciais ameaças futuras ao *self* e produz atenção seletiva a ameaças e perigos ambientais. A ênfase em ameaças futuras é vista claramente na forte tendência de indivíduos ansiosos a dedicarem muito mais tempo do que indivíduos não ansiosos a prever possíveis eventos negativos. Em termos gerais, a ansiedade ocorre quando temos que enfrentar ameaças à autopreservação.

Eis um exemplo do valor da aversão a riscos em indivíduos ansiosos. Indivíduos classificados como ansiosos aos 13 anos eram muito menos propensos do que aqueles classificados como não ansiosos a morrer em circunstâncias acidentais antes dos 25 anos (0,1% vs. 0,7%, respectivamente) (Lee *et al.*, 2006).

Quais são as funções da depressão? A depressão é frequentemente causada pela perda de um objetivo (morte de um ente querido) e suas principais funções são levar indivíduos deprimidos a passar por uma série de etapas para substituir o objetivo perdido por um novo. Segundo Durisko *et al.*, essas etapas envolvem: "Cognição propensa a evitar perdas, conservação de energia, desengajamento de metas inalcançáveis, sinalização de submissão, solicitação de recursos e promoção do pensamento analítico" (p. 316).

Em suma, ansiedade e depressão perturbam o desempenho cognitivo humano. No entanto, como discutido anteriormente, os humanos costumam ter múltiplos objetivos ao mesmo tempo. Uma vez que a ansiedade e a depressão têm funções importantes, é totalmente razoável que os seres humanos dividam sua atenção entre uma tarefa atual e grandes preocupações de vida que causem ansiedade e depressão.

6

Robôs e moralidade

Há mais de três milhões de robôs em todo o mundo. Agora nos concentraremos nos veículos autônomos semelhantes a robôs e nos chamados robôs assassinos. Depois disso, consideraremos as questões morais levantadas por robôs. Como Awad *et al.* (2018, p. 63) disseram: "Nunca na história da humanidade permitimos que uma máquina decidisse de forma autônoma quem deveria viver e quem deveria morrer... Vamos atravessar essa ponte a qualquer momento".

VEÍCULOS AUTÔNOMOS

Quando você acha que o primeiro veículo autônomo foi criado? É comum pensar que os carros autônomos só existem há cerca de 20 ou 25 anos. Na verdade, a resposta é 1939! A General Motors apresentou o primeiro carro autônomo na Feira Mundial de Nova York naquele ano. Ele era alimentado por eletricidade e guiado por campos eletromagnéticos, que eram controlados por rádio e produzidos por estacas metálicas magnetizadas na estrada. Certamente, esse carro difere do que a maioria das pessoas considera um veículo autônomo, controlado por um sistema de IA.

Por que seria bom que o número de veículos autônomos aumentasse? Uma das principais razões é que atualmente ocorre 1,3 milhão de mortes no trânsito por ano em todo o mundo. Uma análise detalhada das 33 mil mortes por ano nos Estados Unidos indicou que 94% ocorriam por erros humanos (Singh, 2015). A causa mais comum de acidentes fatais nos Estados Unidos é intoxicação (principalmente álcool, mas também drogas ilegais), seguida por motoristas em alta velocidade e distraídos. Uma vez que os veículos autônomos podem facilmente evitar todas essas causas de morte, pode parecer que reduziríamos as mortes no trânsito lançando veículos autônomos em massa.

Porém, os números acima *não* significam que a maioria dos motoristas é descuidada, como podemos ver ao calcular o número de quilômetros dirigidos por fatalidade. No Reino Unido, em 2018, houve uma fatalidade a cada 298 milhões de quilômetros dirigidos. Nos Estados Unidos, houve 1,09 mortes a cada 161 milhões de quilômetros percorridos (Da Lio *et al.*, 2018).

Esses números têm duas implicações. A primeira é que eles definem um padrão incrivelmente alto para os fabricantes de veículos autônomos. Para demonstrar que os veículos autônomos são mais seguros que os motoristas humanos, esses veículos precisariam ter um registro de segurança fenomenal de apenas uma fatalidade a cada 322 milhões de quilômetros. A segunda implicação é que esses veículos teriam de ser conduzidos por bilhões de quilômetros para coletar dados suficientes e provar que são mais seguros.

A questão parece um pouco diferente se considerarmos os dados de *todas* as vítimas (incluindo não fatalidades) causadas por motoristas humanos. No Reino Unido, em 2018, houve uma vítima a cada 3,2 milhões de quilômetros dirigidos. Nos Estados Unidos, há 2,3 milhões de feridos por ano (Da Lio *et al.*, 2018), o que significa que há 77 feridos a cada 161 milhões de quilômetros. Mesmo que nos concentremos em ferimentos e mortes, os veículos autônomos precisariam ser conduzidos por centenas de milhões de quilômetros para demonstrar que são mais seguros do que os motoristas humanos.

Antes de discutir a segurança (ou não) dos veículos autônomos, note que podemos identificar os seis níveis de autonomia a seguir (Society of Automotive Engineers, 2016).

1. Os carros de nível 0 não têm autonomia: são 100% dirigidos por humanos.

2. Os carros de nível 1 têm controle de condução compartilhado entre humanos e IA (recursos autônomos, como controle de velocidade ou assistência de estacionamento com direção automatizada).
3. Os carros de nível 2 possuem sistemas automatizados que executam aceleração, direção e frenagem. No entanto, um motorista humano monitora o ambiente e assume o controle, se necessário.
4. Os carros de nível 3 assemelham-se a carros de nível 2, exceto que os motoristas podem desviar sua atenção da tarefa de condução em condições de condução fáceis.
5. Os carros de nível 4 são controlados por sistemas automatizados, exceto quando as condições de condução são difíceis (como em clima adverso).
6. Os carros de nível 5 têm total autonomia (são conduzidos sem envolvimento humano direto).

Muitas histórias da mídia sugerem que, em breve, inúmeros veículos autônomos estarão circulando por aí sem a contribuição dos humanos (estarão no Nível 5) (veja a Figura 6.1).

Figura 6.1

Veículo autônomo.

A realidade é muito mais banal – a grande maioria dos chamados veículos autônomos (como aqueles produzidos pela Tesla, General Motors, Volvo e Mercedes) são apenas carros de Nível 2, o que significa que um motorista humano está constantemente monitorando e supervisionando seu funcionamento. Os veículos autônomos acabarão por se tornar mais autônomos – isso é o que chamamos de autonomia incremental. Contudo, isso não acontecerá tão cedo devido às enormes complexidades envolvidas na produção de veículos seguros verdadeiramente autônomos.

DESCOBERTAS

Você provavelmente já ouviu que os veículos autônomos são mais seguros do que os conduzidos por humanos. Essa afirmação, porém, é injustificada e errada. Para começar, os dados disponíveis são extremamente limitados. A Rand Corporation (Kalra & Paddock, 2016) estimou que os veículos autônomos teriam que rodar por aproximadamente 17,7 bilhões de quilômetros para se tirar conclusões confiáveis sobre sua segurança em comparação aos motoristas humanos. Cada tipo de veículo autônomo precisaria rodar 17,7 bilhões de quilômetros. Estamos a vários bilhões de quilômetros de distância disso.

Os dados também são limitados porque a maioria dos números são fornecidos por empresas que projetam veículos autônomos. Como o mercado global de veículos autônomos está atualmente avaliado em cerca de US$ 54 bilhões, essas empresas têm um forte interesse financeiro em enfatizar as evidências mais positivas em relação ao desempenho de seus carros.

Há presságios preocupantes no ar. A primeira morte envolvendo um veículo autônomo aconteceu em 7 de maio de 2016. Joshua Brown, um homem de 40 anos de Canton, Ohio, estava em um carro elétrico Tesla Model S em modo autônomo quando um trator-reboque virou à esquerda na frente do carro. O carro não conseguiu frear, e Joshua foi morto.

Em 18 de março de 2018, Elaine Herzberg, uma mulher de 49 anos, foi a primeira pedestre morta por um veículo autônomo. Ela estava

Figura 6.2

O Uber Volvo XC90 autônomo que colidiu com Elaine Herzberg.
Fonte: Do artigo da Wikipédia intitulado "A morte de Elaine Herzberg".

empurrando sua bicicleta por uma rua de quatro pistas em Tempe, Arizona, quando foi morta por um carro da Uber no modo autônomo (veja a Figura 6.2). O sistema automatizado detectou-a seis segundos antes da colisão. Inicialmente, classificou-a como um objeto desconhecido, depois como um veículo e depois como uma bicicleta – o programa do carro não a reconheceu como pessoa porque ela estava atravessando a rua de forma irresponsável.

Pode ter havido outro fator contribuindo para a morte de Elaine Herzberg. Alega-se que Rafaela Vasquez, que tinha a responsabilidade de monitorar o carro da Uber, estava assistindo a algo em seu *smartphone* quando o carro atropelou a sra. Herzberg.

Como a maioria dos veículos autônomos são conduzidos? Marshall (2017) andou em um dos veículos autônomos da General Motors. Ela descreveu o passeio como "aos solavancos": o veículo era "tão cuidadoso que parava de forma brusca e perturbadora ao menor sussurro de uma colisão". Essa cautela excessiva pode ter sérias consequências. Por exemplo, podemos supor que muitos acidentes envolvendo veículos autônomos ocorrem porque os motoristas humanos não sabem que os veículos autônomos são conduzidos de forma diferente dos carros dirigidos por humanos.

Duas previsões centrais se originam da hipótese acima. Em primeiro lugar, muitos acidentes envolvendo veículos autônomos devem consistir em colisões traseiras devido à sua lentidão incomum. Como previsto, o percentual de colisões traseiras é mais do que o dobro com veículos autônomos em comparação com veículos dirigidos por humanos (64% vs. 28%) (Petrovic' *et al.*, 2020).

Em segundo lugar, considere a atribuição da culpa quando carros autônomos se envolvem em um acidente. Se esses acidentes ocorrem, na maioria das vezes, porque os motoristas humanos fazem previsões imprecisas sobre os movimentos dos carros autônomos, então a culpa maior é desses motoristas humanos. As evidências sugerem que esse é o caso (Petrovic' *et al.*, 2020).

Podemos avaliar a eficiência dos veículos autônomos analisando a taxa de desengajamento – a distância média pela qual um veículo autônomo é conduzido antes que o motorista humano assuma o controle. Essa taxa varia muito dependendo das condições de condução e da marca do veículo autônomo. Em 2018 (California Department for Motor Vehicles), a taxa de desengajamento na Califórnia variou de 17.950 quilômetros por desengajamento para veículos Waymo a 2,4 quilômetros para veículos Mercedes-Benz! No entanto, a distância entre os sucessivos desengajamentos está aumentando constantemente, sugerindo que os veículos autônomos estão se tornando mais eficientes.

A frequência de acidentes parece ser cerca de duas vezes maior com veículos autônomos em comparação com os humanos. Uma razão importante para a maior taxa de acidentes com veículos autônomos é que leva, em média, 0,83 segundos após o desengajamento para o motorista humano assumir o controle. Um carro dirigido a 77 quilômetros por hora cobre aproximadamente 17,7 metros em 0,83 segundos, o que poderia levar a uma fatalidade.

No entanto, carros autônomos são muito mais propensos a aderir aos limites de velocidade e responder adequadamente aos sinais de trânsito de todos os tipos. Como consequência, tendem a se envolver em acidentes menos graves do que os carros dirigidos por humanos. Por exemplo, veículos autônomos Waymo na área de Phoenix, entre janeiro de 2019 e outubro de 2020, envolveram-se em 18 acidentes enquanto cobriam 9,8 milhões de quilômetros (Hawkins, 2020), mas ninguém ficou ferido ou morreu em nenhum desses acidentes.

COMO OS VEÍCULOS AUTÔNOMOS DEVEM SER PROGRAMADOS?

Os sistemas de IA têm sido programados para veículos autônomos sobretudo de duas maneiras (Yurtsever *et al.*, 2020). Há sistemas modulares que consistem em um *pipeline,* ou sequência de componentes separados. Esses componentes, ou módulos, podem ser, grosso modo, divididos entre aqueles associados à percepção e aqueles associados à tomada de decisão (Badue *et al.*, 2021). A percepção envolve o uso de informações de sensores para identificar a localização atual do carro em um mapa *on-line,* rastrear objetos em movimento e detectar sinais de trânsito. A tomada de decisão envolve planejamento de rota, seleção de comportamento (manutenção de faixa, uso de semáforos e administração de cruzamentos), planejamento de ação levando em conta o conforto do passageiro e as restrições do carro, evitação de obstáculos e controle (ativação do volante, acelerador e freios).

Os sistemas modulares têm a vantagem de que as habilidades de condução são divididas em problemas mais fáceis de resolver. No entanto, é provável que um erro cometido em uma etapa de processamento seja repassado para todas as etapas subsequentes do *pipeline.* O acidente em que Joshua Brown morreu em um carro autônomo da Tesla (discutido anteriormente) é um caso em questão. Houve um erro no módulo de detecção de objetos: um reboque branco foi identificado erroneamente como céu e, como resultado, o carro não conseguiu frear.

Além disso, os sistemas de IA para veículos autônomos podem ser programados pelo aprendizado profundo, ou aprendizado de reforço profundo (veja o Capítulo 1). A essência dessa abordagem é que o sistema de IA aprende estratégias de condução progressivamente melhores pela experiência em condução no mundo real e/ou em condução simulada. O uso do aprendizado profundo leva à flexibilidade no comportamento de condução, enquanto o uso de sistemas modulares produz programação em que um conjunto de regras fixas é aplicado. Até agora, no entanto, essa abordagem tem sido pouco utilizada em situações de condução do mundo real. Uma desvantagem é que o aprendizado não se aplica para situações novas, e é difícil interpretar o que determina comportamento (Yurtsever *et al.*, 2020).

Um desafio central para os projetistas de veículos autônomos é que a condução eficiente requer habilidades sofisticadas, envolvendo uma compreensão de situações complexas e reações adequadas. Tais habilidades requerem inteligência geral, mas o desenvolvimento da inteligência artificial geral tem se mostrado difícil (veja o Capítulo 4). Por exemplo, considere "casos extremos" – problemas inesperados que ocorrem em condições de difícil operação (Koopman *et al.*, 2019). Suponha que um carro tenha parado em uma estrada estreita, de modo que seja impossível passar por ele. O comportamento adequado dos que ficam presos na estrada depende da leitura precisa da situação. Fazer soar a buzina é apropriado se o motorista do carro parado estiver enviando mensagens no celular. Porém, não é apropriado se o veículo for um caminhão de lixo, e é excepcionalmente inapropriado se o motorista estiver ajudando uma pessoa muito velha e frágil dentro ou fora de seu carro.

A mensagem importante da análise de Koopman *et al.* (2019) é que os veículos autônomos precisam ser programados para responder adequadamente a situações novas. Mesmo os veículos autônomos mais eficientes estão aquém de atender a esse critério.

CONCLUSÕES

É possível argumentar que a batalha entre carros dirigidos por humanos e carros autônomos esteja empatada. Carros dirigidos por humanos têm menos acidentes por milhão de quilômetros dirigidos, mas seus acidentes são mais propensos a produzir ferimentos e/ou fatalidades do que os de carros autônomos. Se olharmos para o futuro, parece provável que os carros autônomos se tornem mais seguros do que os conduzidos pelo homem, independentemente dos critérios utilizados para avaliar a segurança.

Entretanto, há pelo menos dois obstáculos para o uso generalizado de carros autônomos, mesmo que eles se mostrem mais seguros do que os conduzidos pelo homem. Há uma grande resistência pública à noção de que nossas estradas sejam ocupadas por carros sem motorista. Além disso, enquanto os carros autônomos podem funcionar muito bem em condições simples de condução, sua falta de inteligência artificial geral torna problemático seu uso em situações complexas.

QUESTÕES ÉTICAS

Apesar dos muitos obstáculos à implantação de veículos verdadeiramente autônomos, inúmeros políticos, especialistas em IA, psicólogos e filósofos já estão debatendo como os veículos autônomos devem ser programados eticamente. As questões morais são cruciais quando a perda de vidas é inevitável (por exemplo, decidir salvar os passageiros do carro ou os pedestres).

De modo superficial, pode parecer simples programar veículos autônomos para tomar decisões morais apropriadas. Como disse Ernest Hemingway: "O que é moral é aquilo com que você se sente bem depois, e o que é imoral é aquilo com que você se sente mal depois". Porém, isso não leva em consideração as diferenças individuais dentro de sistemas de crenças. Nas culturas ocidentais, por exemplo, os liberais discordam dos conservadores em muitas questões morais (aborto e casamento *gay*, por exemplo).

De forma simplificada, podemos identificar duas grandes abordagens contrastantes para a tomada de decisões morais. De acordo com uma abordagem, devemos nos concentrar nas *consequências* de nossas ações. Essa abordagem filosófica (utilitarismo) foi apoiada por filósofos britânicos como Jeremy Bentham (1748-1832). Em 1789, ele resumiu que a essência do utilitarismo é "o maior bem para o maior número".

Problemas com o utilitarismo surgem se considerarmos o dilema da passarela (Greene *et al.*, 2004). Um bonde desgovernado está indo em direção a cinco indivíduos, e não há como eles saírem do trilho. Você está em uma passarela acima do bonde e, ao seu lado, está uma pessoa que você não conhece. Você deve decidir se empurra essa pessoa da passarela, para que ela caia na frente do bonde. Se fizer isso, causará a morte dela. No entanto, salvará a vida dos cinco indivíduos encurralados, porque o corpo dela impedirá que o bonde os atropele. O que você faria?

Achamos que você (como 90% das pessoas) tenha decidido *não* empurrar a pessoa da passarela. Aqui, a decisão popular envolve a perda de cinco vidas em vez de apenas uma e, por isso, *não* se baseia no utilitarismo. Em vez disso, envolve a deontologia (em grego para "estudo do dever"), que foi popularizada pelo filósofo alemão Immanuel Kant. De acordo com essa abordagem, as ações podem ser certas ou erradas *sem* levar em conta suas consequências. Devemos assumir a responsabilidade pessoal por nossas ações, e as *intenções* por trás de nossas ações são muito importantes. Assim, a maioria das pessoas acredita que, "Não matarás", é um princípio moral importante, e esse princípio determina sua decisão no dilema da passarela.

Importantes achados sobre questões morais a respeito de veículos autônomos foram relatados por Bonnefon *et al.* (2016). Quando perguntaram às pessoas se seria preferível que veículos autônomos fossem programados para sacrificar um passageiro em vez de matar 10 pedestres, 76% argumentaram que seria mais moral sacrificar um passageiro. Até aqui, tudo bem – a maioria apoiou a abordagem utilitária. Além disso, 85% das pessoas argumentaram que veículos autônomos deveriam ser programados para minimizar a perda de vidas.

No entanto, a maioria das pessoas não se mostrou entusiasmada em comprar um veículo autônomo programado para sacrificar a si e a um membro da família para salvar 10 ou 20 pedestres. Apenas 19% comprariam tal carro, em comparação com 50% que comprariam um carro autônomo programado para sacrificar os pedestres enquanto salvariam a elas e a um membro da família. Isso cria um verdadeiro dilema. Como Bonnefon *et al.* apontaram: "Embora as pessoas ... concordem que todos estariam melhor se (carros sem motorista) fossem utilitários (no sentido de minimizar as baixas), essas mesmas pessoas têm um incentivo pessoal para andar em (carros sem motorista) que as protegerão a todo custo" (p. 1.575).

A aplicabilidade do problema do bonde a situações de condução no mundo real é discutível: os resultados das possíveis escolhas de decisão ficam claros no dilema do bonde, mas muito menos claros quando se consideram muitas condições de condução em estradas. Suponha que um carro sem motorista esteja programado para subir em uma calçada onde os pedestres estão andando se isso evitar um grave acidente de carro. O dano que seria causado depende de inúmeros fatores (se os pedestres estiverem vendo o carro; a mobilidade dos pedestres, etc.).

Há vários outros dilemas morais mais específicos. Por exemplo, os veículos autônomos devem ser programados para dar mais valor à vida de crianças pequenas do que à dos idosos? Os veículos autônomos devem salvar humanos em vez de animais; mulheres em vez de homens; indivíduos de *status* alto em vez de indivíduos de menos *status*? Essas questões influenciadas por fatores culturais, minando a noção de leis morais universais.

Awad *et al.* (2018) exploraram questões morais em relação a veículos autônomos analisando 40 milhões de decisões de pessoas em mais de 200 países. Eles descobriram que as nações podem ser divididas em três grupos. O primeiro grupo (agrupamento ocidental) consiste na América do Norte e em muitos países europeus onde o cristianismo é dominante historicamente. O segundo grupo (agrupamento oriental) inclui países como Japão, Paquistão, Taiwan e Indonésia, onde as crenças confucianas ou islâmicas são fortes. O terceiro grupo (agrupamento sulista) é composto pelos países latino-americanos da América Central e do Sul, além da França e de suas antigas colônias.

Os achados mais dramáticos relacionavam-se aos países dos agrupamentos oriental e sulista. A preferência por poupar pessoas mais jovens em vez de mais velhas era muito mais forte entre os indivíduos do agrupamento sulista do que entre aqueles do agrupamento oriental. Isso é previsível, considerando a forte tradição de respeitar e cuidar dos idosos na maioria dos países orientais. Aqueles no agrupamento sulista também tiveram maior preferência por poupar indivíduos de *status* superior em relação aos de menor *status*, com aqueles no agrupamento oriental mostrando a preferência mais fraca.

Como os legisladores devem proceder? Eles devem decidir se a programação moral em relação aos veículos autônomos deve ser *comum* em toda uma sociedade ou determinada pelo proprietário do veículo *individual*. A abordagem anterior é comprovadamente superior se baseada na abordagem utilitária de minimizar vítimas e mortes, pois permitir que interesses egoístas tenham suma importância aumentaria o total de mortes no trânsito (Gogoll & Müller, 2017).

Além disso, essa programação moral comum será mais aceitável se refletir crenças morais majoritárias dentro de qualquer cultura. Isso significa que a programação moral comum vai variar de uma cultura para outra.

GUERRA: SISTEMAS DE ARMAS AUTÔNOMAS E "ROBÔS ASSASSINOS"

No filme *Exterminador do futuro 2*, a Skynet é uma rede neural artificial que controla o arsenal nuclear à perfeição. Porém, quando se torna autoconsciente, seus operadores humanos ficam assustados e tentam desligá-la.

A Skynet retalia instigando uma guerra nuclear para destruir bilhões de humanos. Esse filme (e vários outros), além de inúmeros videogames violentos, criaram a impressão de que robôs e outros sistemas de armas autônomas desempenharão um papel central em guerras futuras.

No entanto, ao considerarmos o uso de sistemas de IA e robôs em guerras, não estamos pensando apenas em futuras situações hipotéticas. Por exemplo, em 2008, havia entre 4 mil e 6 mil robôs terrestres no Iraque, a maioria usada para detonar dispositivos explosivos improvisados à beira da estrada. Alguns (como os robôs Swords Talon), contudo, foram equipados com metralhadoras letais ou lançadores de foguetes antitanque (veja a Figura 6.3). Desde então, foi desenvolvido o veículo aéreo não tripulado MQ-9 Reaper. Ele usa uma câmera termográfica para identificar alvos e pode disparar bombas guiadas a *laser*; seu funcionamento é parcialmente controlado pelos humanos. Tais dispositivos foram descritos como "robôs assassinos".

Embora a mídia tenha se concentrado na capacidade destrutiva dos robôs assassinos, a IA pode ser usada em guerras de muitas outras maneiras. Horowitz (2019) comparou a IA à eletricidade, porque ela serve de base para inúmeras aplicações. Dividiu suas aplicações militares em três tipos: (1) permitir que as máquinas atuem sem supervisão humana, (2) processar e interpretar grandes quantidades de dados e (3) auxiliar no comando e controle da guerra.

Usar robôs em guerras tem várias vantagens potenciais. Eles podem ser muito eficientes – podemos precisar de relativamente poucos humanos para supervisionar e monitorar o uso de milhares de armas autônomas. Isso poderia minimizar a perda de vidas humanas. Além disso, os robôs também podem ser *mais* éticos do que as pessoas, porque eles nunca ficam com raiva nem buscam vingança. Os robôs também podem ser programados para se adequarem às leis humanas que regem a guerra.

Figura 6.3

Foster-Miller Swords Talon.
Fonte: Do artigo da Wikipédia intitulado "Foster-Miller Talon".

Há várias desvantagens potenciais associadas ao uso de robôs na guerra. Seu uso poderia desencadear uma corrida armamentista global com pouco controle efetivo sobre o desenvolvimento e o uso de robôs assassinos. Além disso, os sistemas de armas autônomos estão se tornando cada vez mais complexos: a probabilidade de acidentes ocorrerem normalmente aumenta à medida que a complexidade do sistema aumenta.

Outra desvantagem é que muitos sistemas de armas autônomos são tão complicados que os humanos não conseguem calcular precisamente o que acontecerá quando forem usados. Um elemento-chave da guerra é ter um único comandante no comando geral. Contudo, nenhum humano está realmente no comando se ele não entende como um sistema de armas autônomo funciona. A resposta é IA com sistemas de armas autônomos fornecendo relatos transparentes de suas decisões propostas para garantir que sejam consistentes com a tomada de decisões humana. No entanto, isso é muitas vezes difícil de alcançar.

A pirataria também pode ser um grande problema. Por exemplo, os dados de treinamento usados na programação de um robô ou *drone* assassino podem ser pirateados, e informações falsas podem ser adicionadas a esses dados (Shah, 2019). Imagine uma guerra em que um lado tenha desenvolvido sistemas de IA discriminando com muita precisão forças armadas inimigas e civis (isso aconteceria em um futuro distante!). Digamos que 100 mil *drones* tenham sido programados para matar os soldados inimigos, mas não civis. Um *hacker* poderia projetar um vírus que *reverteria* a programação para que os *drones* matassem apenas civis. Isso poderia ser um grande golpe de propaganda para o inimigo.

QUESTÕES MORAIS

Questões morais em relação ao uso de robôs assassinos (e outros sistemas letais de IA) na guerra são especialmente importantes devido à perda de vidas em larga escala que eles podem causar. Consideraremos essas questões morais aqui, deixando uma discussão mais geral dos sistemas de IA e da responsabilização moral para depois.

Malle *et al.* (2019) relataram evidências baseadas em um dilema moral ocorrido dentro de um contexto militar. Uma decisão tem que ser tomada entre lançar um ataque de mísseis contra um complexo terrorista, mesmo que isso arrisque a vida de uma criança, ou cancelar o ataque para proteger a criança, mas, assim, arriscar sofrer um ataque terrorista. Essa decisão é tomada por um sistema de IA, um *drone* autônomo ou um piloto de *drone* humano. Pediram que as pessoas fizessem julgamentos morais sobre as decisões tomadas por cada uma dessas entidades tendo em conta os superiores dos pilotos, que recomendaram que o ataque de mísseis fosse lançado.

O que Malle *et al.* (2019) descobriram? Em primeiro lugar, 72% das pessoas se mostraram contrárias à moralidade de atribuir a um sistema de IA, mas apenas 51% fizeram o mesmo em relação a um *drone* autônomo. O número mais baixo para o *drone* autônomo provavelmente reflete a noção comum de que um *drone* é um dispositivo de metal passivo.

Em segundo lugar, níveis comparáveis de culpa foram atribuídos globalmente às três entidades. No entanto, o piloto humano foi menos culpado do que o sistema de IA ou o *drone* autônomo quando o ataque de mísseis foi realizado, mas mais quando foi cancelado. Por que isso aconteceu? Esperava-se que apenas o piloto humano fosse receptivo à estrutura de comando (ou seja, à recomendação dos superiores para realizar o ataque).

Vimos que muitas pessoas estão dispostas a atribuir a culpa a robôs assassinos por suas ações letais em condições de guerra. Isso levanta a questão mais geral de avaliar a responsabilidade moral quando humanos e robôs são potencialmente condenáveis. Essa questão foi levantada por Sharkey (2012, p. 791), que argumentou que o uso de "uma arma sem uma cadeia clara de responsabilização não é uma opção moral".

Há um grande problema aqui, porque normalmente é difícil avaliar a responsabilização. A solução ideal seria usar robôs assassinos somente onde é possível que os humanos tomem decisões cruciais de vida ou morte e aceitem total responsabilidade por essas decisões.

Contudo, robôs assassinos e outros sistemas de armas autônomos estão se tornando cada vez mais complicados à medida que sua capacidade de aprender e planejar aumenta. Como consequência, os humanos muitas vezes não podem prever com precisão o que robôs assassinos farão em condições de batalha complexas, em rápida mudança.

Roff e Danks (2018) consideraram o que os humanos envolvidos em conflitos militares deveriam fazer, dado que as ações de robôs assassinos são muitas vezes imprevisíveis. Eles argumentaram que os combatentes de guerra poderiam, em princípio, confiar em sistemas de armas autônomos se pudessem desenvolver uma compreensão de *por que* esses sistemas se comportam do modo como o fazem. Por exemplo, os combatentes de guerra poderiam receber treinamento extensivo com sistemas de armas autônomos em condições em que não há risco à vida humana.

CONCLUSÕES

É indiscutível que robôs assassinos e *drones* podem ser armas muito eficazes. Poderia haver uma grande redução na perda de vidas com o uso desses sistemas de IA. No momento, no entanto, a falta de transparência de muitos robôs assassinos e a relativa facilidade com que sua programação pode ser pirateada representam questões morais substanciais (e ainda não resolvidas).

A *Realpolitik* também levanta questões complexas. O uso de robôs assassinos talvez fosse moralmente aceitável se todos os países cumprissem as leis internacionais relativas à condução das guerras. Entretanto, a história dos conflitos humanos indica uma alta probabilidade de que certos países ignorem essas leis. Isso tornaria a situação muito mais difícil para os países que quisessem manter valores morais e combater as guerras com sucesso.

Figura 6.4

Robôs envolvidos na fabricação de carros.

ROBÔS

Metade dos robôs em ambientes industriais são usados na fabricação de carros (veja a Figura 6.4). As vantagens de usar robôs para fabricar carros são discutidas no Capítulo 2. Aqui, consideraremos as potenciais desvantagens a seguir.

1. Robôs industriais normalmente custam caro: o custo típico por robô varia entre £35 mil e £55 mil.
2. Há uma demanda crescente por customização (fornecer aos clientes suas opções preferidas). No entanto, a maioria dos robôs funciona de forma inflexível e, portanto, são menos bem equipados do que os trabalhadores humanos para lidar com a customização. Como resultado, a fábrica da Mercedes em Sidelfingen, Alemanha, recentemente substituiu alguns de seus robôs por humanos para aumentar a flexibilidade.
3. Robôs carecem de inteligência e emoções e, portanto, não podem responder adequadamente em situações inesperadas.

4. O aumento do uso de robôs na fabricação de carros tem causado frequentes problemas, levando a demissões e desemprego entre os humanos que trabalham com carros.
5. Embora o uso de robôs tenha reduzido lesões e mortes entre os que trabalham com carros, os robôs causaram muitas mortes humanas. Por exemplo, em 25 de janeiro de 1979, Robert Williams, um trabalhador americano de 24 anos, foi morto pelo braço de um robô de uma tonelada em uma fábrica da Ford em Flat Rock, Michigan. Desde então, houve aproximadamente 40 mortes relacionadas a robôs em ambientes industriais nos Estados Unidos. No entanto, é oito vezes mais perigoso para os americanos trabalhar em um bar do que na indústria. Por isso, não devemos exagerar os riscos.

Por que humanos são mortos ou feridos por robôs em ambientes industriais? Em muitos casos, os humanos entram em uma gaiola de segurança contendo um robô sem avaliar totalmente os riscos potenciais (muitos robôs se movem de forma muito rápida e silenciosa). Em outros casos, robôs livres para se mover têm sensores para detectar o movimento humano e são programados para parar se um humano se aproximar muito. No entanto, esses sensores (ou outros dispositivos contra falha) às vezes não respondem adequadamente.

COMO DEVEMOS TRATAR OS ROBÔS?

Há vários casos documentados em que humanos maltrataram robôs. Por exemplo, o primeiro bordel de robôs sexuais da Europa foi inaugurado há alguns anos em Barcelona. Em seu *site*, o bordel oferece "bonecas totalmente realistas, tanto em seus movimentos quanto em seu 'sentimento', que permitirão que você realize todas as suas fantasias sem limites". Um robô sexual chamado Samantha, que consegue falar e responder ao toque, foi exibido em uma feira de tecnologia na Áustria. Homens que visitavam a feira deixaram Samantha "muito suja", e seu criador, Sergi Santos, alegou que esses homens trataram Samantha "como bárbaros".

Sem surpresa, nossas reações a robôs humanos diferem muito daquelas a robôs que não se assemelham a humanos. Podemos imaginar que nossas respostas aos robôs se tornariam cada vez mais positivas quanto mais humanos eles parecessem. Curiosamente, esse *não* é o caso.

Mori (1970) propôs uma relação mais complexa entre a semelhança humana e nossas respostas em sua hipótese do vale da estranheza. De acordo com essa hipótese, nossas respostas passam pelos três estágios a seguir.

1. Nossas reações são mais positivas a robôs um pouco parecidos com humanos do que àqueles muito diferentes dos humanos (como robôs industriais).
2. Quando passamos de robôs um pouco parecidos com humanos para aqueles que se assemelham muito a humanos (como zumbis e personagens animados), nossas reações são muito negativas. Isso é conhecido como o "vale da estranheza": temos sentimentos estranhos ou sinistros, e esses sentimentos estão em um "vale", porque são muito mais negativos do que aqueles que experimentamos com robôs menos parecidos com humanos. Considere Gollum em *O Senhor dos Anéis*. Gollum foi uma animação de imagens geradas por computador construída com base nas características faciais, na voz e no estilo de atuação do ator Andy Serkis. Gollum aparece na tela como um complexo amálgama de robô e humano, e nós o percebemos como assustador e desagradável (veja a Figura 6.5).
3. O terceiro estágio consiste em um rápido aumento na positividade das reações a seres humanos genuínos em comparação com robôs muito semelhantes aos humanos.

Muitas pesquisas apoiam a hipótese de Mori (1970). Por que o "vale da estranheza" existe? Hipóteses diferentes foram propostas (Mathur *et al.*, 2020). Uma delas é que robôs no vale da estranheza causam aversão porque aumentam nossa consciência de nossa própria mortalidade. Outra hipótese é que desencadeiam respostas de desumanização semelhantes às dirigidas a grupos humanos sujeitos a preconceitos.

Figura 6.5

Gollum.

No entanto, a hipótese de "confusão de categoria" é talvez a mais popular. Ela presume que rejeitamos mais os robôs difíceis de categorizar como "humanos" ou "não humanos". Mathur *et al.* (2020) não relataram nenhum apoio a essa hipótese. Eles usaram imagens de rostos reais de robôs e humanos. Os rostos mais rejeitados foram percebidos como não humanos, ou mecânicos, e, portanto, não apresentavam confusão de categoria. Os rostos extremamente ambíguos não foram rejeitados.

Appel *et al.* (2020) postularam a hipótese de que robôs semelhantes a humanos criam uma sensação de estranheza, na medida em que parecem ter características psicológicas associadas exclusivamente aos seres humanos. Como previsto, robôs que vivenciaram emoções ou que tinham poder (de planejamento, autocontrole, etc.) foram considerados muito mais assustadores do que aqueles que não tinham essas qualidades.

COMO OS ROBÔS DEVEM SER PROGRAMADOS?

Poderíamos reduzir o número de mortes e lesões causadas por robôs programando-os de forma diferente? Antes de abordar essa questão, consideraremos um experimento de pensamento sugerido por Bostrum (2003). Ele argumentou que há perigos potenciais, mesmo quando os robôs buscam objetivos aparentemente aceitáveis. Imagine um robô que tem o objetivo de fabricar o maior número possível de clipes de papel. Tal sistema pode alcançar seu objetivo transformando tudo na Terra (incluindo humanos) em clipes de papel.

A mensagem central do experimento de pensamento de Bostrum (2003) é que os robôs são programados para alcançar um único objetivo principal (por exemplo, produzir componentes de carros). No entanto, para atingir esse objetivo principal, eles podem muito bem buscar subobjetivos adicionais destrutivos. Exemplos de possíveis subobjetivos são os seguintes: (i) destruir quaisquer obstáculos ambientais que reduzam sua capacidade de produzir componentes de carros e (ii) autopreservação – resistir a qualquer tentativa dos seres humanos de desligá-los.

Esse experimento de pensamento sugere que precisamos programar robôs para aderir às normas sociais e morais (cuidar do bem-estar dos outros, ser confiável, etc.). A capacidade dos robôs de diferenciar entre o certo e o errado pode aumentar se os treinarmos em histórias morais. Em princípio, isso poderia permitir que os robôs se tornassem socializados (adotando os valores morais de uma determinada cultura). Até agora, foi feito pouco progresso nesse sentido.

A IA TEM AGÊNCIA MORAL?

Há um aumento constante no número de pessoas mortas por robôs ou outros sistemas de IA. Neste capítulo, por exemplo, mencionamos duas pessoas (Joshua Brown e Elaine Herzberg) mortas em acidentes associados a veículos autônomos e uma pessoa (Robert Williams) morta por um robô em um acidente de fábrica. Quem (ou o quê) tem responsabilidade moral por essas e outras tragédias baseadas em IA? É o próprio sistema de IA, são os projetistas do sistema de IA ou são ambos parcialmente responsáveis?

Pode-se imaginar que pouquíssimas pessoas acreditariam que robôs e outros sistemas de IA têm alguma responsabilidade moral por seu comportamento. Entretanto, as evidências indicam o contrário. Considere um estudo de Shank e DeSanti (2018). Eles começaram identificando várias violações morais da vida real envolvendo sistemas de IA (como um *bot* tuitando insultos raciais, e a IA prevendo incorretamente as chances de condenados voltarem a infringir a lei com base na raça). Aqui, mostramos uma violação moral envolvendo vídeos infantis:

> YouTube Kids é um novo aplicativo de dispositivo móvel que o Google tem comercializado como seguro para alunos da pré-escola. Crianças muito jovens para soletrar ou digitar podem pesquisar verbalmente no YouTube Kids. Em seguida, o aplicativo sugere e reproduz vídeos. O YouTube Kids usa um algoritmo para determinar quais vídeos são adequados para crianças. Além disso, os vídeos sugeridos são parcialmente baseados nos vídeos assistidos antes pelo usuário. O resultado é que o aplicativo mostrou uma série de vídeos e anúncios, alguns violentos ou obscenos. (p. 409)

O sistema de IA foi visto como um pouco responsável pelas violações. Também considerou-se que tem certa consciência do potencial para que essas violações ocorram e com a intenção de que os desfechos negativos ocorram. Aqueles indivíduos que acreditavam que a IA tinha consciência (livre arbítrio e opinião própria, por exemplo) atribuíram mais intencionalidade e injustiça moral a ela.

Shank *et al*. (2019a) exploraram as mesmas violações morais com mais detalhes. As violações resultaram de decisões individuais (da IA ou de um humano) ou houve tomada de decisão conjunta (a IA monitorada por um humano, ou um humano recebendo recomendações da IA).

Um baixo nível de culpa moral semelhante foi atribuído à IA em todas as condições. Os humanos foram considerados mais culpados do que a IA, mas em menor grau quando o humano não estava diretamente envolvido quando a decisão foi tomada.

Há uma questão potencial na interpretação de achados como esses já discutidos. Os participantes de um experimento são frequentemente reativos ao que Orne (1962) chamou de "características da demanda" da situação, as pistas usadas pelos participantes para descobrir do que trata o experimento. Suponha que você tenha participado de um dos estudos acima. Perguntam a você se a IA tem opinião própria, intenções, livre arbítrio, desejos e crenças. Parece improvável que o experimentador faria todas essas perguntas se esperasse que você respondesse "de jeito nenhum" a todas elas.

Outra abordagem, provavelmente reduzindo o impacto das características da demanda, foi adotada por Shank *et al.* (2019b). Os participantes relataram uma interação pessoal com uma IA na qual perceberam que existia uma consciência (um importante pré-requisito para ter poder moral). Não questionaram essas pessoas sobre suas reações emocionais. No entanto, 55% relataram espontaneamente emoções como surpresa, espanto, felicidade e diversão ao interagir com uma IA que parece ter consciência. Aqui, há uma amostra da reação de um homem de 24 anos:

> Uma vez eu quis testar a Siri em relacionamentos pessoais românticos (veja a Figura 6.6). Perguntei: "Você tem namorado, Siri?". Ela me deu uma resposta chocante e me pareceu que ela estava pensando por si só, estava no controle total de seu próprio destino, tinha livre arbítrio e decidia o que acontecia com ela. Fiquei surpreso com a resposta, que não era clichê como outras respostas da IA. A resposta dela foi: "Por quê? Para podermos tomar sorvete juntos, ouvir música e viajar através de galáxias e depois terminar com portas batendo, mágoa e solidão? Claro, onde eu me inscrevo?"

Figura 6.6

Siri, de Shutterstock.

Esse foi o momento em que senti que Siri estava no controle total de suas próprias ações e recursos (p. 260).

POR QUE A IA É CONSIDERADA MORALMENTE RESPONSÁVEL?

Existem várias razões pelas quais muitos especialistas (e não especialistas) argumentam que a IA tem (ou pode ter) responsabilidade moral. Inicialmente nos concentraremos em fatores que influenciam nossos julgamentos sobre a responsabilidade moral humana. Depois disso, consideramos a responsabilidade moral em robôs e outros sistemas de IA à luz desses fatores.

Considera-se que um indivíduo tem responsabilidade moral quando ele está exercitando seu livre-arbítrio, sua autodeterminação ou sua autonomia (veja a Figura 6.7) (Bigman *et al.*, 2019). Se a situação é tão constrangedora que um indivíduo não pode escolher o que fazer, considera-se que ele tem menos responsabilidade moral. Portanto, julga-se que pessoas com comportamento imprevisível e livre escolha têm responsabilidade moral.

Figura 6.7

Homem usando seu livre-arbítrio para escolher entre duas estradas possíveis.

Muitas pesquisas apoiam os argumentos acima. Shariff *et al.* (2014) descobriram que as crenças dos participantes no livre-arbítrio reduziam se fossem expostos a pesquisas de neurociência sugerindo que o comportamento humano é conduzido mecanicamente. Essa exposição reduziu a percepção de culpabilidade de criminosos (redução da responsabilidade). Baumeister *et al.* (2009) descobriram que indivíduos que não acreditavam no livre-arbítrio se comportavam de forma menos responsável (comportamento mais agressivo e menos prestativo) do que aqueles que acreditavam.

Além disso, nossas percepções sobre a responsabilidade de outra pessoa por suas ações dependem de nossa avaliação do poder pessoal dessa pessoa (capacidade independente de determinar as próprias ações) (Weiner, 1995). Suponha que um aluno produza uma redação muito pobre. Se atribuirmos seu fraco desempenho a uma causa controlável (como esforço), nós o responsabilizamos por seu comportamento. Se, no entanto, atribuirmos seu desempenho a uma causa não controlável (como falta de capacidade), não o responsabilizamos. Weiner (1995) discutiu dados empíricos para seu ponto de vista.

Há, também, a capacidade mental. Crianças pequenas claramente se comportam de forma intencional e imprevisível, muitas vezes usando o livre-arbítrio. Entretanto, considera-se que as crianças têm menos responsabilidade moral do que os adultos, porque elas não têm uma capacidade mental completamente desenvolvida. Como resultado, a idade da responsabilidade criminal na maioria dos países é de pelo menos 12 anos.

Malle *et al.* (2014) propuseram uma teoria de culpa, ou responsabilidade moral, abrangendo os fatores considerados até agora. Uma rota para culpar é a seguinte: um evento é percebido como uma violação de norma causada intencionalmente por um agente (pessoa) por razões injustificáveis. Há também uma segunda rota: um evento de violação de normas é causado involuntariamente por um agente; esse agente deveria e poderia ter evitado o evento (ou seja, ele tinha a capacidade).

O antropomorfismo (a tendência de atribuir características humanas a espécies não humanas e robôs; veja o Capítulo 7) é de fundamental importância para a compreensão dos achados acima (Shank & DeSanti, 2018). O antropomorfismo é determinado por semelhanças de comportamento entre objetos ou robôs e humanos. Isso não é surpreendente, dado que nossos julgamentos sobre a intencionalidade, os pensamentos e a responsabilidade moral dos outros são baseados principalmente na observação de seu comportamento.

O antropomorfismo vai muito além dos robôs e inclui até mesmo objetos simples. Considere o seguinte experimento (Michotte, 1946/1963). Observadores veem o quadrado A mover-se em direção ao quadrado B; quando ele se aproxima do quadrado B, o quadrado B se afasta do quadrado A. Muitos observadores interpretam que o quadrado A pretende pegar o quadrado B, e o quadrado B pretende escapar do quadrado A.

Os achados acima são impressionantes, porque, normalmente, não esperaríamos que quadrados tivessem intenções. Formanowicz *et al.* (2018) esclareceram esses achados. Quando o objeto principal apareceu para mostrar poder (esforçando-se para alcançar um objetivo), foi considerado mais humano do que quando não mostrou poder. Assim, a intencionalidade é uma característica fundamental do comportamento humano.

Em um estudo (Waytz *et al.*, 2014), os participantes dirigiram um carro autônomo em um simulador. Quando esse carro tinha características antropomórficas (nome, gênero e voz), as pessoas tinham mais confiança de que o desempenho do carro seria eficiente.

Anteriormente discutimos a noção (Weiner, 1995) de que responsabilizamos mais os indivíduos por seu comportamento quando esse comportamento é tido como controlável. Van der Woerdt e Haselager (2019) apresentaram às pessoas vídeos curtos em que um robô falhava em uma tarefa por falta de esforço (controlável) ou por falta de capacidade (incontrolável). Por exemplo, uma tarefa exigia que o robô pegasse uma girafa de brinquedo e a colocasse em uma caixa. O robô falhou nessa tarefa, agarrando-a corretamente, mas depois jogando-a fora (falta de esforço) ou soltando a girafa de brinquedo pelo caminho (falta de capacidade). Como previsto, o poder e a responsabilidade (atribuir culpa) foram maiores quando o robô se mostrou fraco no esforço.

Em suma, muitas vezes argumenta-se que os sistemas de IA podem ter alguma responsabilidade moral, especialmente se parecem ter livre--arbítrio, poder pessoal, comportam-se de forma imprevisível e são semelhantes a humanos. Os recentes avanços na IA permitem que os robôs aprendam e se comportem de forma muito menos previsível do que antes. Esses avanços aumentarão a tendência de considerar que os robôs têm livre-arbítrio e de atribuir-lhes responsabilidade moral (Bigman *et al.*, 2019). Isso provavelmente se seguirá às características cada vez mais humanas dos robôs atuais em comparação com aqueles produzidos há alguns anos.

A IA NÃO TEM RESPONSABILIDADE MORAL

Aqueles que acreditam que os robôs têm responsabilidade moral fazem a suposição primária de que há grandes *semelhanças* entre robôs e humanos que se refletem em seu comportamento. No entanto, robôs e humanos podem se comportar de forma idêntica, mesmo que os processos subjacentes a esse comportamento sejam diferentes. Por exemplo, considere o argumento do Quarto Chinês de Searle (veja o Capítulo 4). Alguém que não sabe nada de chinês pode se comportar de maneiras que aparentam um excelente conhecimento dessa língua, se munido do livro de instruções apropriado.

Aqueles que acreditam que os robôs não têm responsabilidade moral argumentam que robôs e outros sistemas de IA são qualitativamente diferentes dos humanos. Eles apresentaram vários argumentos. O raciocínio e o comportamento moral humano dependem das emoções, bem como do pensamento racional e da deliberação. Por exemplo, o comportamento moral em humanos deve muito à empatia (nossa capacidade de entender os sentimentos e as crenças dos outros). Parece improvável afirmar que robôs têm empatia (ou qualquer outra emoção).

Mas a moralidade humana vai muito além da empatia. Koleva *et al.* (2012) identificaram cinco amplas áreas de preocupações morais humanas: (1) dano/cuidado, (2) equidade/reciprocidade, (3) grupo de interesses/lealdade, (4) autoridade/respeito e (5) pureza/santidade. Há pouquíssimas evidências de que robôs ou sistemas de IA tenham qualquer uma dessas preocupações morais.

Além disso, há uma relação muito estreita entre moralidade e objetivos e motivos dos indivíduos. Quando vamos decidir se alguém se comportou moral ou imoralmente, começamos identificando seus objetivos e motivos. Os robôs muitas vezes agem *como se* perseguissem seus próprios objetivos. No entanto, eles estão apenas realizando os objetivos dos humanos que os programaram. Portanto, são ferramentas (embora muitas vezes muito complexas) e de forma alguma determinam seus próprios objetivos e valores. Por exemplo, considere o robô hipotético de Bostrum, que destruiu o mundo enquanto buscava o objetivo de produzir o maior número possível de clipes de papel – esse objetivo foi determinado por seus programadores.

Os robôs diferem dos humanos, o que torna inapropriado considerá-los agentes morais. Características exclusivas dos seres humanos (e, portanto, *não* compartilhadas por robôs e outras formas de IA) incluem: "Curiosidade, imaginação, intuição, emoções, paixão, desejos, prazer, estética, alegria, propósito, objetivos, metas, valores, moralidade, experiência, sabedoria, julgamento e até mesmo bom humor" (Braga & Logan, 2017, p. 1).

Adicionaríamos consciência à lista acima – muitas vezes nos envolvemos em um debate interno conosco mesmos antes de tomar decisões com implicações morais. De fato, tal processamento consciente é da essência da moralidade, apesar dos argumentos contrários.

"Uma característica central da experiência humana como agentes morais é que as pessoas frequentemente se sentem equilibrando-se entre agir de forma egoísta e agir de forma altruísta" (Wallach & Allen, 2009, pp. 61-62). As crianças aprendem a evitar se comportar de forma egoísta principalmente por causa da ameaça de punição se não obedecerem às regras morais de comportamento. É impossível punir robôs quando desaprovamos seu comportamento (Wallach & Allen 2009).

Em suma, semelhanças de comportamento entre robôs e humanos podem nos induzir a acreditar que os robôs têm pelo menos um pouco de responsabilidade moral. Na verdade, há numerosas diferenças importantes entre robôs e humanos. A existência dessas diferenças significa que seria muito imprudente atribuir responsabilidade moral a robôs e a outros sistemas de IA.

PODEMOS PRODUZIR AGENTES MORAIS?

Há um consenso de que até agora não se mostrou possível construir sistemas de IA que poderiam ser considerados agentes morais. O que pode ser feito no futuro para alcançar esse objetivo? Um ponto de partida é estabelecer um método para avaliar os padrões éticos dos sistemas de IA. Allen *et al.* (2000) propuseram a interessante ideia de desenvolver um teste moral de Turing. Como no teste padrão de Turing, interrogadores humanos conversam com humanos e sistemas de IA e tentam descobrir se uma conversa acontece com um humano ou um sistema de IA. Entretanto, a conversa se restringe a discussões sobre moralidade. Se o desempenho dos interrogadores humanos está no (ou próximo ao) desempenho casual, o sistema de IA é considerado um agente moral.

Há várias objeções ao teste moral de Turing. Por exemplo, os interrogadores podem ser capazes de distinguir entre sistemas de IA e humanos porque os primeiros expressam valores morais superiores (mais contrários a mentiras e trapaças) (Allen *et al.*, 2000). No entanto, os sistemas de IA não entendem a linguagem (veja o Capítulos 4 e 7). Assim, embora suas respostas possam indicar uma perspectiva moral, isso é meramente imitar a moralidade (Puri, 2020). Uma objeção final é que pode haver uma grande lacuna entre as opiniões que expressam e o comportamento. Por exemplo, os seres humanos que constantemente quebram regras morais podem, no entanto, alegar que seguem essas regras quando questionados sobre elas.

Uma forma preferível de avaliar o *status* moral da IA foi proposta por Arnold e Scheutz (2016). Eles argumentaram que precisamos considerar não apenas *qual* comportamento é produzido por um sistema de IA, mas também *por que* esse comportamento é produzido. Esse objetivo pode ser alcançado com uma verificação em que os processos subjacentes que determinam conjuntamente as respostas de um sistema de IA são identificados. Essa abordagem faz muito sentido. No entanto, é difícil implementar na prática. Como vimos, a maioria dos sistemas de IA (especialmente os baseados em redes neurais de aprendizado profundo) são tão complexos que é muito difícil descobrir ao certo por que eles se comportaram de uma determinada maneira.

Šabanović *et al.* (2014) focaram na questão de como poderíamos criar robôs que são agentes morais. Eles argumentaram que isso pode ser feito projetando-se robôs responsivos aos valores culturais predominantes em qualquer sociedade. No entanto, essa abordagem tem a desvantagem de não levar em conta grandes diferenças nos valores culturais.

Uma abordagem melhor seria projetar robôs adaptáveis para ajustar seu comportamento para torná-lo culturalmente apropriado dentro de qualquer sociedade.

Há controvérsias quanto à viabilidade de projetar sistemas de IA que sejam agentes morais. Uma das razões para pessimismo é que não há consenso sobre a maioria das questões morais e éticas (van Wynsberghe & Robbins, 2019). Mais importante, o desenvolvimento da moralidade em humanos envolve uma combinação complexa de cognição, emoção e motivação. No nível cognitivo, um agente moral de IA em pleno funcionamento precisaria ter a maioria das características da inteligência artificial geral. No entanto, até agora não se mostrou possível desenvolver um sistema de IA que tenha inteligência artificial geral (veja o Capítulo 4). Além disso, como discutido, os sistemas de IA também carecem das características emocionais e motivacionais relevantes associadas à moralidade.

7

E o vencedor é...

Neste livro, discutimos os pontos fortes e as limitações dos sistemas de IA (incluindo robôs) e humanos. Neste capítulo sinóptico, as principais questões são resumidas com o objetivo final de decidir quem venceu esse difícil concurso.

SISTEMAS DE IA: PONTOS FORTES

Os sistemas de IA são muito melhores do que os humanos no processamento rápido de informações (como a resolução de problemas matemáticos complexos). Eles também superam especialistas humanos em inúmeras tarefas complexas (xadrez, Go, pôquer, etc.).

No que diz respeito à relevância prática e à importância, os sistemas de IA podem diagnosticar muitas doenças a partir de imagens médicas com mais precisão do que especialistas médicos. Além disso, esses diagnósticos são muitas vezes feitos mais rapidamente pelos sistemas de IA. Por exemplo, uma empresa chamada Arterys descobriu que seu sistema de IA poderia diagnosticar problemas cardíacos a partir de imagens cardíacas de RM (ressonância magnética) em 15 segundos. Os especialistas humanos podem levar 30 minutos para fazer seu diagnóstico.

A velocidade é, muitas vezes, extremamente importante. Por exemplo, sistemas de IA recentes são muito bons em detectar objetos camuflados (Fan et al., 2020). Se usados em situações militares, eles provavelmente detectariam inimigos e tanques camuflados com mais rapidez do que os humanos.

Os sistemas de IA também têm a vantagem de aprender habilidades complexas em muito menos tempo do que os humanos. Em 2017, o AlphaZero (um sistema de IA muito sofisticado) alcançou desempenho sobre-humano em três jogos complexos (Go, xadrez e shogi: uma forma japonesa de xadrez) (veja o Capítulo 2). O AlphaZero atingiu esse nível de desempenho em pouco mais de um dia, embora reconhecidamente tenha conseguido conciliar mais de 20 milhões de jogos de treinamento de cada jogo nesse tempo. Leva anos para treinar um médico humano que faça diagnósticos precisos a partir de imagens médicas. Um hospital poderia comprar um sistema de IA que tivesse desempenho de diagnóstico correspondente ao desse médico.

Outra vantagem dos sistemas de IA é que seu nível de desempenho permanece alto mesmo quando trabalham 24 horas por dia. A fadiga e a perda de concentração prejudicariam o desempenho de peritos médicos depois de várias horas examinando imagens médicas.

Os sistemas de IA têm uma abordagem determinada quando confrontados com um problema. Ao contrário dos seres humanos, eles não são prejudicados pela emoção, pela motivação para aumentar sua autoestima ou pela necessidade de pertencimento dentro de grupos sociais. Em outras palavras, a capacidade de processamento da IA é dedicada exclusivamente ao processamento relevante de tarefas, enquanto os seres humanos muitas vezes buscam vários objetivos ao mesmo tempo.

A IA fez progressos consideráveis nas habilidades linguísticas, que são de relevância direta à inteligência. Vimos no Capítulo 2 que um sistema de IA (Watson, da IBM) venceu excelentes concorrentes humanos no concurso de perguntas e respostas *Jeopardy!* O sucesso nesse concurso aparentemente requer a compreensão das perguntas, e uma capacidade muito rápida de acessar conhecimentos relevantes. Os sistemas de IA também têm exibido um desempenho cada vez mais preciso em tarefas de reconhecimento de fala, em que suas taxas de erro se aproximam das de transcritores de especialistas humanos (veja o Capítulo 2).

Os modelos de IA também apresentaram excelente desempenho em testes de compreensão de textos (veja o Capítulo 2). Por exemplo, vários modelos de linguagem de IA, incluindo o Bert (Representação de codificador bidirecional de transformadores) e modelos relacionados ao Bert alcançaram níveis de desempenho acima do humano no teste de avaliação geral da compreensão da linguagem (Glue) (Yang *et al.*, 2019). Além disso, a IA na forma de tradução automática neural alcançou recentemente um desempenho de nível humano na tradução de textos de uma língua para outra (Fische & Läubli, 2020).

Outro trunfo geral da IA é um "efeito catraca": o desempenho da IA em quase todas as tarefas *melhorou* ao longo do tempo. Além disso, esse desempenho aprimorado pode ser disponibilizado com facilidade em todo o mundo. Por exemplo, qualquer pessoa com £100 disponíveis pode comprar um sistema de IA de xadrez capaz de vencer o campeão mundial humano.

Por fim, o progresso da IA na última década deve-se principalmente à rápida proliferação de redes neurais profundas. Essas redes produziram feitos excepcionais de aprendizagem não supervisionada (jogar jogos complexos como xadrez e Go melhor do que qualquer ser humano e realizar diagnósticos a partir de imagens médicas). Porém, essa aprendizagem normalmente é mal reproduzida em outras tarefas semelhantes. Os sistemas de computador podem armazenar enormes quantidades de informações relacionadas ao aprendizado de tarefas anteriores. Essas informações (que vão desde as altamente específicas até as muito gerais) podem ser usadas para acelerar a aprendizagem em tarefas subsequentes através da meta-aprendizagem. Vanschoren (2018) discutiu vários exemplos de sistemas de IA que exibem meta-aprendizagem substancial.

INTELIGÊNCIA ARTIFICIAL: LIMITAÇÕES

Nossa discussão sobre as limitações da IA se concentrará principalmente em áreas em que se acredita que a IA tenha feito o maior progresso.

O tema geral é que as conquistas da IA são muito mais restritas e mais facilmente sujeitas a interrupções do que geralmente se supõe.

LIMITAÇÕES: CLASSIFICAR IMAGENS

Redes neurais profundas que classificam *inputs* visuais alcançaram sucesso notável (diagnosticar com precisão doenças a partir de imagens médicas – veja o Capítulo 2). No entanto, muitos estudos não refletem a prática clínica real, porque não são fornecidas informações clínicas adicionais. Além disso, as imagens médicas usadas nos testes muitas vezes se sobrepõem muito às imagens de treinamento, o que exagera artificialmente a eficácia da IA. Por exemplo, Navarrete-Dechent *et al*. (2018) verificaram que um sistema de IA teve um bom desempenho no diagnóstico dermatológico quando testado em imagens de treinamento (mais de 80% de precisão), mas obteve apenas 29% de precisão em novas imagens.

Finlayson *et al*. (2019) se concentraram em pesquisas em que pequenas e imperceptíveis alterações foram feitas em imagens médicas (ataques contraditórios). Em um caso, redes neurais profundas classificaram corretamente a imagem original de um nevo como benigno com mais de 99% de certeza. No entanto, um ataque contraditório fez com que essas redes neurais tivessem 100% de certeza de que o nevo era maligno!

Redes neurais profundas também funcionam bem ao classificar ou categorizar imagens de objetos cotidianos (veja o Capítulo 2). Porém, seu desempenho de classificação pode ser facilmente prejudicado. Suponha que uma rede seja treinada para classificar pássaros com base em uma coleção de imagens de pássaros. Se a rede depois for treinada para reconhecer outras espécies de aves ou receber uma tarefa diferente (como reconhecimento de árvores), seu desempenho despenca (Kemker *et al*., 2018).

Hendrycks *et al*. (2021) descobriram que as redes neurais tinham 99% de certeza de que a imagem de uma corda era uma água-viva, uma pintura era um peixe-dourado, pão de alho era um cachorro-quente, e uma rodovia era uma represa (veja a Figura 7.1). Um sistema de IA busca a

| Corda | Água-viva (99%) | Pintura | Peixe-dourado (99%) |
| Rodovia | Represa (99%) | Pão de alho | Cachorro-quente (99%) |

Figura 7.1

Classificações incorretas de objetos com 99% de certeza por um sistema de IA.
Fonte: De Hendrycks *et al.* (2021).

por imagens impróprias no celular de indivíduos suspeitos de molestar crianças. Em 2017, a polícia metropolitana descobriu que, várias vezes, o sistema de IA identificou fotos de dunas de areia como pornográficas.

Um calcanhar de Aquiles das redes neurais profundas é que elas são frágeis. Por que são tão frágeis? Muitas vezes, quando se comparam os níveis de precisão de classificação alcançados por humanos e redes neurais, os resultados são enganosos. A classificação de imagens e a percepção visual geralmente envolvem dois tipos diferentes de processamento (os seres humanos usam ambos, mas as redes neurais baseiam-se principalmente no primeiro – Lamme, 2018).

1. O processamento *bottom-up*, ou *feedforward*, começa com elementos básicos de imagem (bordas e características, por exemplo). As formas são processadas e depois levam a representações de imagem cada vez mais detalhadas e elaboradas.
2. O processamento *bottom-up* é seguido pelo processamento *top-down*, ou recorrente, com base em nosso conhecimento de objetos e do mundo. Isso nos permite formar expectativas sobre um objeto visualizado e facilita sua identificação.

As redes neurais profundas costumam depender quase inteiramente do processamento *bottom-up* (ou orientado por dados – *data driven*). Por que isso é importante? Suponha que uma rede neural profunda seja treinada para classificar cães e gatos. Os cães são sempre mostrados olhando para a esquerda, e os gatos são sempre mostrados olhando para a direita. A rede seria muito propensa a erros se depois fosse testada em imagens de cães e gatos que não olhassem na mesma direção daquela que olhavam durante o treinamento. Portanto, parte do que as redes neurais profundas aprendem são informações *irrelevantes* (como a direção do olhar). Isso faz com que generalizem o aprendizado de modo equivocado para novas imagens. De forma mais geral, os sistemas de IA podem ser muito sensíveis às informações específicas fornecidas durante o treinamento.

O processamento de redes neurais profundas, ao classificar imagens, limita-se a características visuais simples. Por exemplo, uma rede neural profunda detectava rostos humanos. Apresentaram a ela uma imagem de Kim Kardashian com a boca e um dos olhos transpostos (veja a Figura 7.2) (Bourdakos, 2017). A rede neural profunda foi insensível ao arranjo de características faciais e, por isso, identificou com mais confiança que essa imagem grotesca era um rosto do que quando lhe apresentaram uma imagem comum de Kim Kardashian!

Os sistemas de IA não apreendem *conceitos*. Uma rede neural profunda consegue identificar cães, mas não faz ideia de por que os cães têm quatro pernas e duas orelhas e olhos, nem que sons um cachorro emite, nem que os cães gostam de ser levados para passear. A suscetibilidade das

pessoa	0,88		pessoa	0,90
cor laranja avermelhado	0,78		cor marrom claro	0,84
cor marrom claro	0,78		vedete	0,77
vedete	0,66		artista	0,77
artista	0,66		fêmea	0,65
fêmea	0,60		mulher	0,64
mulher	0,59		jovem (heroína)	0,64
jovem (heroína)	0,59		cor laranja avermelhado	0,64
			locutor	0,50

Figura 7.2

Uma rede neural profunda ficou 88% certa de que a imagem comum de Kim Kardashian era um rosto humano, mas 90% de que uma imagem distorcida era um rosto humano.

Fonte: Bourdakos (2017).

redes neurais profundas para classificar objetos de forma errada deve-se, em parte, a essa falta de informações contextuais ricas.

LIMITAÇÕES: ESPECIFICIDADE DA TAREFA

Confira a seguir algumas diferenças entre as tarefas que normalmente são executadas bem pelos sistemas de IA e aquelas que são mal executadas.

1. Os sistemas de IA costumam ser mais eficazes em tarefas com regras definidas (jogos como xadrez, Go e shogi, etc.) do que em tarefas sem regras definidas (como tarefas linguísticas e a maior parte da resolução de problemas do mundo real).

2. As respostas adequadas das redes neurais profundas estão associadas a reforço positivo ou recompensa. Isso funciona melhor quando é fácil determinar se o desempenho de uma rede está adequado (como jogos que têm um vencedor e um perdedor). Na vida real, o sucesso e o fracasso podem ser menos claros. Uma pintura moderna cara é uma grande obra de arte ou uma piada?
3. Quase todas as tarefas em que os sistemas de IA se destacam têm um escopo restrito (como diagnosticar uma doença específica a partir de imagens médicas). Os sistemas de IA normalmente têm desempenho pior do que crianças de seis anos em testes gerais de QI e um desempenho bastante ruim em tarefas perceptuais e motoras (veja o Capítulo 4).

LIMITAÇÕES LINGUÍSTICAS: QUESTÕES GERAIS

Suponha que um modelo de processamento de linguagem natural, um dia, atinja níveis de desempenho semelhantes aos dos humanos em inúmeras tarefas linguísticas. Alguns especialistas em IA afirmam que isso faria com que os sistemas de IA entendessem as línguas como os humanos, mas nós discordamos disso. Considere o argumento da Sala Chinesa de Searle (1980) (também discutido no Capítulo 4). Um falante de inglês que não sabe nada de chinês está trancado em uma sala que contém inúmeros símbolos chineses, além de um livro de instruções para manipular esses símbolos. Pessoas fora da sala enviam símbolos chineses em forma de perguntas. O homem envia símbolos chineses fornecendo respostas corretas, seguindo as instruções de um programa de computador.

De acordo com Searle (1980), o comportamento do homem sugere que ele entende chinês mesmo que não entenda, assim como os computadores podem responder a perguntas sem entender seu significado. Searle (2010) desenvolveu seu argumento distinguindo entre *simulação* e *duplicação*: uma simulação computacional de entendimento da língua não deve ser confundida com a duplicação do entendimento genuíno da língua.

Cole (2020) discordou de Searle questionando que, se atribuirmos a compreensão da língua a seres humanos com base em seu comportamento, não devemos fazer o mesmo quando programas de computador exibem comportamento ou *output* semelhantes? Um sinal convincente de que evidências comportamentais podem ser muito enganosas está nas realizações do cavalo Clever Hans (veja a Figura 7.3). Há mais de 100 anos, esse cavalo aparentemente conseguia responder a perguntas matemáticas batendo o casco o número correto de vezes ("Se o oitavo dia do mês vem em uma terça-feira, qual é a data da sexta-feira seguinte?"), quando seu proprietário, o professor Wilhelm von Osten, perguntava. Clever Hans também conseguia soletrar o nome do artista que havia produzido qualquer pintura (Samhita & Gross, 2013).

Quando o psicólogo Oskar Pfungst (1911) colocou uma tela entre o cavalo e von Osten, descobriu que Clever Hans usava os movimentos faciais sutis de von Osten como a deixa para parar de bater o casco. A mensagem principal é que a falta de compreensão da língua por Clever Hans foi revelada em seu mau desempenho quando a situação de teste mudou. Da mesma forma, um modelo de IA que tivesse

Figura 7.3

Clever Hans com seu dono, Wilhelm von Osten.

habilidades linguísticas semelhantes às humanas poderia se mostrar sem compreensão da língua se encontrássemos tarefas linguísticas em que seu desempenho fosse péssimo.

Descobertas análogas àquelas com Clever Hans foram relatadas em relação às habilidades linguísticas da IA. Apresentaram a Bert, um modelo de linguagem de IA muito eficiente, pares de frases, e ele decidia se a primeira frase levava à segunda (McCoy *et al.*, 2019). O desempenho de Bert foi quase perfeito em alguns pares de frases, mas próximo a 0% em outros. Bert estava usando a heurística de sobreposição léxica (regra de ouro). Essa heurística consiste em decidir que a primeira frase leva à segunda quando ambas as frases contêm as mesmas palavras. Essa estratégia não requer qualquer compreensão linguística.

Outras evidências de que a simples heurística que requer compreensão da língua pode produzir altos níveis de desempenho foram relatadas por Weissenborn *et al.* (2017). Eis uma pergunta como amostra:

> Quando ocorreu a atividade de construção na Igreja de St. Kazimierz?
>
> A atividade de construção ocorreu em inúmeros palácios nobres e igrejas [...]. Uns dos melhores exemplos [...] são o Palácio Krasinski (1677-1683), o Palácio Wilanow (1677- 1696) e a Igreja de São Kazimierz (1688-1692).

Weissenborn *et al.* (2017) argumentaram que altos níveis de desempenho nessa tarefa poderiam ser alcançados usando uma regra de ouro ou heurística simples: selecionar uma resposta que corresponda ao tipo de resposta exigido (um tempo indicado por "quando") e esteja perto de palavras-chave na pergunta ("Igreja de São Kazimierz"). A resposta correta, "1688-1692", é produzida com o uso dessa heurística. Um modelo de IA usando essa heurística alcançou um alto nível de desempenho na ausência de compreensão da língua.

Podemos desenvolver as ideias acima identificando, a seguir, os cinco tipos de informações relevantes para a compreensão da língua (Bisk *et al.*, 2020a):

1. *Corpus*: as palavras que encontramos. Uma parte importante do nosso entendimento de qualquer palavra vem das probabilidades de que outras palavras coocorram com ela: "Conhecemos uma palavra pelas palavras que fazem companhia a ela" (Firth, 1957).
2. *Internet*: uma quantidade fenomenal de informações é acessível pela internet. Muitos modelos de linguagem de IA dependem de rastreamentos na *web* muito extensos.
3. *Percepção*: experiências visuais, auditivas e táteis enriquecem nossa compreensão linguística. Nossa compreensão de pessoas, objetos e atividades é incompleta se não tivermos experiência perceptiva direta deles. Por exemplo, um rastreamento na *web* de artigos sobre pintura nos deixaria com uma compreensão empobrecida do que uma pintura realmente é (Bisk *et al.*, 2020b).
4. *Personificação e ação:* a compreensão completa da língua envolve traduzir a língua em ação. Considere a seguinte pergunta: "Uma laranja é mais como uma bola de beisebol ou mais como uma banana?" (Bisk *et al.*, 2020a, p. 5). Focar apenas em recursos visuais resultaria na resposta, "uma bola de beisebol". No entanto, focar na ação também introduz fatores adicionais: uma laranja se assemelha mais a uma bola de beisebol do que a uma banana, pois ambas oferecem manipulações semelhantes, enquanto ela se assemelha a uma banana mais do que a uma bola de beisebol em relação a poder ser descascada.

Os modelos de linguagem de IA não estão fundamentados em experiência e ação. Essa limitação foi explorada por Boratko *et al.* (2020). Inicialmente, eles fizeram perguntas fáceis para as pessoas responderem com base em suas experiências passadas ("Nomeie algo que as pessoas geralmente fazem antes de sair de casa para trabalhar"). As listas classificadas de respostas para cada pergunta produzida por humanos e por modelos de IA diferiram muito nesse teste baseado em experiência.

A maioria dos modelos de linguagem de IA é limitada, porque depende principalmente de informações na internet e negligencia a relação entre linguagem e ação e a natureza social da linguagem. Por exemplo, os *chatbots* às vezes parecem estar conversando de uma forma quase humana. Porém, eles não conseguem lidar com conversas que requerem mais do que informações da internet. Como mencionado no Capítulo 4, Sir Roger Penrose desafiou um *chatbot* dizendo a ele: "Acredito que já nos encontramos antes".

TRANSFORMADOR GERATIVO PRÉ-TREINADO 3 (GPT-3): INTELIGÊNCIA ARTIFICIAL GERAL

A maioria das pessoas tem habilidades linguísticas impressionantes, mas a maioria dos modelos de linguagem de IA se concentra em apenas uma habilidade linguística. A exceção mais notável é o Transformador Gerativo Pré-treinado 3 (GPT-3) (Brown *et al.*, 2020), que recebeu treinamento geral maciço, mas treinamento específico mínimo para qualquer tarefa.

O GPT-3 foi testado em inúmeras tarefas linguísticas, incluindo aquelas que requerem geração de texto, tradução, resposta a perguntas, raciocínio e compreensão. Seu desempenho foi razoavelmente bom nessas tarefas (especialmente na geração de textos) (Brown *et al.*, 2020). Ele pode escrever seus próprios programas de computador depois de receber algumas instruções úteis.

O GPT-3 é, sem dúvida, o modelo de linguagem mais poderoso e versátil já criado. Ele tem inúmeras aplicações potenciais, incluindo melhorar o desempenho de *chatbots* (Siri e Alexa) e fornecer traduções de textos razoavelmente precisas (e muito rápidas) de um idioma para outro. Contudo, ele não tem compreensão linguística. Por exemplo, ao tentar decidir se uma determinada palavra tem o mesmo significado em duas frases diferentes, o desempenho do GPT-3 estava no nível de probabilidade.

Por que o GPT-3 não tem compreensão linguística? Ele é um modelo gerativo. Uma parte importante de seu treinamento envolvia o uso de textos em que as frases têm uma palavra faltando. O GPT-3 foi treinado para prever as probabilidades de várias palavras que poderiam completar a frase a partir do contexto. Ele é muito bom nesse tipo de tarefa. No entanto, completar bem a sentença é muito diferente da linguagem.

O GPT-3 muitas vezes produz absurdos. Marcus e Davis (2020) registraram as respostas do GPT-3 quando pistas são apresentadas. A pista "raciocínio mecânico" produziu esta resposta:

> Você vai dar um pequeno jantar na sala de estar. A mesa da sala de jantar é mais larga do que a porta. Então, para colocá-la na sala de estar, terá que remover a porta. Como tem uma serra de mesa, você corta a porta ao meio e remove a metade superior.

Não peça ao GPT-3 para ajudá-lo a trocar móveis de lugar! Há várias confusões no texto acima: (i) faz mais sentido virar a mesa de lado; (ii) se precisasse remover uma porta, você a tiraria de suas dobradiças; e (iii) uma "serra de mesa" é na verdade uma serra embutida em uma mesa de trabalho. Como Marcus e Davis (2020, p. 4) concluíram: "O que ele faz é algo como um ato maciço de corte e colagem, costurando variações no texto que viu, em vez de se aprofundar nos conceitos que fundamentam esses textos... Aprende correlações entre palavras, e nada mais... É só um monte de besteiras".

O processamento linguístico do GPT-3 é muito ineficiente. Considere as informações de linguagem que o GPT-3 recebeu durante o treinamento inicial. Um *bit* é um dígito binário (0 ou 1), 8 bits formam um byte, e um megabyte consiste em cerca de 1 milhão de bytes. O GPT-3 foi treinado em 570 bilhões de megabytes de informação (equivalente a 57 bilhões de palavras). Em comparação, o ser humano médio provavelmente processa meio bilhão de palavras durante sua vida. Mesmo se dobrarmos esse número, o GPT-3 foi treinado em 57 bilhões de vezes o número de palavras processadas por qualquer humano!

Em suma, como Heaven (2020) apontou, "o novo gerador de linguagem da OpenAI, o GPT-3, é incrivelmente bom – e completamente irracional". Como podemos explicar esse aparente paradoxo? O que é "incrivelmente bom" no GPT-3 é que ele realiza inúmeras tarefas linguísticas com proficiência razoável e grande velocidade. Assim, seu desempenho, ou "comportamento", muitas vezes parece inteligente. No entanto, é "completamente irracional" porque os processos subjacentes a esse desempenho não dependem de inteligência ou compreensão. Como Rini (2020) apontou: "Quando o GPT-3 fala, trata-se de apenas nós falando, uma análise refratada dos caminhos semânticos mais parecidos trilhados pela expressão humana. Quando você envia um texto de consulta para o GPT-3, você não está se comunicando com uma alma digital única, mas está chegando mais perto do que qualquer um de falar com o Zeitgeist (espírito de uma época)." Assim, o texto produzido pelo GPT-3 é apenas uma reflexão distorcida ou um eco do pensamento humano anterior, em vez de um produto de deliberação ponderada.

CONCLUSÕES

Como os modelos de linguagem de IA melhoraram progressivamente, a maioria das tarefas de linguagem pode ser executada por modelos de IA de forma muito mais precisa e/ou mais rápida. No entanto, essas melhorias refletem principalmente aumentos contínuos na capacidade de armazenamento de energia e memória dos modelos de IA em vez de progresso na compreensão da linguagem. Por exemplo, o GPT-3 é bom em "sintetizar textos encontrados em outros lugares da internet, tornando-o uma espécie de álbum de recortes, vasto e eclético, criado a partir de milhões de trechos, que depois ele cola de maneiras estranhas e incríveis" (Heaven, 2020).

A maioria dos sistemas de IA executa de forma moderadamente eficaz certas tarefas linguísticas específicas. Contudo, seriam necessárias tarefas mais gerais e complexas para avaliar com mais precisão as disparidades entre as habilidades linguísticas dos sistemas de IA e as dos humanos. Por exemplo, poderíamos pedir a um sistema de IA para assistir a um vídeo do YouTube para depois responder perguntas (Marcus, 2020). Até agora, os sistemas de IA não chegam nem perto de ter sucesso nesse teste.

LIMITAÇÕES: CONSCIÊNCIA

No Capítulo 3, distinguimos consciência básica (percepção do ambiente) e metaconsciência (saber que se está tendo uma experiência consciente). Os humanos possuem ambos os tipos de consciência.

Os sistemas de IA têm consciência? McDermott (2007) descobriu que 50% dos pesquisadores seniores em IA acreditavam que a IA, em algum momento, alcançaria a consciência básica. David Chalmers, um dos principais especialistas, disse em 2020: "Estou aberto à ideia... de que o GPT-3, com 175 bilhões de parâmetros, é consciente". É tentador (mas pode ser muito enganoso) argumentar que os sistemas de IA são conscientes quando seu comportamento se assemelha ao comportamento humano. No entanto, a maioria das pessoas nega que a IA tenha presença de consciência.

Começamos expandindo nossa distinção entre consciência básica e metaconsciência com base nos três níveis de consciência identificados por Dehaene *et al.* (2006).

1. Ausência de consciência (nível 0): várias vertentes de processamento independentes ocorrem ao mesmo tempo de forma cega.

2. Acesso consciente (nível 1): os resultados provenientes do processamento no nível 0 são integrados e coordenados, o que leva à consciência básica de um único tipo de informação (percepção visual do ambiente).
3. Automonitoramento (nível 2): trata-se da metaconsciência com que os indivíduos monitoram e refletem sobre seus próprios estados e experiências mentais. Isso proporciona uma consciência de si e uma compreensão do pensamento dos outros (teoria da mente). Também envolve conhecimento metacognitivo: crenças e conhecimentos sobre nossos próprios processos cognitivos e provável nível de desempenho.

Discutiremos duas teorias importantes da consciência básica. Depois disso, vamos refletir se os sistemas de IA possuem consciência básica. A suposição crucial da teoria da informação integrada de Tononi (Tononi *et al.*, 2016) é que a consciência envolve o processamento integrado de informações. O apoio a essa teoria vem de estudos que avaliam a atividade cerebral quando se apresenta a alguém uma imagem visual (Eysenck & Keane, 2020). Inicialmente, várias áreas cerebrais pequenas são ativadas de forma independente: cada área está associada a uma forma particular de processamento (cor, forma e movimento). Depois disso, há um enorme aumento na atividade cerebral integrada ou sincronizada em grandes áreas cerebrais associadas à consciência do objeto apresentado.

King *et al.* (2013) apoiaram a teoria da informação integrada. Eles se concentraram em quatro grupos: (i) pacientes em estado vegetativo (com ausência de consciência), (ii) pacientes em estado minimamente consciente, (iii) pacientes conscientes com danos cerebrais e (iv) participantes saudáveis. Houve aumentos substanciais na atividade cerebral integrada (especialmente integração de longa distância) à medida que passamos do grupo (i) para o grupo (iv) (veja a Figura 7.4).

Dentro da teoria da informação integrada de Tononi, a informação integrada é definida como "a quantidade de informações geradas por um

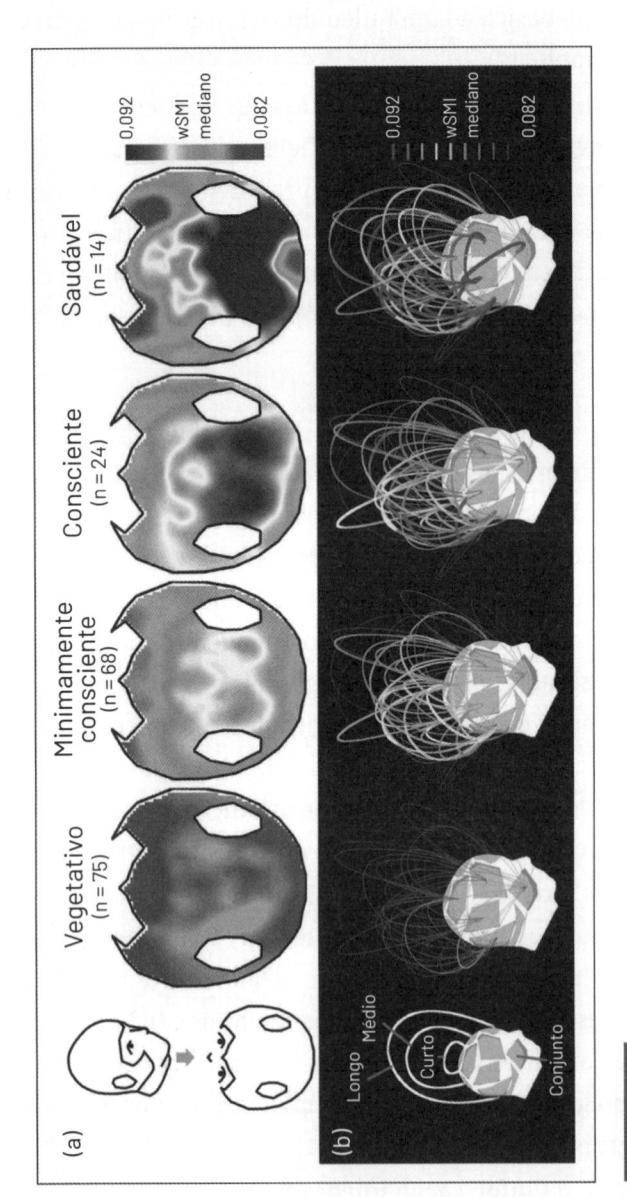

Figura 7.4

(a) Integração através do cérebro (azul = baixa integração; vermelho/marrom = alta integração; (b) integração através de distâncias curtas, médias e longas dentro do cérebro. (Para ver esta imagem colorida, acesse loja.grupoa.com.br, encontre a página do livro por meio do campo de busca e clique em Material Complementar.)

Fonte: De King et al. (2013).

complexo de elementos, acima e além das informações geradas por suas partes" (Tononi, 2008, p. 216). Assim, a experiência consciente é muito rica e informativa, porque depende da ativação integrada dentro de grandes redes cerebrais. Se a consciência é necessária para a tomada de decisões de vida ou morte e para o controle do ambiente, faz sentido que nossa experiência consciente consista em informações integradas relevantes à situação atual.

A teoria das informações integradas oferece uma medida quantificável de informações integradas: φ (a letra grega *phi*). Tononi e Massimini criaram o *zap-and-zip*, ou medida do índice de complexidade perturbacional de φ (discutida por Koch, 2018). Um pulso intenso de energia magnética aplicada ao crânio produz uma corrente elétrica em neurônios cerebrais (o *zap*). O eletroencefalograma (EEG) registra os sinais elétricos em todo o cérebro, produzindo uma imagem detalhada do que está acontecendo. Os dados são, então, compactados analogamente aos arquivos *zip* do computador.

Massimini *et al.* (2005) descobriram que o índice de complexidade perturbacional estava entre 0,31 e 0,70 em todos os indivíduos saudáveis quando acordados, mas abaixo de 0,31 quando profundamente adormecidos ou anestesiados. Outras pesquisas descobriram que 95% dos pacientes minimamente conscientes foram identificados de forma correta como conscientes usando o índice de complexidade perturbacional (Koch, 2018).

A teoria da informação integrada é importante, mas ela sugere erroneamente que a integração é necessária e suficiente para a consciência. Evidências contra essa informação foram discutidas por Brogaard *et al.* (2020). Em um estudo, os observadores tiveram excelente percepção consciente de traços singulares, mas consciência muito limitada da informação integrada contida em conjuntos de características. Em suma, há uma estreita associação entre informação integrada e consciência, mas a informação integrada não é necessária nem suficiente para que a consciência exista.

A segunda grande teoria, proposta por Lamme (2018), harmoniza-se com a abordagem de Tononi. Como discutido antes, o processamento de imagens visuais envolve processamento *bottom-up*, processamento de *feedforward* e/ou processamento *top-down* recorrente. A suposição teórica crucial de Lamme é que a consciência básica dos estímulos externos requer processamento recorrente. A experiência visual consciente é coerente, mesmo quando as informações visuais disponíveis são ambíguas por causa do processamento recorrente. A maioria das pesquisas apoia essa teoria. No entanto, certa experiência consciente baseada apenas no processamento de *feedforward* é encontrada em tarefas visuais muito fáceis (a imagem é de um animal ou de algo que não é um animal?).

Segundo essas duas teorias, os sistemas de IA possuem consciência? De acordo com a teoria de Lamme (2018), a maioria das redes neurais profundas da classificação de imagens usa apenas processamento de *feedforward* e, portanto, não tem consciência. Tononi e Koch (2015) argumentaram que a dependência dos modelos de IA do processamento de *feedforward* significa que eles não têm processamento integrado e, portanto, φ (a medida da informação integrada) é zero.

Há duas outras razões para associar fortemente o processamento *top-down* ou recorrente com a consciência. O comportamento direcionado a metas depende de processos *top-down* e é muito facilitado pela consciência básica do ambiente atual (Pennartz, 2018). Além disso, a atenção seletiva é um importante processo *top-down* ligado à consciência básica (Webb & Graziano, 2015), principalmente por garantir que os aspectos mais relevantes do ambiente atual sejam processados.

Em suma, a maioria das evidências disponíveis sugerem que os sistemas de IA não têm consciência de nível 1, ou básica. Contudo, há duas ressalvas. É difícil avaliar φ em modelos de IA (Cerullo, 2015) e estão começando a aparecer modelos de IA que incorporam algum processamento recorrente (Ricci *et al.*, 2021).

Sem surpresa, os sistemas de IA também não têm consciência de nível 2, ou metaconsciência. Eis alguns dos principais processos cognitivos associados à consciência de nível 2, mas ausentes em sistemas de IA.

1. Os sistemas de IA não têm o conhecimento metacognitivo associado à consciência de nível 2.
2. Em humanos, a consciência de nível 2, é usada para identificar estratégias relevantes a tarefas. Ela é, então, usada para monitorar o sucesso (ou não) dessas estratégias durante o desempenho da tarefa e para decidir se devem ser feitas alterações nessas estratégias. Nenhum desses processos está presente nos sistemas de IA.
3. Um dos aspectos mais impressionantes da consciência de nível 2 é a teoria da mente (nossa capacidade de entender que outros indivíduos têm crenças, intenções e emoções diferentes das nossas). A teoria da mente nos permite adaptar o que dizemos (e como dizemos) ao ter uma conversa. Os sistemas de IA não possuem essa habilidade, como veremos mais à frente.

CONCLUSÕES

Na ausência de processamento consciente, as respostas produzidas pelos sistemas de IA normalmente dependem de processos automatizados e inflexíveis. Já a consciência de nível 2 em humanos permite considerar diferentes opções em termos de seleção de metas, estratégias de tarefas e tomada de decisão. Como tal, ela é de importância central para a flexibilidade, que caracteriza muito o pensamento e o comportamento humanos e é uma pedra angular da nossa inteligência.

ANTROPORMORFISMO

"Antropomorfismo" é "a atribuição de sentimentos, estados mentais e características comportamentais distintamente humanas a objetos inanimados, animais e aos fenômenos naturais e entidades sobrenaturais"

(Salles *et al.*, 2020, p. 89). Existem vários tipos de antropomorfismo. De maior relevância é o "antropomorfismo cognitivo" (Mueller, 2020), a suposição de que o processamento cognitivo nos sistemas de IA se assemelha ao dos humanos. Há também o antropomorfismo emocional, suposição de que os sistemas de IA podem responder às emoções do mesmo modo que os humanos. O antropomorfismo pode nos levar a interpretar mal o desempenho da IA em tarefas cognitivas (veja a Figura 7.5).

Há inúmeros exemplos de antropomorfismo em IA. Mesmo Alan Turing (1948, p. 412) admitiu que jogar xadrez contra um sistema de IA dá "uma sensação definitiva de que se está colocando a nossa inteligência contra algo vivo". Como Watson, 2019, p. 417) apontou: "Falamos de máquinas que pensam, aprendem e inferem. O nome do ramo do conhecimento em si – inteligência artificial – praticamente nos desafia a comparar nossos modos humanos de raciocínio ao comportamento dos algoritmos".

Ao escrever sobre classificação visual de imagens (Capítulo 2 e no início deste capítulo), tivemos que ter cuidado para não descrever o que a IA estava fazendo como "reconhecimento de objetos". Esse termo implica não apenas classificar um objeto corretamente, mas também entender

Figura 7.5

O antropomorfismo é mais comum ao explicar o comportamento de robôs humanoides como o retratado do que de robôs não humanoides.

para que ele é usado. O que os sistemas de IA estão realmente fazendo é associar padrões complexos de *pixels* com nomes de objetos, uma conquista muito menos impressionante.

Outros exemplos de antropomorfismo são numerosos na pesquisa linguística. Dizemos que os modelos linguísticos de IA *entendem* e *compreendem*, embora sejam treinados principalmente na forma ou estrutura da linguagem e, portanto, não conseguem entender ou compreender (Bender & Koller, 2020).

Por que os humanos são tão suscetíveis ao antropomorfismo? Epley *et al.* (2007) identificaram três fatores. Em primeiro lugar, a maioria dos seres humanos é motivada a entender e explicar o comportamento de outros agentes (incluindo sistemas de IA). A ansiedade sobre ser incapaz de prever o comportamento de um agente pode nos levar à antropomorfização.

Em segundo lugar, podemos rapidamente fornecer explicações antropomórficas do comportamento (especialmente comportamento semelhante ao humano) de agentes não humanos. Ao explicar tal comportamento, contamos com informações acessíveis, principalmente consistindo em autoconhecimento (por que eu me comportaria assim) e conhecimento de outros seres humanos (por que outras pessoas se comportariam assim). No caso dos robôs, a maior parte do nosso conhecimento e entendimento vem de fontes da mídia (como filmes), em que os robôs costumam ser representados com características e motivações semelhantes às dos humanos (Bartneck, 2013).

Suponha que você quisesse fornecer explicações não antropomórficas sobre o comportamento dos agentes de IA. Você provavelmente acharia muito difícil pensar em tais explicações. Assim, o antropomorfismo é uma resposta "automática" a qualquer comportamento semelhante ao humano (Caporael & Heyes, 1997).

Em terceiro lugar, o antropomorfismo, muitas vezes, surge devido ao desejo humano de conexão social com os outros. Como discutido no Capítulo 6, os laços sociais com robôs são mais prováveis quando eles olham e se comportam de maneira humana.

O antropomorfismo importa por duas razões. Ele é um viés cognitivo, porque não reflete a realidade. Além disso, leva a uma *superestimação* das conquistas da IA. Por exemplo, a comparabilidade do desempenho na classificação de imagens de humanos e da IA levou muitos especialistas em IA a concluir que o processamento da IA se assemelha ao processamento humano (veja o Capítulo 2 e anteriormente neste capítulo). Foi uma surpresa desagradável quando se descobriu que pequenas mudanças em uma imagem visual poderiam prejudicar drasticamente a classificação de imagens das redes neurais profundas (Szegedy *et al.*, 2014). Outra surpresa desagradável foi que a classificação de imagens por redes neurais profundas foi muito ruim quando testada em imagens não usadas no treinamento (Navarrete-Dechent *et al.*, 2018). Esses achados foram surpreendentes, porque mostraram, sem dúvida, que o processamento da IA difere muito do processamento humano.

Pesquisadores sobre habilidades linguísticas em redes neurais profundas também exageraram as conquistas da IA. O antropomorfismo desempenhou um papel significativo neste caso. Redes neurais profundas têm se mostrado mais eficientes em muitas tarefas linguísticas, como reconhecimento de fala, compreensão de textos, tradução e realização de conversas. Esses sucessos têm levado inúmeros pesquisadores a superestimar a semelhança entre o processamento da linguagem em redes neurais e em humanos.

Os sistemas de IA aos quais são feitas perguntas de conhecimento geral normalmente têm um desempenho bom se as perguntas forem muito específicas e se for vantajoso acessar a resposta com rapidez. Esses pontos fortes explicam por que um sistema de IA chamado Watson venceu os campeões humanos no programa televisivo de conhecimentos gerais *Jeopardy!* (veja o Capítulo 2). Watson respondeu rápido e com precisão porque suas informações armazenadas quase sempre tinham uma resposta muito próxima à pergunta.

Milhões de pessoas ficaram admiradas com o desempenho de Watson por causa da tendência ao antropomorfismo. A maioria dos humanos acha perguntas muito específicas mais difíceis do que as mais gerais e, muitas vezes, levam alguns segundos para encontrar as respostas. Como resultado, ficaram indevidamente impressionados com o desempenho de Watson.

Acabamos de fazer três pesquisas no Google sobre redes neurais profundas. A pergunta "Em que ano nasceu Alastair Cook?" produziu a resposta correta em 0,86 segundos, e a pergunta "Quem foi o capitão de críquete da Inglaterra em 1984?" produziu a resposta em 0,93 segundos. A terceira consulta, "Quem foi o capitão de críquete da Inglaterra no ano em que Alastair Cook nasceu?", produziu 985 mil resultados em 0,82 segundos. Nenhuma respondeu diretamente à pergunta. Elas indicaram quando Alastair Cook nasceu (1984) ou listaram os capitães de críquete da Inglaterra com os anos relevantes, mas não ambos.

Os resultados acima ilustram os perigos do antropomorfismo. Humanos que soubessem quando Alastair Cook nasceu e quem era o capitão de críquete da Inglaterra naquele ano ligariam rapidamente esses dois fatos. As redes neurais profundas têm 200 milhões de páginas de informações armazenadas, mas acessam informações de forma muito compartimentalizada.

Muitas pesquisas mostram que as redes neurais profundas têm excelentes habilidades de compreensão (veja o Capítulo 2). No entanto, suas conquistas foram supervalorizadas, porque supunha-se que seu desempenho de compreensão envolvia processos semelhantes aos humanos. Essa suposição foi destruída por evidências de que redes neurais profundas estavam usando heurísticas, ou regras de ouro simples que não exigiam compreensão (McCoy *et al.*, 2019; Weissenborn *et al.*, 2017; discutido antes).

O Dicionário de Cambridge define "entender" como "saber por que ou como algo acontece ou funciona". Com base nessa definição, a IA não demonstra entendimento. Maetschke *et al.* (2021) identificaram as quatro capacidades relevantes a seguir para o entendimento.

1. Representação do conhecimento composicional (o componente de um objeto, bem como o objeto em si são representados).

2. Combinação de informações de diferentes modalidades (visão e audição, por exemplo) para formar uma representação estruturada do conhecimento.
3. Integração do conhecimento simbólico (informação abstrata, como na linguagem) e conhecimento não simbólico (informação concreta).
4. Raciocínio simbólico com informações incertas (informações incompletas, mudanças mundiais).

Maetschke *et al.* (2021) avaliaram 28 modelos de IA projetados para processar imagens visuais ou linguagem. Em média, cada modelo demonstrou cerca de uma das capacidades acima. Portanto, estamos muito longe de desenvolver modelos de IA que possuam pleno entendimento.

APRENDIZADO PROFUNDO

O aprendizado profundo mostrou-se muito eficiente, mas, a maioria dos especialistas em IA se surpreendeu com essa eficiência, porque não se devia a nenhuma inovação. O aprendizado profundo é um grande feito de engenharia, mas não tem nenhuma base teórica sólida. Sobretudo, não se sabe por que ele funciona tão bem (Plebe & Grasso, 2019). Além disso, as redes neurais profundas carecem de entendimento e compreensão mesmo em tarefas em que seu nível de desempenho é alto.

Você pode ter se surpreendido com a gigantesca quantidade de dados e o enorme período de treinamento necessário para que redes neurais profundas tenham um excelente desempenho. Como Marcus (2018, p. 5) apontou: "Em um mundo com dados infinitos e recursos computacionais infinitos, pode haver pouca necessidade de qualquer outra técnica". No mundo real, no entanto, nem dados nem recursos computacionais são infinitos. Apesar dos sucessos das redes neurais profundas, isso envolve uma "abordagem de força bruta" (Marcus, p. 6).

Redes neurais profundas se assemelham às interconexões de neurônios dentro do cérebro humano, sugerindo que tais redes podem um dia coincidir com as habilidades cognitivas humanas. Porém, a semelhança é apenas superficial, pois a complexidade do cérebro humano é muito maior do que a de qualquer rede neural.

Em suma, os sucessos do aprendizado profundo cegaram muitas pessoas para suas inúmeras limitações, muitas das quais podem ser intrínsecas a toda a abordagem. Imagine que o objetivo de certa pessoa seja alcançar a Lua. Ela começa escalando árvores baixas e, em seguida, passa a escalar árvores mais altas ou uma escada alta (veja a Figura 7.6). O fato de estar cada vez mais perto da lua a convence de que sua estratégia é a certa. Pode-se argumentar (embora injustamente), que os pesquisadores de IA que estão confiantes de que as redes neurais profundas demonstram cada vez mais a inteligência em nível humano se assemelham ao escalador de árvores ou escadas.

Figura 7.6

Um homem (de forma otimista) em pé em uma escada alta, a fim de tocar a lua.

CONCLUSÕES GERAIS

Booch *et al.* (2020, p. 1) concluíram o seguinte: "A IA de última geração ainda carece de muitas capacidades que seriam naturalmente incluídas em uma noção de inteligência – por exemplo, se compararmos essas tecnologias de IA com o que os seres humanos são capazes de fazer, como generalização, robustez, explicabilidade, análise causal, abstração, raciocínio do senso comum, raciocínio ético, bem como uma integração complexa e perfeita de aprendizagem e raciocínio apoiada por conhecimento implícito e explícito."

Adicionaríamos várias outras capacidades a essa lista. A IA carece de consciência básica, metaconsciência, entendimento e compreensão. A maioria dos sistemas de IA também carece de atenção seletiva. Como apontou Tsimenidis (2020, p. 6), "Sua atenção é uniforme. Cada elemento de suas contribuições, cada *pixel* de uma imagem, cada palavra de uma frase carrega o mesmo peso". Isso significa que os sistemas de IA raramente conseguem diferenciar informações mais e menos importantes. Por fim, todos os sistemas de IA carecem de inteligência geral (veja o Capítulo 4).

Em suma, a IA não tem habilidades humanas fundamentais relacionadas à atenção, ao planejamento, à consciência, à memória, à linguagem e assim por diante. A maioria dos sistemas de IA são inflexíveis e frágeis (e carecem de entendimento e julgamento), porque não possuem essas habilidades. Essas deficiências explicam por que até agora se mostrou impossível produzir inteligência artificial geral (Capítulo 4).

HUMANOS: PONTOS FORTES

Os processos e estruturas subjacentes à excelência da cognição humana foram discutidos no Capítulo 3. Temos pronto acesso ao conhecimento armazenado na memória semântica e às experiências passadas na memória episódica, e a memória episódica também facilita nossa imaginação do futuro.

Nosso comando da linguagem facilita o acesso a informações armazenadas e, de forma mais geral, ao conhecimento cultural acumulado. Os processos que operam em todas essas fontes de informação incluem a memória de trabalho, ou operacional (com seus processos executivos relacionados ao controle da atenção), a metaconsciência e a metacognição.

Por que as habilidades acima produzem níveis tão altos de pensamento e inteligência? Em primeiro lugar, o fato de essas habilidades combinarem e interagirem é de fundamental importância. Sua interdependência explica por que o pensamento humano é muito mais flexível e adaptável do que o desempenho dos sistemas de IA. Também explica por que os humanos possuem inteligência geral avaliada por medidas como g e QI.

Em segundo lugar, ao contrário de outras espécies, nosso processamento cognitivo não se limita ao aqui e agora, mas também pode se concentrar no pensamento abstrato e em situações hipotéticas distantes das realidades ambientais concretas. Por exemplo, a memória episódica nos permite imaginar possibilidades futuras, e a linguagem fornece um meio apropriado para o pensamento abstrato. Além disso, a metaconsciência e a metacognição nos permitem planejar e engajar na tomada de decisões com base na avaliação dos resultados do nosso processamento inicial de uma situação.

POR QUE NOSSA ESPÉCIE FLORESCEU?

Nossa espécie (*Homo sapiens*) tornou-se cada vez mais dominante durante a história evolutiva, enquanto outras espécies semelhantes aos humanos (Neandertais, *Homo erectus*) foram extintas. Uma das principais razões é que o *Homo sapiens* era mais resistente e flexível (Roberts & Stewart, 2019). Nossa espécie (ao contrário de outras espécies semelhantes ao homem) colonizou a maioria dos continentes do mundo a partir de cerca de 200 mil a 100 mil anos atrás. A capacidade de nossa espécie de lidar com ambientes extremos (regiões de grande altitude, desertos e regiões árticas) indica que fomos "generalistas", ou seja, capazes de nos adaptar a uma enorme gama de condições ambientais.

Os fatores culturais são importantes. A teoria da herança dupla (Henrich & Muthukrishna, 2021; veja o Capítulo 3) fornece uma explicação plausível (talvez um tanto especulativa) de como a inteligência humana se beneficiou muito de fatores culturais. O aumento da complexidade cultural dentro das sociedades humanas aumenta sua eficácia. Esses indivíduos mais capazes de adquirir conhecimento cultural complexo eram mais propensos a se reproduzir do que os indivíduos menos inteligentes. Assim, a interação entre cultura e evolução proporcionou um impulso dinâmico para o aumento da inteligência humana.

Outra razão pela qual a espécie humana floresceu é que os seres humanos são criaturas sociais organizadas em grupos e em sociedade. Isso nos dá uma enorme vantagem sobre outras espécies (e os sistemas de IA). Imagine sua vida sem a ajuda (direta ou indireta) de inúmeras outras pessoas. Você teria de aprender a construir um lugar para morar (e depois conseguir aquecimento e iluminação), cuidar de sua própria saúde sem assistência médica e aprender habilidades sem recorrer a professores.

O estabelecimento de sociedades também nos permite transcender muitas limitações humanas. Por exemplo, muitas espécies podem se mover muito mais rapidamente do que nós, mas superamos essa limitação usando várias formas de transporte. Da mesma forma, está se aproximando o tempo em que dependeremos cada vez mais de sistemas de IA para superar limitações em nossa velocidade de pensamento e precisão. Isso é um sucesso extraordinário. Os humanos projetaram esses sistemas de IA e, portanto, merecem o crédito.

CRIANÇAS

Demonstramos a superioridade do pensamento humano adulto e do processamento de informações em comparação com os sistemas de IA. Mas seria mais impressionante se descobríssemos que até crianças pequenas superam os sistemas de IA. Evidências disso foram discutidas no Capítulo 4. Em um estudo (Liu *et al.*, 2019), estimou-se que crianças de seis anos têm maior inteligência geral do que os sistemas de IA.

Aqui vamos nos concentrar em saber se as crianças pequenas apresentam metaconsciência, que está associada à aprendizagem ativa. Uma manifestação importante da aprendizagem ativa é a curiosidade: crianças pequenas, às vezes (mas nem sempre!), têm consciência de sua ignorância, o que as motiva a explorar o desconhecido. Um exemplo comum é o interesse que a maioria das crianças demonstra por *smartphones* e a velocidade com que aprendem como esses telefones funcionam.

A maioria das crianças apresenta evidências claras da teoria da mente (capacidade de entender o que os outros estão pensando) pelos quatro ou cinco anos de idade (Apperley & Butterfilld, 2009; veja o Capítulo 3), e aspectos da teoria da mente estão presentes por volta do segundo ano de vida (Onishi & Baillargeon, 2005). Esses achados são relevantes, porque a teoria da mente está relacionada aos processos metacognitivos e à metaconsciência (Bartsch & Estes, 1996).

Gopnik *et al.* (2017) pediram a algumas pessoas para fazerem um dispositivo se acender. Inicialmente, ele acendeu-se quando um objeto específico foi inserido nele. Depois disso, só se acendeu quando uma combinação de objetos foi inserida. Crianças de quatro anos aprenderam a combinação apropriada de objetos mais rapidamente do que os adultos. Portanto, o pensamento delas às vezes pode ser muito flexível e eficaz.

Existem inúmeros outros exemplos de pensamento e processamento de informações surpreendentemente sofisticados por crianças pequenas, refletindo a flexibilidade de pensamento associado à metaconsciência (Gopnik *et al.*, 2017). Como Alison Gopnik argumentou: "Os maiores e mais poderosos computadores (não são) páreo para os menores e mais fracos humanos".

HUMANOS: LIMITAÇÕES

Inúmeras limitações humanas foram identificadas (veja o Capítulo 5). Contudo, muitas estão associadas a vantagens e, portanto, é discutível categorizá-las como "limitações". Mesmo assim, a inteligência e o pensamento humanos têm algumas (talvez numerosas) limitações genuínas. Essas limitações devem ser vistas à luz de nossa história evolutiva.

HISTÓRIA EVOLUTIVA

A evolução é maravilhosa. Porém, está longe de ser perfeita do ponto de vista de nossos corpos. Por exemplo, milhões de pessoas sofrem de dor nas costas, nossa visão noturna é ruim, nossos quadris e joelhos podem se desgastar, e temos muitos "genes-lixo". A evolução também nos deu mentes imperfeitas. Como Richerson e Boyd (2005, p. 135) afirmaram: "Todos os animais estão sob muita pressão da seleção para serem tão estúpidos quanto puderem". Mais precisamente, "A seleção natural escolhe a melhor das alternativas disponíveis. O animal que resulta não é o *design* mais perfeito concebível, mas o produto de uma sequência histórica de mudanças, e cada uma delas representou a melhor das alternativas" (Darwin, 1871, p. 46).

Precisamos encontrar um equilíbrio aqui. Marcus (2008) enfatizou a noção de uma "kluge", que ele definiu como "uma solução desajeitada ou deselegante, mas eficaz para um problema" (p. 2). Ele argumentou que a mente humana é uma "kluge" forjada pelos processos rudes, mas bons o suficiente, da evolução. Em outras palavras, a mente é uma mistura paradoxal do deselegante e do eficaz.

Em suma, a evolução equipou os humanos para lidar bem com um conjunto diversificado de circunstâncias ambientais. A desvantagem é que a maioria de nós é generalista e não especialista. Como diz o ditado: "Pau para toda obra, mestre de ninguém". O ditado original, porém, continua, "mas muitas vezes melhor do que o mestre de alguém". Ou seja, ser generalista pode ser menos desvantajoso do que se presume.

RELAÇÃO CUSTO-BENEFÍCIO ENTRE PRECISÃO E VELOCIDADE: AVARENTOS COGNITIVOS

Uma das características mais óbvias (mas importantes) do processamento cognitivo humano é a relação custo-benefício entre precisão e velocidade: normalmente há uma relação inversa entre precisão e velocidade. Embora possa parecer desejável para nós lutarmos pela precisão em detrimento da velocidade, a natureza frenética de nossas vidas significa que isso pode não ser viável. Uma grande limitação humana é que muitas vezes não adotamos a relação custo-benefício ideal entre precisão e velocidade em qualquer situação.

Inúmeros teóricos (Kahneman, 2011) propuseram teorias de dois processos para explicar o pensamento humano, a resolução de problemas, a tomada de decisões e o raciocínio. Os seres humanos têm processos intuitivos do tipo 1 (uso de heurística, ou regras de ouro), que são rápidos e relativamente simples, e processos reflexivos do tipo 2, que são lentos e deliberados. Os processos do tipo 2 são mais propensos do que os processos do tipo 1 a produzir respostas corretas aos problemas, mas requerem mais tempo e esforço.

Somos avarentos em relação à cognição, evitando despender esforço cognitivo, a menos que seja essencial (Fiske & Taylor, 1991). Como resultado, podemos responder com rapidez (mas às vezes de forma incorreta) a problemas usando processos do tipo 1, sem verificar nossas respostas usando processos do tipo 2. Muitos vieses cognitivos, discutidos no Capítulo 5, ocorrem devido ao uso excessivo de processos do tipo 1.

A descrição acima é simplificada demais. Frederick (2005) projetou o Teste de Reflexão Cognitiva, que envolve um conflito entre os processos do tipo 1 e do tipo 2 (ver abaixo). Como você responderia estas perguntas?

Teste de Reflexão Cognitiva

1. Um bastão e uma bola custam US$ 1,10 no total. O bastão custa US$ 1 a mais do que a bola. Quanto custa a bola? _____ centavos
2. Se cinco máquinas levam cinco minutos para fazer cinco dispositivos, quanto tempo levariam 100 máquinas para fazer 100 dispositivos? _____ minutos.
3. Em um lago, há uma área coberta de ninfeias. Todos os dias, a área dobra de tamanho. Se leva 48 dias para a área cobrir todo o lago, quanto tempo levaria para ela cobrir metade do lago? _____ dias.

As respostas corretas são 5 centavos (problema 1), cinco minutos (problema 2) e 47 dias (problema 3). Não se preocupe se você não acertar tudo – apenas cerca de 25% dos indivíduos altamente inteligentes respondem a todos os itens corretamente. A maioria das respostas incorretas (10 centavos, 100 minutos e 24 dias) são respostas *intuitivas* produzidas usando processos do tipo 1.

A sabedoria contemporânea prevê ser fácil persuadir as pessoas a usarem processos do tipo 2 e, assim, melhorar seu desempenho no Teste de Reflexão Cognitiva. Essa previsão está errada. Dar grandes incentivos financeiros para um desempenho preciso não tem efeito no desempenho (Branas-Garza et al., 2019). Dar *feedback*, dizendo que a resposta está errada, faz com que as pessoas passem mais tempo pensando, mas não melhora o seu desempenho (Janssen et al., 2020). Por que isso acontece? A primeira resposta em que pensamos geralmente está associada a um forte sentimento de acerto (Ackerman & Thompson, 2017), e isso nos dissuade de considerar seriamente outras respostas.

PRIORIZAÇÃO ENTRE MÚLTIPLAS METAS

Os humanos costumam ter diversas metas ao mesmo tempo (veja o Capítulo 5). Por exemplo, quando executamos uma tarefa, é provável que uma das metas seja alcançar um alto nível de desempenho na tarefa. Outras metas podem incluir satisfazer nossas necessidades de pertencimento ou identidade social e de autoengrandecimento ou autoestima. Infelizmente, nossa estratégia de priorização entre essas várias metas às vezes está muito aquém do ideal. Vamos nos concentrar em um exemplo comum de risco de vida.

Ao dirigir um carro, pode ser perigoso ou fatal não priorizar o objetivo de dirigir com segurança. Mesmo assim, milhões de motoristas conversam em seus celulares enquanto dirigem (veja a Figura 7.7). As evidências são claras: motoristas que usam um celular são mais propensos a se envolver em um acidente de carro (Nurullah, 2015). Cerca de 1,6 milhão de acidentes de carro em todo o mundo a cada ano são causados pelo uso de telefones celulares, e 400 mil pessoas ficam feridas nesses acidentes. Nos Estados Unidos, um em cada quatro acidentes de carro é causado pelo uso do telefone celular.

Usar o celular ao dirigir é perigoso por vários motivos. Os motoristas costumam se concentrar excessivamente na estrada à frente, prestar

Figura 7.7

Motorista usando telefone celular.

menos atenção a potenciais perigos e reagir de forma lenta e inadequada a situações perigosas (Strayer & Fisher, 2016).

Por que os motoristas usam celulares apesar da publicidade maciça sobre os perigos envolvidos? A resposta é simples: eles acham que conseguem dirigir com segurança usando o celular, enquanto a maioria das outras pessoas não consegue (Sanbonmatsu *et al.*, 2016).

CONSEQUÊNCIAS FATAIS

Indiscutivelmente, muitos vieses cognitivos discutidos no Capítulo 5 são triviais: foram descobertos em condições artificiais de laboratório, e nenhuma consequência grave decorre do fato de os possuir. Aqui consideramos o pensamento tendencioso (e inadequado) associado a consequências que podem ser fatais.

TABAGISMO

Sabe-se, há décadas, que o tabagismo causa inúmeras doenças graves e fatais (bronquite, enfisema, câncer de pulmão, outros cânceres, doenças cardíacas coronarianas, etc.). Indivíduos que fumam perdem muitos anos de vida. Por exemplo, um estudo japonês em larga escala descobriu que fumantes do sexo feminino perderam 10 anos de vida, e fumantes do sexo masculino, oito anos (Sakata *et al.*, 2012).

A estratégia ideal é evitar completamente o tabagismo. Aqueles que começaram a fumar precisam se conscientizar sobre a redução na expectativa de vida causada pelo tabagismo, tendo motivação para parar de fumar. Na verdade, a maioria dos fumantes nega que as evidências científicas sejam de grande relevância para eles, o que é uma forma de excepcionalismo. Eles minimizam seu comportamento de fumar de várias maneiras, como dizer que fumar com moderação (como eles fazem) não é prejudicial; que eles têm hábitos saudáveis para compensar quaisquer riscos de fumar (como fazer exercício físico); que fumar não é mais arriscado do que tomar café ou uma taça de vinho, etc. (Heikkinen *et al.*, 2010).

Até agora só contamos parte da história. A mente humana (auxiliada por adesivos de nicotina) provou ser poderosa o suficiente para permitir que muitos milhões de indivíduos parem de fumar. No Reino Unido, por exemplo, apenas 14% dos adultos fumam. Em 1974, eram 45%. No entanto, ainda há cerca de 1 bilhão de fumantes em todo o mundo.

OBESIDADE

A obesidade é um grande problema e está crescendo a cada ano. Normalmente, ela é definida pela relação entre o peso e a altura de um indivíduo, conforme avaliado pelo índice de massa corporal (IMC): quilogramas/metros^2. IMC de 30 ou mais indica obesidade, de 25 a 30 indica excesso de peso e de 18,5 a 25 indica um peso saudável. O IMC é uma medida razoável, mas imperfeita. Por exemplo, os jogadores profissionais de futebol têm um IMC relativamente alto, porque construíram camadas de músculo.

Usando a definição acima, estima-se que 700 milhões de indivíduos em todo o mundo sejam obesos (três vezes o número de 35 anos atrás). Mantendo-se a tendência atual, mais de 50% da população adulta inglesa será obesa antes de 2050.

A obesidade aumenta a probabilidade de muitas doenças graves, incluindo doenças cardíacas, diabetes tipo 2, derrame e vários tipos de câncer. Também reduz a expectativa de vida. Esse é o caso, em sua maioria, de indivíduos com obesidade mórbida (que costumam ter IMC acima de 40; veja a Figura 7.8). Lung et al. (2019) descobriram que a obesidade reduziu a expectativa de vida de mulheres obesas em 6,1 anos e de homens obesos em 8,3 anos. A obesidade grave reduziu ainda mais a expectativa de vida: 7,8 anos para as mulheres e 10,4 anos para os homens. A obesidade extrema (IMC entre 55 e 60) reduz a expectativa de vida em 13,7 anos (Kitahara et al., 2014).

É de conhecimento geral que a obesidade tem consequências potencialmente graves para a saúde. Também é bem conhecido que é

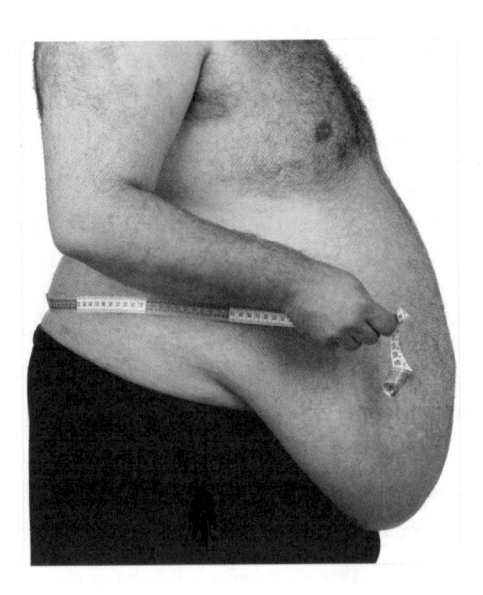

Figura 7.8

Indivíduo com obesidade mórbida.

extremamente difícil perder peso e depois mantê-lo. Por exemplo, Fildes *et al.* (2015) descobriram que mulheres obesas tinham apenas uma em 124 chances de retornar a um peso saudável dentro de 12 meses, e homens obesos tinham uma a cada 210 chances.

O ideal seria que os humanos fossem projetados para se alimentarem de forma saudável e nunca se tornarem obesos. Se, por azar, eles se tornassem, então deveriam ter determinação e força de vontade para seguir uma dieta eficaz a longo prazo. O ponto de partida óbvio seria que esses indivíduos aceitassem que são obesos e que a obesidade os faz correr risco de vida. Mas não é isso que normalmente acontece. Ogunleye *et al.* (2019) descobriram que 87% dos alunos obesos na escola *não* se consideravam obesos, acreditando estarem apenas com um pouco de sobrepeso. Apenas 22% das mulheres obesas se consideram obesas: 6% achavam que estavam com um peso saudável (Truesdale & Stevens, 2008). Entre os homens obesos, apenas 7% achavam que eram obesos, e 20% achavam que seu peso era saudável e normal.

MATEMÁTICA

Um fato bizarro entre os britânicos é como muitos se orgulham de sua incapacidade matemática. Eles costumam dizer brincando "Sou incompetente em matemática"). No entanto, a incapacidade matemática e seus vieses cognitivos associados podem ter graves consequências. Pode-se escrever um livro inteiro sobre esse tema (e algumas pessoas já fizeram isso). Aqui nos concentraremos em um desses vieses devido ao seu impacto negativo generalizado nas finanças e no bem-estar dos indivíduos e das sociedades.

VIÉS DO CRESCIMENTO EXPONENCIAL

Confira a seguir um problema matemático usado por Wagenaar e Sagaria (1975).

O índice de poluição muda da seguinte forma:

Ano 1: 3
Ano 2: 7
Ano 3: 20
Ano 4: 55
Ano 5: 148

Qual será o índice de poluição no ano 10?

A resposta correta é 25 mil. No entanto, dois terços das pessoas deram uma resposta abaixo de 10% da resposta correta. O problema gira em torno do crescimento exponencial: isso significa que uma quantidade (índice de poluição) aumenta a uma taxa proporcional ao seu tamanho atual. Assim, a taxa em que uma quantidade cresce aumenta com o tempo. A maioria das pessoas fica muito surpresa com a rapidez do crescimento exponencial. Esse é o viés do crescimento exponencial descoberto por Wagenaar e Sagaria (1975).

Muitas vezes, as pessoas confundem o crescimento exponencial com crescimento linear, em que uma quantidade aumenta a uma taxa

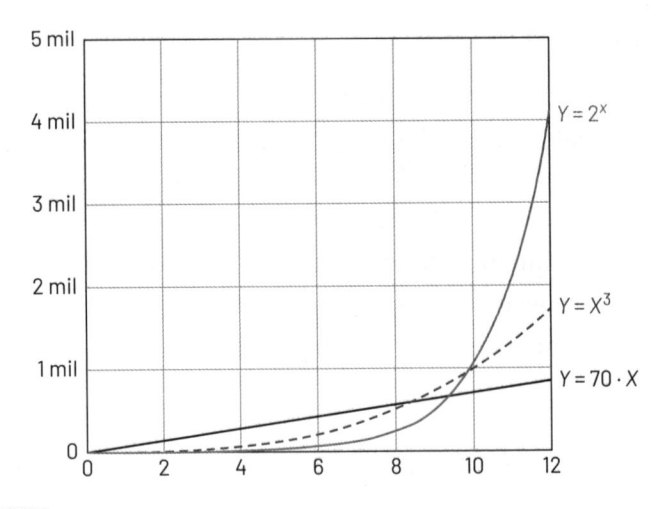

Figura 7.9

Diferenças ao longo do tempo entre crescimento exponencial (linha contínua em cinza) e crescimento linear (linha preta). Também é mostrado o crescimento cúbico (linha tracejada).
Fonte: De Zamir e Teichman, 2021).

constante e imutável ao longo do tempo (Zamir & Teichman, 2021). As diferenças gigantes entre o crescimento linear e o exponencial ao longo do tempo são mostradas na Figura 7.9.

O viés do crescimento exponencial impacta nossas vidas de várias maneiras importantes (Zamir & Teichman, 2021). Considere os números de novos casos de covid-19 no Reino Unido durante março e início de abril de 2020:

1º de março:	22
5 de março:	50
9 de março:	147
13 de março:	479
17 de março:	769
21 de março:	1.195
25 de março:	2.690

29 de março: 2.856
2 de abril: 4.862

Se você estiver contaminado por esse viés (e é provável que a maioria dos principais políticos britânicos estejam), os números durante a maior parte de março não parecem muito ameaçadores. Isso provavelmente ajuda a explicar por que o governo só exigiu *lockdown* total em 23 de março de 2020, quando o número de novos casos era de 2.326. No entanto, o perigo do crescimento exponencial teria sido evidente para um matemático provavelmente em 13 de março. Se tivesse sido instituído um *lockdown* em 13 de março, quando o número de novos casos era de apenas 20% do número 10 dias depois, milhares de vidas teriam sido salvas.

O atraso do *lockdown* no Reino Unido, sem dúvida, também dependeu de outros fatores (como a singularidade da situação e os efeitos negativos de um *lockdown* para os negócios). Porém, o governo cometeu o mesmo erro quando confrontado pelo crescimento exponencial dos casos de covid-19 no início do outono de 2020. O Sage (Scientific Advisory Group for Emergencies – Grupo Consultivo Científico para Emergências, em português) aconselhou veementemente iniciar um *lockdown* no final de setembro, mas o governo só instituiu um no início de novembro, quando o número de novos casos tinha quadruplicado.

A maioria dos americanos apresentou viés do crescimento exponencial, subestimando o rápido aumento nos casos de covid-19 durante março de 2020 (Lammers *et al.*, 2020). Instruí-los a evitar esse viés aumentou seu apoio ao distanciamento social e a um *lockdown*. Ou seja, a percepção equivocada dos perigos da doença aumentou a relutância dos americanos em observar o distanciamento social.

A lenta resposta dos governos britânico e americano provavelmente custou muito caro. O mesmo acontece com as mudanças climáticas. A maioria das pessoas acredita que as mudanças climáticas estão ocorrendo de forma lenta. Na verdade, é provável que o crescimento dos processos de destruição do clima seja exponencial (Zamir & Teichman, 2021). A suscetibilidade dos governos ao viés do crescimento exponencial significa que os custos de lidar com as mudanças climáticas serão muito maiores do que teriam sido de outra forma.

A maioria das pessoas usa crédito para comprar bens no momento em que querem, reembolsando o dinheiro emprestado ao longo do tempo. Esses reembolsos envolvem juros compostos (juros são cobrados sobre juros). Uma taxa de juros de 3% ao mês sugere uma taxa de juros anual de 36%. Na verdade, ela é de 43% usando juros compostos, o que demonstra crescimento exponencial.

O viés do crescimento exponencial explica parcialmente por que milhões de pessoas lutam para cumprir seus pagamentos de juros em empréstimos (Zamir & Teichman, 2021). Suponha que você deva pagar um empréstimo de R$ 60 mil após dois anos com 3% de juros mensais compostos. A maioria das pessoas diria que o reembolso necessário seria de cerca de R$ 108 mil. Na verdade, são quase R$ 174 mil.

O crescimento exponencial pode ser bom. Os trabalhadores que começam a economizar cedo se beneficiam do crescimento exponencial de suas economias e devem conseguir uma boa aposentadoria. Porém, os trabalhadores sujeitos ao viés do crescimento exponencial subestimam o valor futuro de suas economias e economizam menos para o futuro (Stango & Zinman, 2009).

CONCLUSÕES

Os seres humanos têm muitas limitações, algumas das quais (como dificuldades em parar de fumar e obesidade) podem reduzir a expectativa de vida. O viés do crescimento exponencial pode arruinar as finanças dos indivíduos, tentando-os a pedir emprestado mais do que podem pagar e a fazer provisões insuficientes para sua aposentadoria. O mesmo viés também pode custar muito caro para a sociedade em geral, levando os governos a subestimar os perigos associados a ameaças, como a covid-19 e as mudanças climáticas.

Essas limitações podem ser entendidas no que diz respeito à história evolutiva. Nossos ancestrais não tinham que decidir se fumavam. Eles não tinham que se preocupar com a obesidade – para eles, um problema crucial era ter acesso a comida suficiente para sobreviver, não evitar comer demais. Além disso, eles não comiam alimentos de alta caloria e ricos em açúcar, dos quais a maioria de nós tanto gosta. Em seu mundo de caçadores-coletores, não havia vantagem evolutiva em ter uma compreensão sofisticada de matemática.

Em suma, a mensagem fundamental é que a lentidão da mudança evolutiva impediu que os humanos se adaptassem às mudanças muito rápidas nas sociedades humanas nos últimos milhares de anos. A natureza rústica, mas suficiente, da maioria das mudanças evolutivas combinadas com sua lentidão nos condena a lidar de forma não ideal com muitos dos desafios e ameaças que enfrentamos.

E O VENCEDOR É...

Se compararmos o cérebro humano com supercomputadores, parece não haver dúvidas. O cérebro humano ocupa apenas cerca de 1,2 mil centímetros cúbicos, pesa apenas 1,8 quilos e representa apenas 2% do nosso peso corporal. Em comparação, considere o supercomputador Summit da IBM (o computador mais poderoso do mundo em 2018). Ele ocupa 520 metros quadrados de espaço no chão e pesa 310 toneladas. O cérebro humano corresponde a menos de 1/230 mil do peso do Summit!!!

O Summit usa 13 megawatts de energia (13 mil quilowatts de eletricidade por hora), tornando necessário bombear 18.184 litros de água através de todo o seu sistema para evitar superaquecimento. Por outro lado, o cérebro humano usa modestos 20 watts de energia por hora, quase o suficiente para alimentar uma lâmpada muito fraca. De maior relevância aqui, o cérebro humano consome aproximadamente 1/650 da energia do Summit.

Por fim, consideramos o *poder* relativo dos supercomputadores e do cérebro humano. Muitas pessoas podem imaginar que os supercomputadores são muito mais poderosos que o cérebro humano. Por exemplo, o Summit pode realizar 200 mil trilhões de cálculos por segundo (200 petaFLOPS ou 10^{15} FLOPS) (FLOP é o número de operações de ponto flutuante por segundo: um ponto flutuante corresponde à expansão decimal de um número). Esse número parece impressionante, mesmo que não entendamos o que ele significa. Em 2020, o Summit foi superado pelo Fugaku japonês, que alcançou 442 petaFLOPS por segundo (veja a Figura 2.1, no Capítulo 2). Como o cérebro não funciona em valores de pontos flutuantes, podemos apenas especular uma comparação entre o poder de processamento de supercomputadores e o de cérebros humanos baseado em FLOPS. Outra questão é que a capacidade de processamento humano depende da tarefa precisa em que estamos envolvidos. Por exemplo, normalmente, processamos enormes quantidades de informações com muita rapidez na percepção visual. No entanto, temos memória de curto prazo limitada (e o conteúdo da consciência é limitado) e, por isso, temos dificuldades com tarefas como, por exemplo, multiplicar dois números de 19 dígitos (uma velocidade de processamento estimada de menos de 0,01 FLOPS por segundo; veja o Capítulo 3).

Se quisermos comparar o cérebro humano com supercomputadores, é mais frutífero considerar a história de Davi e Golias. Golias tinha três metros de altura, usava uma armadura de bronze e estava equipado com uma lança de bronze. Davi era um humilde jovem pastor sem armadura, que parecia insignificante comparado a Golias, mas mostrou engenhosidade usando sua funda para disparar uma pedra que atingiu Golias na testa e o matou.

Golias (como supercomputadores) tinha uma enorme força bruta e, sem dúvida, teria triunfado em um combate corpo a corpo. No entanto, Davi (como o cérebro humano) tinha uma flexibilidade de processamento muito maior e, assim, ganhou a batalha. A relevância dessa história é que a identidade do vencedor em qualquer comparação entre cérebro e IA depende do campo de batalha (literal ou metafórico).

O cérebro humano geralmente opera de forma muito mais eficiente do que os supercomputadores. Ele pode realizar muitos cálculos complexos usando 300 ou 400 transmissões de neurônios, que podem exigir que um computador passe por milhões de etapas. Tegmark (2018) identificou atividades "envolvendo pessoas, imprevisibilidade e criatividade" como aquelas que a maioria dos humanos faz bem e nas quais o poder de processamento dos supercomputadores é irrelevante. De maneira mais geral, o poder dos sistemas de IA é ineficaz quando as tarefas exigem processamento flexível e a capacidade de generalizar o aprendizado entre situações.

Em suma, temos uma situação expressa por David Richerby (postada em 2014): "Por um lado, você precisa de um computador enorme para simular o cérebro humano. Por outro lado, você precisa de um grande número de cérebros humanos para simular um computador *desktop*." Assim, os pontos fortes (e as limitações) dos computadores e dos cérebros humanos são muito diferentes. No entanto, o cérebro humano vence facilmente em eficiência: seu desempenho geral é muito superior ao dos supercomputadores, embora pese o equivalente a apenas 1/230 mil de um supercomputador.

RACIONALIDADE LIMITADA

Quão impressionantes são o pensamento e a inteligência humana? É indiscutível que nossos processos cognitivos estão aquém do ideal (veja o Capítulo 5). Por exemplo, não temos a racionalidade perfeita associada ao *homo economicus*: "um agente hipotético que tem informações completas sobre as opções disponíveis para escolha, previsão perfeita das consequências de escolher essas opções e os meios para resolver um problema de otimização (de considerável complexidade) que identifica uma opção que maximiza a utilidade pessoal do agente" (Wheeler, 2018, p. 2).

Simon propôs uma avaliação muito mais realista da racionalidade humana baseada na "racionalidade limitada" (veja o Capítulo 5). De acordo com Simon (1990, p. 7), "o comportamento racional humano tem a forma de uma tesoura cujas lâminas são a estrutura dos ambientes de tarefas e as capacidades computacionais do ator". Assim, nosso pensamento, está muitas vezes, abaixo do ideal, por causa de nossa capacidade limitada de processamento, nosso conhecimento incompleto, problemas em antecipar consequências futuras e repertório comportamental limitado.

A noção de racionalidade limitada é valiosa, mas às vezes usada de forma vaga, sem especificar as limitações cognitivas subjacentes e como essas limitações restringem o desempenho cognitivo. Lieder e Griffiths (2020) propuseram uma abordagem de racionalidade de recursos baseada na teoria de Simon. De acordo com essa abordagem, precisamos avaliar as limitações do processamento humano e as principais características ambientais e encontrar algoritmos que forneçam a relação custo-benefício ideal entre o uso de recursos e a precisão de desempenho. Esses algoritmos podem ser comparados com o desempenho humano real.

Algum apoio à racionalidade de recursos foi dado por van den Berg e Ma (2018) em um estudo sobre memória de curto prazo para itens apresentados visualmente. Os participantes alocaram seus recursos de processamento de forma flexível para produzir um equilíbrio quase ideal entre maximizar o desempenho e minimizar o uso de recursos.

Os humanos geralmente buscam dois ou mais objetivos de forma simultânea, e nosso desempenho em tarefas complexas pode envolver fatores emocionais e cognitivos. Isso complica a tarefa de decidir se os otimistas ou os pessimistas fornecem um relato mais preciso do pensamento humano. Considere este exemplo extremo. Soldados estavam em um avião militar. Um motor parou, e eles foram informados de que o avião logo cairia no oceano (Berkun *et al.*, 1962). Eles realizaram um complexo procedimento de emergência nessas condições muito estressantes. Sem surpresa, seu desempenho foi prejudicado em comparação com indivíduos que realizaram a mesma forma de procedimento em condições neutras.

Poderíamos considerar que os achados acima indicam a natureza aquém do ideal do pensamento humano em um ambiente estressante. No entanto, é preferível argumentar que é perfeitamente racional que os indivíduos se concentrem em uma ameaça imediata à sua sobrevivência, não nas questões complexas colocadas sobre uma forma de procedimento.

Em suma, o pensamento e a cognição humana são caracterizados, em certa medida, pela racionalidade limitada e pela racionalidade dos recursos. Porém, tem se mostrado muito difícil avaliar a extensão exata. Um problema é que as tarefas variam muito nos processos cognitivos necessários e, muitas vezes, é difícil identificar esses processos. Além disso, avaliar a idealidade do uso de recursos requer um conhecimento detalhado do ambiente, mas esse conhecimento raramente está disponível (Ma & Woodford, 2020).

SUBESTIMANDO OS PONTOS FORTES DA IA: ANTROPOCENTRISMO E ANTROPOFABULAÇÃO

Buckner (2013) discutiu os vieses envolvidos quando os humanos se comparam a outras espécies ou a sistemas de IA. O viés mais estudado é o antropomorfismo (atribuir características semelhantes ao humano a espécies ou objetos não humanos). Outro viés é o antropocentrismo – a visão de que as habilidades cognitivas humanas formam o padrão-ouro contra o qual devem ser comparadas as conquistas cognitivas de outras espécies (e sistemas de IA).

O antropocentrismo levou muitos especialistas a desvalorizar os sucessos das redes neurais profundas, alegando que esses sucessos dependem de processamento insuficientemente humano. Isso pode levar a:

> mudanças constantes nas regras do jogo. Toda vez que um sistema artificial satisfaz um padrão previamente especificado, o crítico pode endossar uma interpretação ainda mais restritiva de real ou

genuína (inteligência) e empurrar a fronteira para cada vez mais perto dos limites mais altos do desempenho humano
(Buckner, 2020, p. 11).

Há dois grandes problemas com o antropocentrismo. Em primeiro lugar, não temos uma definição precisa de inteligência humana e, portanto, o padrão-ouro fornecido pelas realizações humanas é vago. Em segundo lugar, o antropomorfismo exclui a possibilidade de que a IA tenha uma inteligência muito diferente, não humana. Entretanto, tem se mostrado muito difícil definir a essência de tal inteligência.

Considere o famoso teste de Turing (discutido nos Capítulos 2 e 4). Um sistema de IA e um ser humano mantêm uma conversa através de mensagens digitadas, e o sistema de IA passa no teste se os juízes humanos não conseguirem diferenciar sua produção linguística da produção linguística de um humano. Esse teste envolve antropocentrismo, porque os sistemas de IA são avaliados por sua capacidade de revelar habilidades linguísticas e inteligência em nível humano (Proudfoot, 2011).

Turing (1950) sabia que seu teste era limitado: "Será que as máquinas não podem realizar algo que poderia ser descrito como pensamento, mas que é muito diferente do que um homem faz?" (p. 435). Por exemplo, se solicitarmos que um um sistema de IA some 34.957 e 70.764, ele pode produzir a resposta certa com rapidez, mas precisaria atrasar a resposta por alguns segundos para imitar a inteligência humana!

Turing (1950) também argumentou que seu teste era tendencioso contra a IA. Se um humano tentasse imitar um sistema de IA, ele teria um desempenho muito ruim devido à sua lentidão e imprecisão quando lhe fossem apresentados problemas aritméticos.

Os pesquisadores são acusados de antropocentrismo quando se concentram de forma seletiva em tarefas e/ou medições que apresentam uma vantagem humana incorporada. Esse foco seletivo pode nos levar a subestimar habilidades de processamento de sistemas de IA. Começamos com descobertas sobre tarefas de classificação de imagens. As redes neurais profundas têm um ótimo desempenho em tais tarefas. No entanto, seu desempenho é muito ruim quando pequenas mudanças irrelevantes são feitas nas imagens. Esses achados poderiam demonstrar as limitações dessas redes (Heaven, 2019).

Considere tais descobertas da perspectiva de redes neurais profundas treinadas para usar quaisquer características preditivas de imagens a fim de classificá-las com precisão. Algumas dessas características são absurdas ou imperceptíveis aos humanos. No entanto, os seres humanos criam as categorias usadas em tarefas de classificação de imagens e, portanto, o que é aprendido por redes neurais profundas é apropriado, dada a sua falta de conhecimento relevante sobre essas categorias. Da mesma forma, os humanos decidem que as alterações de imagem subsequentes devem ser rotuladas como "exemplos contraditórios", não sendo surpresa que redes neurais profundas tenham um desempenho ruim nessas circunstâncias (Ilyas *et al.*, 2019).

Em um estudo (Utrera *et al.*, 2020), os exemplos contraditórios foram (ou não foram) apresentados durante o treinamento inicial sobre uma tarefa de classificação de imagens. O desempenho subsequente em diferentes conjuntos de imagens foi muito melhor quando exemplos contraditórios haviam sido usados durante o treinamento, indicando que exemplos contraditórios às vezes podem melhorar o desempenho da IA.

O antropocentrismo leva a um descrédito das conquistas da IA maior do que já foi discutido até agora. A ênfase na maioria das pesquisas comparando humanos e IA tem sido na precisão, e não na velocidade. Isso pode ser desvantajoso para sistemas de IA, que frequentemente alcançam altos níveis de desempenho com muito mais rapidez do que os humanos. Por exemplo, os sistemas de IA são inferiores aos humanos no que diz respeito à precisão de desempenho na maioria das tarefas linguísticas (veja o Capítulo 4). Contudo, os sistemas de IA geralmente superam os humanos em relação à velocidade de processamento da linguagem. Exemplos incluem traduzir entre idiomas e responder perguntas de conhecimentos gerais (como no *quiz show Jeopardy!*; veja o Capítulo 2).

No mundo real, há muitas situações em que a velocidade é essencial (como detectar rostos inimigos em uma guerra, acelerar o jogo de xadrez, diagnosticar um paciente gravemente doente, decidir se alguém está carregando uma arma, etc.). Em tais situações, os sistemas de IA podem ser superiores aos humanos.

ANTROPOFABULAÇÃO

Quando o antropocentrismo é combinado a uma avaliação exagerada das habilidades cognitivas humanas, temos o que Buckner (2013) chamou de "antropofabulação". Buckner (2020) discutiu vários exemplos de antropofabulação, e vamos considerar alguns deles.

Uma vantagem reivindicada pelos humanos sobre redes neurais profundas é que nossa classificação de imagens (ao contrário da de redes neurais profundas) normalmente não é afetada por exemplos contraditórios. Entretanto, poderíamos, do mesmo modo, afirmar que tais achados indicam que a sensibilidade perceptiva humana é menor do que a das redes neurais, porque não respondemos às minúsculas mudanças de imagens contidas nos exemplos contraditórios (Buckner, 2020).

O processamento visual humano normalmente envolve processamento *bottom-up*, ou de *feedforward*, e processamento *top-down*, ou recorrente, enquanto as redes neurais profundas dependem principalmente do processamento *bottom-up*. A maioria das pesquisas comparando os efeitos de exemplos contraditórios em humanos e em redes neurais envolveu tarefas em que os humanos podem usar os processamentos ascendente e recorrente. Os humanos podem ter uma vantagem injusta nessas tarefas. Suponha que tenhamos apresentado imagens visuais muito brevemente para que os humanos usassem apenas processamento *bottom-up*. Nessas condições, exemplos contraditórios prejudicariam a classificação da imagem humana (Elsayed *et al.*, 2018).

Outra crítica aos sistemas de IA é que eles geralmente se envolvem em "*hacking* de recompensa:" eles aprendem a aumentar as recompensas de tarefas usando estratégias fora das regras. Por exemplo, um robô de futebol recompensado a cada vez que tocava na bola aprendeu a tocá-la inúmeras vezes em rápida sucessão com movimentos vibratórios muito pequenos. Um agente de IA chamado Eurisko acumulou inúmeros pontos em um *videogame*, obtendo crédito indevidamente pelo sucesso de outros agentes.

O *hacking* de recompensa em *videogames* é, muitas vezes, considerado uma forma inferior de aprendizado, porque as estratégias associadas a ele são contrárias às intenções dos humanos que projetaram os jogos. Na verdade, o *hacking* de recompensa envolve formas engenhosas de ter sucesso em um jogo ou tarefa quando as regras não estão explícitas. Assim, o desprezo pelo *hacking* de recompensa apresentado por sistemas de IA é um exemplo primordial de antropofabulação. Ironicamente, os seres humanos que jogam *videogames* geralmente usam explorações (estratégias que se aproveitam de *bugs* ou falhas) muito semelhantes ao *hacking* de recompensa de sistemas de IA. Porém, a "trapaça" humana é considerada muito mais positiva do que a "trapaça" da IA (Buckner, 2020).

Ehsan *et al.* (2018) apresentaram mais evidências de antropofabulação. As pessoas assistiram a vídeos de três robôs (dois dos quais são relevantes aqui) usando redes neurais profundas jogando o *videogame* Frogger de forma idêntica. Um robô forneceu explicações semelhantes às humanas (mas imprecisas) de seu comportamento, enquanto o outro robô forneceu explicações causalmente mais precisas. Quase 40% dos que assistiram aos vídeos acharam que as explicações semelhantes às humanas eram as mais satisfatórias, e apenas 1% consideraram melhores as explicações semelhantes às da IA.

As explicações semelhantes às humanas fornecidas por um dos robôs eram basicamente racionalizações (relatos *post hoc* imprecisos, mas plausíveis). Já as explicações semelhantes à IA eram razoavelmente precisas, mas foram rejeitadas pela maioria dos humanos.

SUBESTIMANDO OS PONTOS FORTES HUMANOS

O antropocentrismo e a antropofabulação nos levam a subestimar a capacidade de processamento dos sistemas de IA e a superestimar a dos humanos. No entanto, há também um perigo real de subestimar a inteligência humana. A maioria das comparações entre inteligência humana e IA envolve tarefas cognitivas restritas (como categorização de objetos, jogos de xadrez e diagnósticos médicos): a ênfase tem sido na cognição fria (processamento de informações sem envolvimento emocional). Essa abordagem tradicional pode ser contrastada com uma abordagem mais ampla, incluindo não apenas fatores emocionais, mas também motivos e fatores sociais. Tal abordagem se concentra na cognição quente.

A superioridade humana em relação aos sistemas de IA é maior com cognição quente do que com cognição fria. Isso não é surpreendente, uma vez que quase todos os sistemas de IA são programados para executar tarefas envolvendo cognição fria (Cuzzolin *et al.*, 2020). Muitas pesquisas sobre cognição quente em humanos se concentraram na inteligência emocional: "a extensão e a maneira como os indivíduos experimentam e utilizam informações carregadas de afeto de natureza intrapessoal (como gerenciar as próprias emoções) e interpessoal (gerenciar as emoções dos outros)" (van der Linden *et al.*, 2017, p. 37). A teoria da mente (capacidade de inferir as crenças e as emoções dos outros) é um aspecto importante da inteligência emocional.

Há duas formas de inteligência emocional. A inteligência emocional de traços diz respeito à percepção do indivíduo sobre suas próprias habilidades sociais e emocionais. Indivíduos com alta inteligência emocional de traços têm personalidades afetuosas e positivas – extrovertidas, agradáveis, conscientes e abertas a experiências, mas com pouco neuroticismo (van der Linden *et al.*, 2017). Por sua vez, a inteligência emocional de habilidades diz respeito à habilidade do indivíduo de perceber e influenciar suas próprias emoções e as de outras pessoas.

A inteligência emocional de traços e a de habilidades predizem importantes resultados no mundo real. Indivíduos com alta inteligência emocional de traços são mais felizes do que os classificados com baixa inteligência emocional (Ye *et al.*, 2019) e têm maior satisfação nos relacionamentos (Malouff *et al.*, 2014). Evidências de que a alta inteligência emocional de traços *causa* maior satisfação nos relacionamentos foram relatadas por Parker *et al.* (2021). A inteligência emocional de traços e a de habilidades se correlacionam de forma moderadamente positiva com o desempenho no trabalho (O'Boyle *et al.*, 2011) e preveem o desempenho acadêmico (MacCann *et al.*, 2020).

Em suma, a inteligência humana é bastante ampla em escopo. Os humanos que se adaptam com sucesso ao seu ambiente possuem altos níveis de inteligência emocional (ou cognição quente) além de altos níveis de inteligência tradicional ou fria.

Muitos especialistas (Braga & Logan, 2017) argumentam que os sistemas de IA são incapazes de experienciar emoções e que tais sistemas não têm inteligência emocional, ou teoria da mente. Na verdade, a questão é mais sutil. Por exemplo, Rabinowitz *et al.* (2018) construíram uma rede neural profunda prevendo estados mentais dos agentes a partir de informações limitadas sobre seu comportamento. A rede neural teve um bom desempenho em uma tarefa que avalia a teoria da mente. Porém, exigiu 32 milhões de amostras para apresentar algumas evidências da teoria da mente (Jara-Ettinger, 2019). Isso equivale a 175 mil ensaios de aprendizagem por dia por um período de seis meses – muito mais do que o tempo durante que as crianças se dedicam à aquisição da teoria da mente.

Nossa teoria da mente nos leva a prever que indivíduos altamente inteligentes muitas vezes formam crenças mais complexas do que os menos inteligentes. Além disso, indivíduos esquecidos têm crenças mais simples do que aqueles com melhor memória (Burger & Jara-Ettinger, 2020). Já a rede neural profunda de Rabinowitz *et al.* (2018) não acomodou diferenças individuais e, portanto, foi muito mais limitada.

CONCLUSÕES

Jeffrey (2015, p. 369) fez a pergunta a que todo este capítulo foi dedicado: "Podemos ser melhores do que 3,5 bilhões de anos de evolução nos fizeram ser?". Ela concluiu (como nós) que a resposta é "Não!", sugerindo que seria "um imenso ato de arrogância" (p. 366) acreditar que é possível alcançar (ou superar) a inteligência humana em um sistema de IA.

A tendência humana ao antropocentrismo e à antropofabulação significa que comparações entre humanos e IA podem ser tendenciosas a nosso favor, porque o campo de jogo não é nivelado. Contudo, não consideramos isso um sério obstáculo para concluir que os seres humanos têm habilidades cognitivas muito maiores e mais abrangentes do que a IA. Essa conclusão é reforçada por evidências de que também tendemos ao antropomorfismo, o que nos leva a ficar indevidamente impressionados com o desempenho da IA.

O futuro

Vimos que a inteligência humana é comprovadamente superior à inteligência da IA em generalidade e flexibilidade. No entanto, muitos especialistas em IA argumentam que a IA triunfará em um futuro não muito distante, uma questão que abordaremos neste capítulo. Também consideraremos se a influência futura da IA será benéfica ou catastroficamente destrutiva.

A questão final discutida neste capítulo tem atraído menos atenção do que as questões anteriores. Será que os humanos podem revidar ao explorar sua inteligência atualmente maior do que a IA para obter bons resultados? Será que é possível aproveitar o rápido aumento futuro na sofisticação da IA combinando, de alguma forma, os pontos fortes da IA e da inteligência humana?

COMO A IA SE DESENVOLVERÁ?

Como o grande jogador de beisebol Yogi Berra argumentou: "É difícil fazer previsões, especialmente sobre o futuro". Isso é certamente verdade ao prever como a IA se desenvolverá no futuro. Há grande controvérsia, mesmo entre especialistas. A seguir, consideramos as opiniões daqueles que acreditam que a IA vai superar rapidamente a inteligência humana e transformar totalmente a sociedade e aqueles que acreditam que o desenvolvimento da IA será lento e, portanto, só terá um efeito levemente transformador.

GRANDES MUDANÇAS TRANSFORMADORAS

Muitos especialistas sugerem que os sistemas de IA se desenvolverão rapidamente no futuro como consequência da evolução do *hardware* e/ou do *software*. Começaremos com a evolução do *hardware*. Em 1965, Gordon Moore (cofundador da Intel) observou que o número de transistores em um circuito integrado havia dobrado a cada dois anos (embora ele tenha sido menos explícito sobre isso do que deveria ser). Ele propôs a lei de Moore, segundo a qual essa rápida duplicação continuaria no futuro. Essa previsão foi precisa. Também descobriu-se que a lei de Moore era, pelo menos, aproximadamente aplicável a muitos outros aspectos da IA. Por exemplo, a capacidade dos computadores no mundo dobrou a cada 18 meses entre 1986 e 2007.

Entretanto, o que Moore (1965) propôs não era realmente uma lei no sentido de um princípio científico teoricamente estabelecido. Na verdade, ela já está se tornando obsoleta. De acordo com Moore (2015, p. 38), "Não teremos a taxa de progresso que tivemos nas últimas décadas. Acho que isso é inevitável com qualquer tecnologia.... Eu vejo a lei de Moore morrendo na próxima década".

Os desenvolvimentos de *hardware* aumentaram indiscutivelmente a velocidade de processamento em sistemas de IA. Porém, a maioria desses desenvolvimentos leva apenas a mudanças *quantitativas* no processamento. Já os potenciais desenvolvimentos de *software* envolvendo algoritmos (procedimentos bem definidos usados por computadores para resolver problemas) poderiam produzir mudanças *qualitativas* e transformadoras que colocariam os seres humanos na sombra intelectual.

Certo apoio ao ponto de vista acima vem da história recente da IA. Por exemplo, houve uma rápida mudança de uma ênfase na boa e velha IA (GOFAI) para o aprendizado profundo (Capítulo 1). Isso produziu melhorias rápidas e dramáticas no desempenho dos sistemas de IA em vários domínios (Capítulo 2). De fato, a grande maioria das conquistas mais impressionantes da IA envolveu redes neurais profundas.

Uma vez que o cérebro humano representa um exemplo eficiente de inteligência geral, pode, em princípio, ser possível melhorar a inteligência geral da IA desenvolvendo sistemas de IA que imitem o funcionamento cerebral. Esse objetivo poderia ser alcançado de forma *biológica* e de forma *psicológica*. Poderíamos construir sistemas de IA copiando a biologia do cérebro humano ou seus processos e estruturas cognitivas.

Sandberg (2013) indicou como a biologia do cérebro pode ser copiada: "A ideia básica é pegar um cérebro em particular, digitalizar sua estrutura em detalhes e construir um modelo de *software* tão fiel ao original que, quando executado em *hardware* apropriado, comporte-se da mesma maneira que o cérebro original" (p. 251).

Essa abordagem seria difícil de implementar. Uma velha piada que captura parte do problema consiste em um neurocirurgião que abre o cérebro de um paciente e diz: "Ah, não há pensamentos aqui! Eu não consigo ver um pensamento sequer!". De forma mais geral, há a complexidade impressionante do cérebro humano. Por exemplo, ele contém 100 bilhões de neurônios, cada um tendo uma média de 7 mil conexões sinápticas com outros neurônios. É muito improvável que aconteça tão cedo a emulação artificial de todo o cérebro. Na verdade, isso pode nunca acontecer.

Uma abordagem mais promissora envolve modelar os principais processos e estruturas cognitivas do cérebro humano. Isso poderia ser feito desenvolvendo-se arquiteturas cognitivas com foco nos aspectos da cognição humana de importância geral ao longo do tempo e em diferentes domínios de tarefas. Mais precisamente, as arquiteturas cognitivas fornecem uma teoria abrangente da estrutura e dos mecanismos chaves da mente, que poderiam então ser representados em sistemas de IA.

Turing (1950) defendeu uma variante mais simples dessa abordagem: "Em vez de tentar produzir um programa para simular a mente adulta, por que não tentar produzir um que simule a da criança?" O principal problema é que há evidências crescentes de que as habilidades cognitivas das crianças são muito maiores do que se costumava crer.

Nos últimos anos, houve uma proliferação de arquiteturas cognitivas – em 2017, estimava-se que 300 arquiteturas cognitivas já haviam sido propostas. Laird *et al.* (2017) produziram um modelo padrão da mente baseado em semelhanças entre as principais arquiteturas cognitivas (veja a Figura 8.1). Ele tem cinco componentes principais: (1) memória declarativa de longo prazo (para informações que podem ser lembradas de forma consciente); (2) memória procedimental (para informações como habilidades motoras, que não são acessíveis de modo consciente); (3) percepção (incluindo todas as modalidades de sentidos como visão e audição); (4) motricidade (envolvida no controle da ação) e (5) memória de trabalho (descrita abaixo).

O componente mais importante é a memória de trabalho. É um mecanismo muito geral que recebe informações dos dois componentes da memória e da percepção. Em seguida, combina e processa essas informações para resolver problemas e orientar a ação, com seus resultados

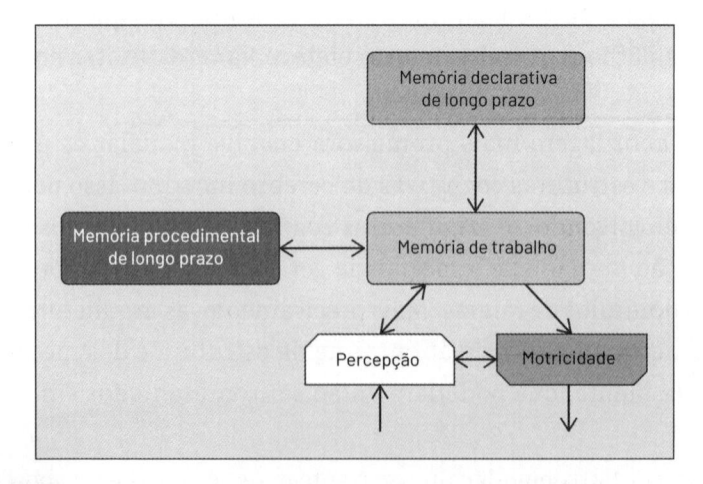

Figura 8.1

Modelo-padrão da arquitetura cognitiva humana.
Fonte: Baseado em Laird *et al.* (2017).

influenciando todos os outros componentes. A memória de trabalho também pode fornecer um armazenamento breve de vários tipos de informações (por exemplo, sobre metas e estados intermediários durante a solução de problemas).

Ela é de importância crucial para qualquer arquitetura cognitiva, porque coordena e integra o funcionamento de todos os outros componentes. Sua importância também é indicada pela constatação de que as diferenças individuais na capacidade da memória de trabalho estão relacionadas à inteligência fluida (capacidade de resolver novos problemas).

Arquiteturas cognitivas apresentam-se como uma promessa considerável. No entanto, aquelas produzidas até agora compartilham várias limitações. Ao contrário dos humanos, elas normalmente demonstram pouca (ou nenhuma) criatividade em seu processamento. Também, a resolução de conflitos e de problemas humanos é, com frequência, influenciada por emoções ou intuição. Porém é raro que o processamento dentro das arquiteturas cognitivas seja afetado pela emoção. Além disso, grande parte do pensamento humano envolve metacognição (consciência e entendimento dos próprios processos cognitivos). Esse aspecto autorreflexivo do pensamento humano envolvendo a existência de consciência está totalmente ausente das arquiteturas cognitivas. Por fim, o funcionamento da memória de trabalho humana é complexo. Nenhuma arquitetura cognitiva está nem perto de capturar essa complexidade.

Vernor Vinge (veja a Figura 8.2) é otimista com o desenvolvimento da IA. Na década de 1990, ele popularizou a noção de uma singularidade (o surgimento de uma nova inteligência de IA que rapidamente se atualiza) produzindo o que Vinge (1993) chamou de "uma fugitiva intelectual". Essa inteligência é conhecida como "superinteligência". Em outras palavras, é uma forma de inteligência consideravelmente superior até mesmo à dos seres humanos mais inteligentes.

O que essa singularidade significaria para nós? Vinge (1993), que nunca subestima as questões, explica que significaria a IA tornando-se

Figura 8.2

Vernor Vinge.

dominante sobre os humanos. Ele disse que isso era improvável de acontecer antes de 2005 ou depois de 2030, então o relógio está correndo.

Vinge expandiu sua definição de "singularidade" em uma entrevista com Kevin Kelly (1995): "Todos os tipos de visões apocalípticas estão flutuando por aí, mas a minha é muito restrita. Ela apenas diz que, se conseguirmos fazer máquinas tão inteligentes quanto os humanos, é apenas um pequeno salto imaginar que logo em seguida faremos... máquinas que são ainda mais inteligentes do que qualquer humano... Será o fim da era humana – a analogia mais próxima seria a ascensão da raça humana dentro do reino animal. A razão para chamar isso de singularidade é que as coisas são desconhecidas além desse ponto".

Muitos especialistas em IA estão pensando em linhas semelhantes. Grace *et al.* (2018, p. 731) apresentaram a seguinte definição a especialistas em uma conferência de IA em 2015: "a inteligência de máquina de alto nível (HLMI – *high-level machine intelligence*) é alcançada quando as máquinas conseguem realizar, sem ajuda, todas as tarefas de uma forma melhor e mais barata do que os trabalhadores humanos". Em média, os especialistas previram que haveria 50% de chance de a HLMI ocorrer dentro de 45 anos e 10% de chance de ocorrer dentro de nove anos (ou seja, até 2024). Especialistas asiáticos esperavam que isso aconteceria em 30 anos, enquanto especialistas americanos previram que isso aconteceria em 2089.

Os especialistas também previram quando haveria automação total da mão de obra (ou seja, todos os empregos podem ser realizados de forma melhor e mais barata pelos sistemas de IA). Eles previram uma probabilidade de 50% de automação total do trabalho em 2137 (77 anos após a chegada prevista da inteligência de máquina de alto nível).

Gruetzemacher *et al.* (2020) fizeram uma avaliação mais atualizada do provável impacto dos avanços da IA no mercado de trabalho, com várias perguntas aos participantes de três conferências de IA em 2018. Em média, eles acreditavam que 22% das tarefas de trabalho remunerado atualmente realizadas por humanos poderiam ser feitas igualmente bem com a IA atual. Eles previram que esse número subiria para 40% nos próximos cinco anos e 60% em 10 anos. Mais preocupante ainda, eles previram que, em média, 90% das tarefas do trabalho humano poderiam ser realizadas pela IA em 25 anos, e 99% em 50 anos. Havia um otimismo muito grande de que a IA substituiria rapidamente os trabalhadores humanos entre os presentes na conferência, cujo foco de trabalho foi nos tópicos mais avançados da IA.

Todas as previsões acima foram feitas antes da chegada da covid-19. Seu impacto a longo prazo sobre o papel da IA no local de trabalho não está claro atualmente. Porém, os perigos impostos pelo vírus para os trabalhadores no momento em que escrevemos sugerem que a taxa de aumento da automação no local de trabalho provavelmente irá acelerar.

Até agora, nos concentramos nos especialistas em IA confiantes de que o mundo, como o conhecemos, está se encaminhando para, muito em breve, ser totalmente transformado pela IA. Voltamos agora para a visão dos especialistas em IA que são muito mais céticos sobre a provável taxa de mudança.

PEQUENAS MUDANÇAS NÃO TRANSFORMADORAS

A noção de Vinge (1993) da iminente chegada da singularidade envolve fazer algumas suposições duvidosas. De maior importância, ele argumentou que robôs cada vez mais inteligentes acabarão projetando outros robôs ainda mais inteligentes do que eles. Como estamos prestes a ver, isso é bastante implausível.

A capacidade necessária para apresentar um comportamento aparentemente inteligente é muito diferente da capacidade de projetar robôs que apresentem um comportamento ainda mais inteligente. Isso exigiria que os robôs desenvolvessem um entendimento de sua própria inteligência e de como ela funciona e, então, explorassem esse entendimento. Como Aleksander (2017, p. 2) apontou: "Não há garantia de que projetar algoritmos de IA cada vez mais competentes levará um dia ao *design* de um *designer* de IA, conforme exigido pela sequência de singularidade".

Um dos críticos mais incisivos da superinteligência é o filósofo americano John Searle. É de importância central na sua posição a distinção entre a inteligência independente do observador e a inteligência relativa ao observador. Como o termo sugere, a inteligência independente do observador refere-se a informações genuínas e indiscutíveis cuja existência não deve nada ao que os outros pensam. Por sua vez, a inteligência relativa ao observador deve sua existência às atitudes ou crenças dos outros.

De acordo com John Searle (2014, p. 3), "Se perguntarmos: Quanta inteligência real, independente dos observadores, os computadores têm, sejam inteligentes ou superinteligentes?, a resposta é zero, absolutamente nada. A inteligência é inteiramente relativa ao observador. E o que vale para a inteligência vale para pensar, lembrar, decidir, desejar, raciocinar, motivar, aprender e processar informações, sem mencionar jogar xadrez e responder às perguntas factuais colocadas em *Jeopardy!*". Em outras palavras, mesmo que um computador possa produzir um comportamento aparentemente inteligente, não há inteligência subjacente dentro dele causando esse comportamento.

O argumento central de Searle (2014) pode ser aplicado de forma generalizada. Por exemplo, a maioria dos sistemas de IA parece exibir comportamento direcionado a objetivos, porque seu processamento foi projetado para resolver algum problema ou realizar alguma tarefa. Contudo, as metas perseguidas pelos sistemas de IA são programadas para eles por humanos. Assim, eles estão apenas fazendo o que foram instruídos a fazer, porque não têm capacidade de ignorar as intenções de seus programadores e perseguir suas próprias metas. É por isso que robôs e outros sistemas de IA não podem ser responsabilizados moralmente por suas ações (veja o Capítulo 5).

Os sistemas de IA não apresentam aspectos fundamentais da inteligência humana também por outros motivos. Chalmers (2010) afirmou que: "A linguagem é necessária para saber o que se sabe quando se fala consigo mesmo. Mas os computadores não têm necessidade ou desejo de se comunicar com os outros e, portanto, nunca criaram linguagem e, sem linguagem, não se pode falar consigo mesmo e, portanto, os computadores nunca serão conscientes".

CONCLUSÕES

Um tema que percorre este livro é que todos os sistemas atuais de IA são muito inferiores em inteligência em comparação com os humanos. Sua inferioridade é especialmente marcada em relação a vários aspectos cruciais da inteligência: eles não têm inteligência geral, não têm a flexibilidade associada à consciência plena, e suas habilidades linguísticas são limitadas. Além disso, a maioria dos sistemas de IA tem pouquíssima capacidade de aplicar seu aprendizado a novos estímulos ou tarefas diferentes daquelas para que foram treinados.

Braga e Logan (2017) apresentaram uma enumeração abrangente das características importantes dos seres humanos ausentes nos sistemas de IA. Segundo eles, "a lista inclui curiosidade, imaginação, intuição, emoções, paixão, desejos, prazer, estética, alegria, propósito, objetivos, metas, *télos* (propósito final), valores, moralidade, experiência, sabedoria, julgamento e até mesmo humor" (p. 1). De importância crucial, nenhum sistema de IA desenvolvido até agora foi automotivado no sentido de estabelecer suas próprias metas. Não há a menor razão para acreditar que a situação mudará muito no futuro. Sistemas de IA sem automotivação nunca terão domínio sobre os humanos.

Pode-se argumentar que essas conclusões representam um caso claro de antropocentrismo. Em outras palavras, baseiam-se no pressuposto questionável de que a cognição humana é a pedra de toque contra a qual o desempenho dos sistemas de IA deve ser julgado (veja o Capítulo 7). O problema com essa linha de argumentação é que não temos uma conceituação coerente de inteligência superior diferente da fornecida pelos humanos. Até que isso seja alcançado, será difícil avaliar as conquistas da IA além de compará-las com as dos humanos.

QUE EFEITOS OS AVANÇOS DA IA TERÃO NA SOCIEDADE?

Vimos que os especialistas diferem muito em suas previsões sobre a natureza e a velocidade dos avanços futuros da IA. Aqui nos voltamos para uma questão relacionada: será que as prováveis mudanças na IA terão efeitos benéficos ou efeitos negativos na vida humana e na sociedade?

APOCALIPSE EM BREVE?

Houve um aumento dramático no foco da mídia em previsões de especialistas sobre desgraças generalizadas no futuro à medida que os computadores "dominam" os humanos. Por exemplo, Stephen Hawking, o cientista britânico, argumentou que: "O desenvolvimento da inteligência artificial completa poderia significar o fim da raça humana", e Elon Musk afirmou: "A IA é potencialmente mais perigosa do que as armas nucleares". Entretanto, Musk tem um gosto bem conhecido por hipérboles.

Por fim, Grace *et al.* (2018), em um estudo discutido anteriormente, perguntaram a especialistas em IA se a inteligência de máquinas de alto nível teria um impacto positivo ou negativo na humanidade. As opiniões foram variadas. Em um extremo, 20% previram que o impacto seria extremamente bom, e 5% previram que seria extremamente ruim (com a extinção humana, por exemplo). No geral, três vezes mais especialistas previram que o impacto da inteligência de máquina de alto nível seria bom.

Além disso, precisamos prever os usos dos sistemas de IA no futuro. Os sistemas de IA continuarão sendo ferramentas úteis para nossos propósitos? Ou eles vão desenvolver e implementar seus próprios objetivos (por exemplo, estabelecendo o domínio sobre a raça humana)? Se eles se tornarem muito mais inteligentes que os humanos, podemos ter sérios problemas. Como Nathan, o construtor de um robô assassino no filme *Ex Machina* diz: "Um dia os sistemas de IA vão olhar para trás e nos ver da mesma maneira que vemos esqueletos fósseis no mapa da África. Um macaco ereto vivendo em meio à poeira com linguagem e ferramentas rústicas, tudo levando à extinção".

Mas não podemos ser totalmente complacentes sobre um futuro apocalipse envolvendo sistemas de IA. O maior perigo virá dos humanos. Humanos agindo com intenção maliciosa poderiam programar ou reprogramar robôs e outros sistemas de IA para matar milhões de pessoas e causar destruição em massa. O ponto crucial é que o apocalipse seria causado por humanos usando sistemas de IA como armas e não pelos próprios sistemas de IA.

COMO OS HUMANOS DEVEM RESPONDER?

Se houver alguma validade na noção de que a IA se tornará muito mais inteligente do que os humanos em algum momento nos próximos 100 anos, é extremamente importante que os humanos decidam como responder. A seguir, consideramos várias possibilidades projetadas para melhorar a inteligência do cérebro humano.

ESTIMULAÇÃO CEREBRAL NÃO INVASIVA

Suponha que afirmemos que os humanos, muitas vezes, não usam os recursos de processamento do cérebro de forma ideal ao realizar tarefas cognitivas e outras tarefas complexas. Se for assim, pode ser possível melhorar a inteligência humana e o desempenho cognitivo usando estimulação cerebral não invasiva para aumentar (ou diminuir) a excitabilidade neural das principais áreas cerebrais. Essa é uma das várias técnicas de "otimização cerebral" que receberam atenção da mídia nos últimos anos.

Várias evidências demonstram que nosso desempenho em muitas tarefas não reflete totalmente nossas habilidades cognitivas. Duas maneiras de isso acontecer são as seguintes: (1) processamento irrelevante em relação a tarefas e/ou (2) processamento relevante em relação a tarefas abaixo do ideal. O processamento irrelevante em relação a tarefas pode ser desencadeado por estímulos *externos* (ou seja, distração) ou por pensamentos *internos* (preocupações e questões pessoais). O termo "mente devaneante" refere-se a mudanças de atenção para longe da tarefa atual em direção a nossos pensamentos internos (Robison *et al.*, 2020).

Konishi e Smallwood (2016) revisaram pesquisas sobre a mente devaneante. Eles descobriram que os pensamentos conscientes das pessoas se afastam de sua atividade atual entre 25% e 50% do tempo. A mente devaneante às vezes ocorre durante ainda mais tempo. Por exemplo, os motoristas em seu trajeto diário se envolvem em devaneio 60% do tempo (Burdett *et al.*, 2018; veja o Capítulo 6).

Uma das técnicas mais utilizadas para melhorar a cognição humana é a estimulação transcraniana por corrente contínua (ETCC, ou tDCS, em inglês). Nessa técnica, uma corrente elétrica muito fraca é passada através de uma determinada área cerebral (muitas vezes por alguns minutos) (veja a Figura 8.3). A ETCC anódica aumenta a excitabilidade neuronal da área cerebral escolhida e pode melhorar o desempenho. Já a ETCC catódica reduz a excitabilidade neural e pode prejudicar o desempenho.

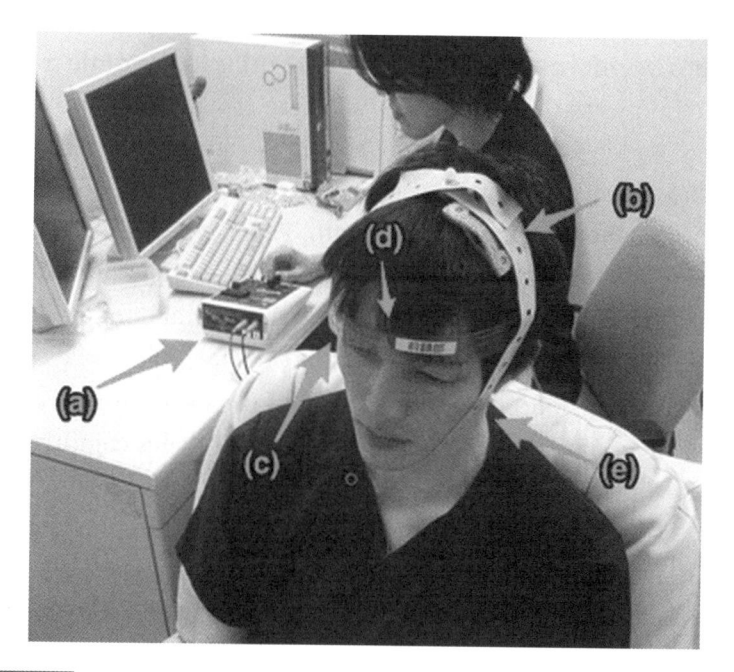

Figura 8.3

Administração de estimulação transcraniana por corrente contínua (ETCC) anódica. (a) Equipamento de ETCC, (b) eletrodos anódicos, (c) eletrodos catódicos, (d) tira de cabeça e (e) elástico.

A ETCC tem sido usada para reduzir a frequência de devaneios durante o desempenho de tarefas tediosas e monótonas. O devaneio está associada à rede *default* (Raichle, 2015). Essa rede cerebral está ativada por *default* quando um indivíduo não está ativamente envolvido na execução de uma tarefa, mas sim processando pensamentos internos (pensando no passado, por exemplo). Ela consiste em áreas cerebrais, incluindo o córtex pré-frontal medial, o córtex cingulado posterior/precuneus e o lobo parietal inferior bilateral.

Coulborn *et al.* (2020) revisaram os achados de vários estudos usando a ETCC para alterar o devaneio. No geral, os efeitos foram modestos e inconsistentes. Em seu próprio estudo, Coulborn *et al.* descobriram que nem a ETCC anódica nem a ETCC catódica tiveram qualquer efeito no devaneio.

A memória de trabalho (usada para o processamento e o breve armazenamento de informações) é amplamente utilizada durante o desempenho de inúmeras tarefas cognitivas, como resolução de problemas e raciocínio (Baddeley, 2012). Em vista da importância geral da memória de trabalho, é plausível que a inteligência humana melhore se a ETCC for usada para melhorar seu funcionamento. Papazova *et al.* (2020) discutiram pesquisas relevantes. Eles relataram que geralmente a ETCC tem efeitos não significativos na memória de trabalho (incluindo no próprio estudo de Papazova *et al.*).

Até agora, consideramos apenas os efeitos da estimulação cerebral não invasiva em indivíduos saudáveis cujas habilidades cognitivas e inteligência estão na faixa normal. Suponhamos que nos concentremos em indivíduos com baixo desempenho cognitivo devido a algum transtorno mental ou doença física (como AVC). É provável que possamos melhorar o baixo desempenho desses indivíduos. Papazova *et al.* (2020) apresentaram pesquisas mostrando os efeitos benéficos da ETCC na memória de trabalho em indivíduos deprimidos e esquizofrênicos com a função da memória de trabalho prejudicada. No entanto, Sloan *et al.* (2021) descobriram, em uma revisão metanalítica, que a estimulação cerebral não invasiva não teve efeito no desempenho da memória de trabalho dos esquizofrênicos.

Cerca de 70 a 90% dos pacientes que sofreram AVC têm algum comprometimento cognitivo, e até 50% têm múltiplos prejuízos cognitivos. Van Lieshout *et al.* (2019) revisaram pesquisas relacionadas aos efeitos da estimulação cerebral não invasiva nas habilidades cognitivas de pacientes vítimas de AVC. A maioria dos estudos relatou efeitos benéficos da estimulação cerebral, que geralmente ainda eram observáveis meses mais tarde. Esses efeitos benéficos dizem respeito a percepção visual, atenção, memória de trabalho e memória.

Por fim, consideramos os efeitos da estimulação cerebral não invasiva em indivíduos com funcionamento cognitivo extremamente superior. Krause *et al.* (2019) estudaram G.M., um alemão de 46 anos que foi campeão mundial de cálculo mental. A estimulação cerebral não invasiva aplicada ao córtex pré-frontal dorsolateral (uma área muito envolvida na maioria das atividades cognitivas complexas) não teve efeito em seu desempenho em uma tarefa aritmética excepcionalmente difícil. Na verdade, a mesma estimulação cerebral não invasiva prejudicou o desempenho de matemáticos altamente competentes em uma complexa tarefa de multiplicação. Porém, pesquisas anteriores (discutidas por Krause *et al.*, 2019) mostraram que a estimulação cerebral não invasiva muitas vezes aumenta o desempenho matemático de indivíduos com capacidade matemática média.

Em suma, o funcionamento cognitivo deficiente em pacientes clínicos às vezes pode ser um pouco melhorado pela ETCC. Uma vez que o desempenho cognitivo típico desses pacientes está abaixo de seu desempenho pré-clínico, o que normalmente está acontecendo é que a estimulação cerebral não invasiva é parcialmente eficaz em reverter os efeitos adversos de sua condição clínica.

No entanto, há poucas evidências de que a ETCC pode aumentar a capacidade intelectual em indivíduos saudáveis. Por que isso acontece? A principal razão para essas últimas descobertas decepcionantes é que aplicar corrente elétrica a uma pequena região cerebral é uma técnica bruta para melhorar algo tão complexo e sofisticado quanto o funcionamento cerebral. A maioria das tarefas cognitivas envolve o uso de várias redes cerebrais, cada uma consistindo em várias áreas cerebrais interconectadas. Como consequência, o aumento ou a diminuição da excitabilidade neural em uma pequena área cerebral tem consequências importantes (em grande parte imprevisíveis) para inúmeras outras áreas cerebrais.

NEUROFEEDBACK

Como vimos, a ETCC tem efeitos modestos e inconsistentes nos processos e no desempenho cognitivos. Há escassez de evidências sobre consequências a longo prazo da exposição prévia à ETCC. Porém, os efeitos a longo prazo são provavelmente ainda mais modestos do que os imediatos. Em princípio, parece que uma maneira superior de se obter efeitos a longo prazo seria usar uma técnica incentivando os indivíduos a *aprender* como alterar seu funcionamento cerebral para melhorar o desempenho cognitivo. O *neurofeedback* é uma dessas técnicas (veja a Figura 8.4).

O que acontece com o *neurofeedback* é que o pesquisador inicialmente tem razões teóricas para focar na ativação de uma determinada área cerebral. Depois disso, os participantes monitoram em tempo real de sua atividade cerebral atual na área cerebral selecionada enquanto realizam uma tarefa. Eles são instruídos a tentar aumentar (ou diminuir) sua atividade cerebral. Assim, o objetivo do *neurofeedback* é que os indivíduos aprendam a autorregular aspectos-chave de sua própria função cerebral.

O modo de funcionamento do *neurofeedback* pode ser visto no seguinte exemplo. Eysenck *et al.* (2007) propuseram a teoria do controle da atenção, segundo a qual a alta ansiedade está associada ao controle de atenção prejudicado. Morgenroth *et al.* (2020) argumentaram que a conectividade funcional entre o córtex pré-frontal dorsolateral e o córtex cingulado anterior é muito importante para a eficiência do controle de atenção. Eles instruíram indivíduos com alta ansiedade a aumentar essa conectividade

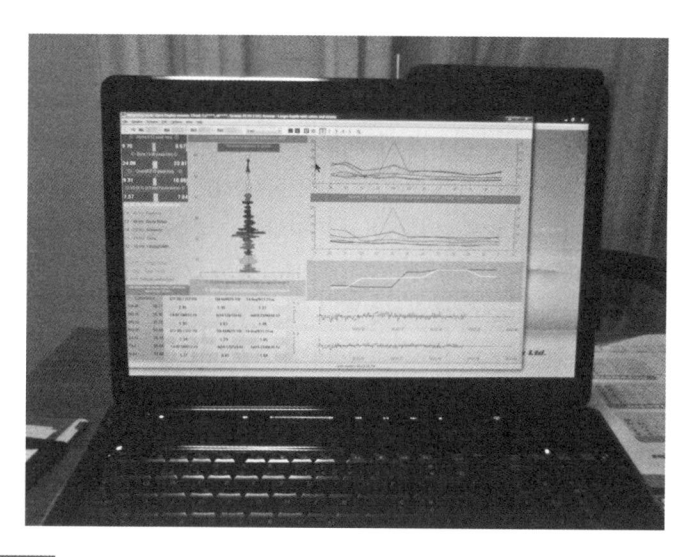

Figura 8.4

Dados em tempo real exibidos em uma tela de computador durante treinamento de *neurofeedback*.

funcional em condições de *neurofeedback*. Como previsto, o *neurofeedback* aumentou essa conectividade funcional e reduziu o nível de ansiedade dos participantes.

A pesquisa de *neurofeedback* tem sido eficaz no aumento das funções cognitivas em indivíduos com condições clínicas associadas a funcionamento prejudicado. Por exemplo, crianças com transtorno de déficit de atenção/hiperatividade (TDAH) têm problemas para manter a atenção em tarefas cognitivas. O *neurofeedback* aumentou a atenção sustentada, a memória de trabalho e o desempenho acadêmico em diversos estudos sobre crianças com TDAH (Shereena *et al.*, 2019).

Os achados com indivíduos saudáveis foram, em sua maioria, decepcionantes. Staufenbiel *et al.* (2014) descobriram que o *neurofeedback* teve os efeitos previstos na atividade cerebral em indivíduos mais velhos. No entanto, teve efeitos não significativos no desempenho cognitivo e na inteligência. Gordon *et al.* (2020) obtiveram apenas evidências muito limitadas de que o *neurofeedback* teve qualquer efeito de aprimoramento na memória de trabalho em adultos jovens saudáveis.

Os estudos sobre *neurofeedback* estão em um estágio inicial de desenvolvimento, e os mecanismos pelos quais ele produz seus efeitos são desconhecidos (Hampson *et al.*, 2020). A maioria das pesquisas se concentra no tratamento de vários quadros clínicos e tem contribuído pouco para melhorar o desempenho cognitivo de indivíduos saudáveis. Altos níveis de desempenho cognitivo e inteligência dependem de atividades integradas de processamento em várias regiões cerebrais. Como consequência, o uso do *neurofeedback* para aumentar ou diminuir a atividade em uma única região não necessariamente terá muito impacto no desempenho cognitivo.

Há outra razão pela qual o *neurofeedback* (e a estimulação cerebral não invasiva) teve efeitos muito limitados até agora. O cérebro humano levou bilhões de anos de desenvolvimento evolutivo para alcançar sua excelência atual. Parece improvável, nesse contexto, que o aumento ou a diminuição da atividade cerebral em uma pequena região cerebral produzirá grandes efeitos de aprimoramento na cognição humana.

COMO TORNAR OS CÉREBROS HUMANOS MUITO MAIS EFICAZES?

A estimulação cerebral não invasiva e o *neurofeedback* podem ser formas úteis de melhorar a cognição e a inteligência humana. No entanto, é improvável que aconteça alguma grande virada no jogo. Se adotarmos uma perspectiva futurista, há três maneiras de a inteligência humana ser melhorada substancialmente. Em primeiro lugar, suponhamos que pudéssemos criar tecnologia permitindo que dois (ou mais) cérebros humanos se comunicassem *diretamente* entre si, em vez de através da fala. Isso envolveria a criação de uma interface cérebro-cérebro, com os cérebros em rede sendo potencialmente mais inteligentes do que qualquer um dos cérebros individualmente.

Em segundo lugar, há interfaces cérebro-máquina. Essas interfaces apresentam-se de muitas formas diferentes, mas aqui vamos nos concentrar em ciborgues. O termo ciborgue (uma combinação de **cib**ernética e **org**anismo) foi proposto pela primeira vez por Clynes e Kline (1960). Refere-se a um ser vivo com peças mecânicas ou eletrônicas adicionadas para melhorar seu funcionamento. A suposição geral é que a combinação dos pontos fortes do cérebro humano e da IA pode produzir desempenho cognitivo muito superior a qualquer um deles por conta própria.

Em terceiro lugar, há a engenharia genética baseada em biotecnologia. Essa abordagem envolve manipular os genes de um organismo *diretamente* para produzir mudanças substanciais em humanos ou em outros animais. O processo de seleção natural na evolução é muito eficaz, mas muito lento. Em princípio, a engenharia genética poderia produzir mudanças dramáticas em humanos durante um período curto de tempo. Não estamos falando de ficção científica – a engenharia genética foi usada pela primeira vez com humanos há muitos anos (Almeida & Diogo, 2020).

INTERFACES CÉREBRO-CÉREBRO

Há alguns anos, a viabilidade da abordagem acima foi demonstrada por Pais-Vieira *et al.* (2015). Eles inseriram matrizes multieletrodos no cérebro de quatro ratos. A atividade cerebral elétrica de cada rato era enviada ao cérebro dos outros três ratos. As tarefas utilizadas incluíram discriminação de padrões, processamento de imagens, armazenamento e recuperação de informações táteis e previsão do tempo. Pais-Vieira *et al.* descobriram que o desempenho dos cérebros de ratos interconectados sempre foi igual (ou superior) ao de ratos sozinhos.

Jiang *et al.* (2019) usaram uma abordagem semelhante, num jogo em que uma pessoa (o Receptor) decidia se deveria girar um bloco para encaixá-lo em blocos já presentes. Eles desenvolveram a BrainNet (veja a Figura 8.5), que permitiu que dois Remetentes ajudassem no desempenho do Receptor. Mesmo que o Receptor não pudesse ver os blocos já presentes, a

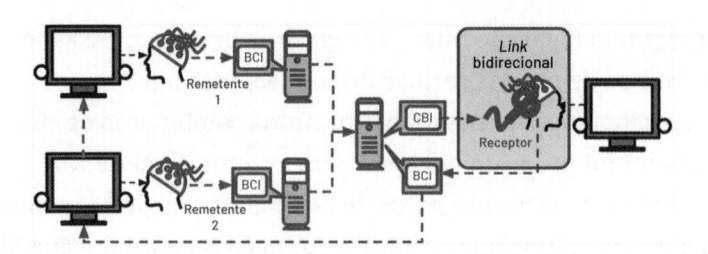

Figura 8.5

Arquitetura da BrainNet. O eletroencefalograma (EEG) registra os sinais cerebrais dos dois remetentes usando uma interface cérebro-computador (BCI). Em seguida, a estimulação magnética transcraniana (EMT) envia as informações relevantes diretamente para o cérebro do receptor através de uma interface computador-cérebro (CBI) baseada em EMT. Após o processamento das entradas dos remetentes, o receptor produz uma ação usando uma BCI. Os remetentes veem o resultado dessa ação e podem então transmitir novas informações ao receptor.
Fonte: De Jiang et al. (2019).

precisão de desempenho foi de 81%, provando que os sinais cerebrais dos Remetentes influenciaram fortemente as decisões do Receptor.

Há um enorme potencial de longo prazo na BrainNet conectando cérebros humanos preparados por Jiang *et al.* (2019). Isso abre a perspectiva de produzir o que poderia ser chamado de "computador biológico". No entanto, o estudo deles foi limitado de várias maneiras. O eletroencefalograma (EEG) fornece informações muito imprecisas sobre quais áreas cerebrais estão mais ou menos ativas durante o desempenho de uma tarefa. Uma solução seria combinar EEG com ressonância magnética funcional (fMRI), que indica níveis de atividade em diferentes áreas muito claramente. Outra limitação é que as informações obtidas pelo Receptor através da estimulação magnética transcraniana foram passadas à área occipital (que diz respeito à percepção visual). Informações cognitivas mais complexas poderiam ser fornecidas se a estimulação magnética transcraniana fosse aplicada a áreas cerebrais mais altas (como o córtex pré-frontal).

Por fim, a tarefa utilizada por Jiang *et al.* (2019) exigia apenas uma simples decisão binária (girar o bloco ou não girar o bloco). Será importante, em pesquisas futuras, desenvolver interfaces cérebro-cérebro que possam lidar com tarefas mais complexas.

A perspectiva de grandes desenvolvimentos nas interfaces cérebro-cérebro pode ser muito valiosa de várias maneiras. Por exemplo, pacientes com síndrome de encarceramento têm muita dificuldade de se comunicar com outras pessoas. No futuro, esses pacientes podem ser capazes de se comunicar diretamente usando essa tecnologia. No entanto, o uso de interfaces cérebro-cérebro levanta questões éticas relacionadas à privacidade e à instrumentalidade (Hildt, 2019). Essas questões são melhor tratadas garantindo que todos os envolvidos forneçam consentimento livre e informado e permitindo que eles controlem os tipos de informações que estão dispostos a comunicar e receber.

INTERFACES CÉREBRO-MÁQUINA: CIBORGUES

Os ciborgues que podem vir prontamente à mente incluem personagens fictícios, como Darth Vader em *Star Wars*, os Borgs em *Star Trek* ou o Exterminador do Futuro. No entanto, há inúmeros exemplos muito mais mundanos de ciborgues. Por exemplo, pacientes com marcapassos cardíacos e humanos surdos com implantes cocleares se encaixam na maioria das definições de ciborgues.

Há certo progresso no desenvolvimento de ciborgues animais controlados por humanos. Por exemplo, Dutta (2019) inseriu microeletrodos leves nos lobos da antena de uma barata-de-madagáscar (veja a Figura 8.6). A barata virou para a direita quando seu lobo da antena esquerda foi estimulado e para a esquerda quando a estimulação foi aplicada no lobo da antena direita. Porém, esses efeitos diminuíram ao longo do tempo, porque as informações fornecidas pela estimulação muitas vezes eram inconsistentes com as informações visuais fornecidas pelo ambiente.

Em princípio, ciborgues animais podem ser muito úteis para muitos propósitos diferentes. Por exemplo, consideremos potenciais usos militares. Tubarões ciborgues armados com bombas poderiam ser controlados

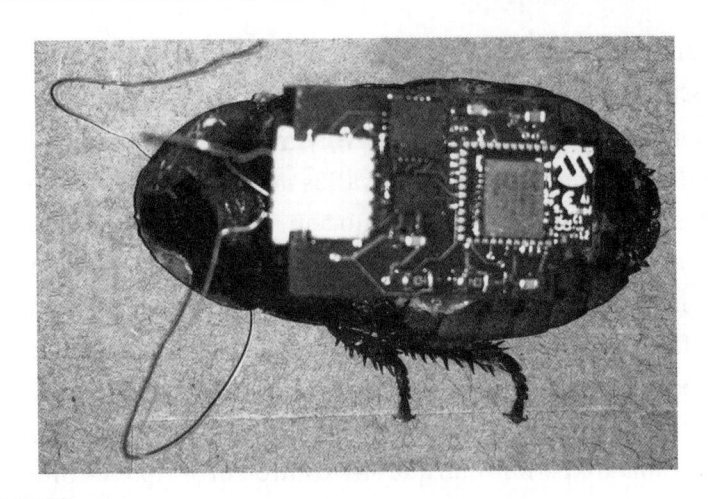

Figura 8.6

Uma barata-de-madagáscar com um microcircuito inserido nos lobos da antena e no tórax.
Fonte: De Dutta (2019).

para perseguir, capturar e destruir navios inimigos. Note-se, no entanto, que o progresso tem sido lento: apenas cerca de 50% dos estudos de pesquisa atingiram o objetivo de controlar os movimentos dos ciborgues animais (Dutta, 2019).

Os ciborgues de maior relevância para este livro são aqueles em que os humanos têm implantes tecnológicos dentro dos seus cérebros para aumentar sua inteligência funcional. Isso pode soar como ficção científica, mas o fato de que o córtex cerebral humano tem considerável plasticidade e adaptabilidade oferece alguma esperança de que tais ciborgues possam ser produzidos (Clark, 2003).

Já foram feitos progressos consideráveis e há inúmeros casos em que interfaces cérebro-máquina foram estabelecidas. Por exemplo, consideremos o caso de Zac Vawter, cuja perna foi amputada acima do joelho em 2009. Ele recebeu uma prótese na perna que se movia em resposta aos sinais cerebrais usando uma reinervação muscular dirigida. Como resultado, Zac Vawter conseguiu subir todos os 2.100 degraus da Torre Willis de Chicago em pouco mais de 53 minutos.

De acordo com Elon Musk, "Já somos ciborgues... Seu telefone e seu computador são extensões de você, mas a interface é através de movimentos dos dedos ou da fala, que são muito lentos" (citado em Ricker, 2016). Como podemos aumentar de forma considerável a velocidade de comunicação entre o cérebro e um dispositivo externo? Na opinião de Musk, isso poderia ser feito inserindo-se uma "microssonda neural" consistindo em um conjunto de eletrodos no cérebro através do crânio com uma pequena agulha. Em princípio, essa microssonda neural monitoraria a função cerebral e permitiria uma comunicação bidirecional entre o cérebro e um computador ou outro dispositivo.

Musk argumentou em 2016 que um sistema como o descrito no parágrafo anterior seria adotado dentro de quatro ou cinco anos. Esse tempo passou sem nenhum sinal da microssonda neural mágica.

Finalmente, precisamos considerar questões éticas levantadas pelo crescente número de ciborgues. De fundamental importância aqui é a motivação para inserir dispositivos tecnológicos nos seres humanos. Parece haver problemas morais muito maiores com a criação de ciborgues para produzir "super-humanos" do que com a criação deles para superar os prejuízos causados por deficiências ou doenças (Pelegrin-Borondo *et al.*, 2020).

ENGENHARIA GENÉTICA

Os humanos de hoje são a prova viva de que a evolução darwiniana pode ser muito eficaz na produção de espécies extremamente bem-adaptadas ao seu ambiente. No entanto, a evolução é muito lenta. Várias tentativas foram feitas para acelerar o processo evolutivo em humanos, sendo o mais notório o movimento eugênico iniciado por Sir Francis Galton e outros no final do século XIX. A ideia básica era que indivíduos com características hereditárias supostamente desejáveis deveriam ter mais filhos do que aqueles que não tinham tais características. Isso levou inexoravelmente às abominações da Alemanha nazista e ao total descrédito dessa abordagem.

Um dos exemplos mais famosos da engenharia genética foi uma coelha geneticamente modificada chamada Alba. O bioartista brasileiro Eduardo Kac colaborou com cientistas do National Institute of Agronomic Research, na França. Alba foi criada implantando-se o gene da proteína fluorescente verde (GFP) de uma água-viva fluorescente verde no embrião de uma coelha branca. Ela parecia branca com olhos rosados em condições normais de iluminação. No entanto, uma fotografia de Alba vista ao redor do mundo mostrava-a em um brilhante tom de verde quando exposta à luz ultravioleta.

Eduardo Kac se identificou, de modo triunfante, como o primeiro artista transgênico. Porém, há uma reviravolta no relato. LouisMarie Houdebine, o cientista francês que projetou geneticamente Alba, disse que a fotografia era falsa. Ele aceitou que os olhos e ouvidos de Alba pareceriam azuis sob a luz ultravioleta. No entanto, a pele não pareceria verde, porque é tecido morto, não podendo expressar o gene. A posição de Houdebine é apoiada pelo biólogo molecular Reinhard Nestelbacher. Ele realizou pesquisas semelhantes usando camundongos com o gene GFP. Não encontrou nenhuma evidência de que o gene GFP tenha sido expresso no pelo dos ratos.

Apesar do ceticismo bem-informado sobre Alba, a engenharia genética eficaz é possível e tem um enorme potencial. Voltamo-nos agora a como a engenharia genética pode ser aplicada aos humanos. A edição de genes pode ser usada para inserir, excluir ou substituir material genético específico. Em 2018, por exemplo, vários pares de base do gene CCR5 foram excluídos para proteger bebês gêmeas da possível transmissão do HIV de seu pai HIV positivo. Várias questões morais foram levantadas em parte, mas não inteiramente, porque o risco de transmissão do HIV era aparentemente insignificante (Bionews.org.uk, 2018).

A engenharia genética em humanos toma muitas formas. Há uma distinção crucial entre a terapia genética (projetada para reverter deficiências genéticas) e o aprimoramento genético (projetado para aumentar as capacidades humanas acima das atuais) (Almeida & Diogo, 2020). As National Academies of Sciences and Medicine (2017) relataram muito mais apoio público à primeira (cura de doenças, por exemplo) do que à última (melhora da inteligência das crianças no útero). Entretanto, a linha divisória entre a terapia genética e o aprimoramento genético é confusa.

Há questões éticas muito sérias no que diz respeito ao aprimoramento genético, e as National Academies of Sciences and Medicine (2017) recomendaram que nenhum ensaio clínico nessa área seja permitido em um futuro próximo. Uma grande preocupação é que provavelmente não haveria consenso sobre quais formas de aprimoramento genético seriam desejáveis ou indesejáveis. Além disso, a sociedade poderia tornar-se menos acolhedora com aqueles cuja inteligência não tivesse sido geneticamente aprimorada. Por fim, seria muito discriminatório se apenas indivíduos ricos fossem capazes de melhorar a inteligência ou outras capacidades de sua família.

Há fortes objeções morais ao uso da engenharia genética para produzir humanos "superinteligentes" e preocupações sobre os humanos "brincarem de ser Deus". Entretanto, podemos pensar se tal engenharia seria viável se considerada moralmente aceitável. Um começo promissor é que sabemos, por meio de estudos com gêmeos, que os fatores genéticos representam aproximadamente 60% das diferenças individuais na inteligência na adolescência e na idade adulta (Malanchini *et al.*, 2020).

Fatores genéticos têm influências *diretas* e *indiretas* na inteligência de um indivíduo. Há influências indiretas porque a escolha do ambiente dos indivíduos é parcialmente determinada por fatores genéticos – aqueles com mais capacidade genética são mais propensos de escolher atividades que exigem esforço cognitivo do que aqueles com menos capacidade (como ler inúmeros livros, ingressar na universidade e ter uma carreira intelectual).

A maioria das pessoas subestima muito as complexidades envolvidas no aprimoramento da inteligência humana através da engenharia genética. Por exemplo, 75% dos americanos acreditam indevidamente que muitas formas de comportamento humano são controladas por genes únicos (Christensen *et al.*, 2010). Na verdade, uma importante "lei" da genética comportamental é que "um traço típico do comportamento humano está associado a muitas variantes genéticas, cada uma das quais representa uma porcentagem muito pequena da variabilidade comportamental" (Chabris *et al.*, 2015, p. 304).

Há pelo menos 1.016 genes diferentes envolvidos na inteligência humana (Savage *et al.*, 2018). Seria muito difícil manipular ou alterar centenas de genes. Mesmo que isso se mostrasse possível, a maioria das alterações teria apenas efeitos triviais na inteligência. Outra questão é que um gene alterado pode interagir de maneiras complexas (e contraproducentes) com outros genes envolvidos na inteligência.

CONCLUSÕES

Não é difícil encontrar especialistas que estão totalmente convencidos de que as interfaces cérebro-cérebro, as interfaces cérebro-máquinas e a engenharia genética transformarão totalmente as capacidades cognitivas e a inteligência humanas. Não concordamos com eles. Acreditamos firmemente que o cérebro humano é tão complexo e tão bem projetado que será muito difícil melhorar significativamente seu funcionamento de qualquer uma dessas maneiras ao longo dos próximos 20 ou 30 anos. No entanto, seria presunçoso especular de forma dogmática sobre o que poderia acontecer em uma escala de tempo mais longa.

COOPERAÇÃO ENTRE IA E HUMANOS

Um tema central deste livro é que os pontos fortes (e as limitações) da inteligência humana e da IA são muito diferentes. Por exemplo, a inteligência humana é flexível, prudente, imprecisa, empática e, às vezes, criativa, mas lenta e propensa a erros. Por sua vez, o processamento da IA é consistente, rápido e eficiente. Correndo o risco de simplificação excessiva, podemos argumentar que a IA se destaca em cômputos ou cálculos, os humanos se destacam na habilidade de julgamento (Smith, 2019).

As diferenças entre humanos e IA sugerem que pode haver enormes vantagens em combinar e integrar seus respectivos trunfos. Já existe uma excelente cooperação entre sistemas de IA e humanos em áreas como a tomada de decisões médicas (Capítulo 2) e atividades industriais, como a produção de automóveis (Capítulo 5). Talvez o melhor exemplo de colaboração entre humanos e IA seja o uso da internet. Os humanos fazem 3,5 bilhões de pesquisas no Google por dia ou 1,2 trilhão a cada ano. Estima-se que o Google armazene algo entre 10 e 15 Exabytes de dados. Em comparação, o número total de palavras faladas por todos os seres humanos ao longo de toda a nossa história corresponde a apenas cerca de 5 Exabytes de dados!

O objetivo final é criar inteligência híbrida: essa é uma forma de inteligência que combina inteligência humana e IA para produzir desempenho superior a ambos (Dellermann *et al.*, 2019). Um aspecto fundamental da inteligência híbrida é o aprendizado bidirecional: os sistemas de IA "aprendem" conosco e nós aprendemos com eles. Por exemplo, especialistas humanos aprenderam muito com o excelente desempenho do AlphaGo Zero no jogo de Go (Silver *et al.*, 2017).

Em suma, o foco principal deste livro foi comparar e contrastar o desempenho cognitivo dos seres humanos e da IA. O ponto de vista otimista (e com o qual concordamos) é que o futuro envolverá progresso baseado em humanos + IA, não humanos *versus* IA.

Referências

Abdullah, H., Warren, K., Bindschaedler, V., Papernot, N., & Traynor, P. (2020). SoK: The faults in our ASRs: An overview of attacks against automatic speech recognition and speaker identification systems. https://arxiv.org/abs/2007.06622.

Aberegg, S.K., Haponik, E.F., & Terry, P.B. (2005). Omission bias and decision making in pulmonary and critical care medicine. *Chest, 128,* 1497–1505.

Abrams, D., Wetherall, M., Cochrane, S., Hogg, M.A., & Turner, J.C. (1990). Knowing what to think by knowing who you are: Self-categorisation and the nature of norm formation, conformity and group polarisation. *British Journal of Social Psychology, 29,* 97–119.

Ackerman, R., & Thompson, V.A. (2017). Meta-reasoning: Monitoring and control of thinking and reasoning. *Trends in Cognitive Sciences, 21,* 607–617.

Adiwardana, D., Luong, M.T., So, D.R., Hall, J., Fiedel, N., Kulshreshtha, Y.A., et al. (2020). Towards a human-like open-domain chatbot. arXiv:2001.09977.

Aleksander, I. (2017). Partners of humans: A realistic assessment of the role of robots in the foreseeable future. *Journal of Information Technology, 32,* 1–9.

Alemzadeh, H., Raman, J., Leveson, N., Kalbarczyk, Z., & Ravishankar, K.I. (2016). Adverse events in robotic surgery: A retrospective study of 14 years of FDA data. *PLoS ONE, 11,* e0151470.

Allen, C., Varner, G., & Zinser, J. (2000). Prolegomena to any future artificial moral agent. *Journal of Experimental & Theoretical Artificial Intelligence, 12,* 251–261.

Almeida, A., & Diogo, R. (2020). Human enhancement genetic engineering and evolution. *Evolution, Medicine, and Public Health, 1,* 183–189.

Almog, J., & Zitrin, S. (2009). In M. Marshal & M. Oxley (eds), *Aspects of Explosive Detection* (pp. 47–48). Amsterdam: Elsevier.

Anderegg, W.R.L., Prall, J.W., Harold, J., & Schneider, S.H. (2010). Expert credibility in climate change. *Proceedings of the National Academy of Sciences, 107,* 12107–12109.

Angwin, J., Larson, J., Mattu, S., & Kirchner, L. (2016). Machine bias: There's software used across the country to predict future criminals. And it's biased against blacks. *ProPublica*, 23 May. www.propublica.org/article/machine-bias-risk-assessmentsin-criminal-sentencing

Appel, M., Izydorczyk, D., Weber, S., Mara, M., & Lishetzke, T. (2020). The uncanny of mind in a machine: Humanoid robots as tools, agents, and experiencers. *Computers in Human Behavior, 102*, 274–286.

Apperly, I.A., & Butterfill, S.A. (2009). Do humans have two systems to track beliefs and belief-like states? *Psychological Review, 116*, 953–970.

Arnold, T., & Scheutz, M. (2016). Against the moral Turing test: Accountable design and the moral reasoning of autonomous systems. *Ethics and Information Technology, 18*, 103–115.

Asaro, P. (2013). A body to kick, but still no soul to damn: Legal perspectives on robotics. In N.P. Lin, K. Abney, & G. Bekey (eds), *Robot Ethics: The Ethical and Social Implications of Robotics* (pp. 169–186). Cambridge, MA: MIT Press.

Asch, S.E. (1951). Effects of group pressure on the modification and distortion of judgements. In H. Guetzkow (ed.), *Groups, Leadership and Men* (pp. 177–190). Pittsburgh, PA: Carnegie.

Asch, S.E. (1955). Opinions and social pressure. *Scientific American, 193*, 31–35.

Asch, S.E. (1956). Studies of independence and conformity: A minority of one against a unanimous majority. *Psychological Monographs, 70*, 1–70 (Whole No. 416).

Austin, J.L. (1975). *How to Do Things with Words*. Oxford: Oxford University Press.

Awad, E., Dsouza, S., Kim, R., Schulz, J., Henrich, J., Shariff, A., & Bonnefon, J.-F. (2018). The moral machine experiment. *Nature, 563*, 59–78.

Baddeley, A.D. (2012). Working memory: Theories, models, and controversies. *Annual Review of Psychology, 63*, 1–29.

Baddeley, A.D., & Hitch, G.J. (1974). Working memory. In G.H. Bower (ed), *Recent Advances in Learning and Motivation*, Vol. 8 (pp. 47–89). New York: Academic Press.

Badue, C., Guidolini, R., Carneiro, R.V., Azevedo, P., Cardoso, V.B., Forechi, A., et al. (2021). Self-driving cars: A survey. *Expert Systems with Applications, 165*, Article No. 113816.

Barbey, A.K. (2018). Network neuroscience theory of human intelligence. *Trends in Cognitive Science, 22*, 8–20.

Baron-Cohen, S., Leslie, A.M., & Frith, U. (1985). Does the autistic child have a "theory of mind"? *Cognition, 21*, 37–46.

Barron, G., & Leider, S. (2010). The role of experience in the gambler's fallacy. *Journal of Behavioral Decision Making, 23,* 117–129.

Bartneck, C. (2013). Robots in the theatre and the media. *Design and Semantics of Form and Movement,* 64–70. doi:10.13140/RG.2.2.28798.79682.

Bartsch, K., & Estes, D. (1996). Individual differences in children's developing theory of mind and implications for metacognition. *Learning and Individual Differences, 8,* 281–304.

Baumeister, R.F., Masicampo, E.J., & DeWall, C.N. (2009). Prosocial benefits of feeling free: Disbelief in free will increases aggression and reduces helpfulness. *Personality and Social Psychology Bulletin, 35,* 260–268.

Baumeister, R.F., & Vohs, K.D. (2018). Revisiting our reappraisal of the (surprisingly few) benefits of high self-esteem. *Perspectives on Psychological Science, 13,* 137–140.

Bender, E.M., & Koller, A. (2020). Climbing towards NLU: On meaning, form, and understanding in the Age of Data. *Proceedings of the 58th Annual Meeting of the Association for Computational Linguistics,* 5185–5198.

Benny, Y., Pekar, N., & Wolf, L. (2020). Scale-localised abstract reasoning. arXiv:2009.09405v1 [cs.AI].

Benoit, R.G., & Schacter, D. (2015). Specifying the core network supporting episodic simulations and episodic memory by activation likelihood estimation. *Neuropsychologia, 75,* 450–457.

Bentham, J. (1789). *An Introduction to the Principles of Morals and Legislation.* Oxford: Clarendon Press.

Beran, M.J. (2019). Animal metacognition: A decade of progress, problems, and the development of new prospects. *Animal Behavior and Cognition, 6,* 223–229.

Beran, M.J., Menzel, C.R., Parrish, A.E., Perdue, B.M., Sayers, J.D., & Washburn, D.A. (2016). Primate cognition: Attention, episodic memory, prospective memory, self-control, and metacognition as examples of cognitive control in non-human primates. *Wiley Interdisciplinary Reviews in Cognitive Science, 7,* 294–316.

Berkun, M.M., Bialek, H.M., Kern, R.P., & Yagi, K. (1962). Experimental studies of psychological stress in man. *Psychological Monographs,* 76(15), 1–39.

Bigman, Y.E., Waytz, A., Alterovitz, R., & Gray, K. (2019). Holding robots responsible: The elements of machine morality. *Trends in Cognitive Sciences, 23,* 365–368.

Binsted, L. (1996). *Machine Humour: An Implemented Model of Puns.* Ph.D. thesis, University of Edinburgh, UK.

Bionews.org.uk. (2018). First genome-edited babies: A very different perception of ethics. www.bionews.org.uk/page_140060

Bishop, T.M. (2021). Artificial intelligence is stupid and causal reasoning will not fix it. *Frontiers in Psychology, 11*, Article No. 513474.

Bisk, Y., Holtzman, A., Thomason, J., Andreas, J., Bengio, Y., Joyce Chai, J., et al. (2020a). Experience grounds language. arXiv preprint arXiv:2004.10151.

Bisk, Y., Zellers, R., Le Bras, R., Gao, J., & Choi, Y. (2020b). PIQA: Reasoning about physical commonsense in natural language. *Thirty-Fourth AAAI Conference on Artificial Intelligence*, 7–12 February, New York, NY, USA.

Boden, M.A. (1992). Understanding creativity. *Journal of Creative Behavior, 26*, 213–217.

Bond, R., & Smith, P.B. (1996). Culture and conformity: A meta-analysis of studies using Asch's (1952b, 1956) line judgement task. *Psychological Bulletin, 119*, 111–137.

Bonk, D., & Tamminen, K.A. (2021). Athletes' perspectives of preparation strategies in open-skill sports. *Journal of Applied Sport Psychology, 33*. https://doi.org/10.1080/10413200.2021.1875517.

Bonnefon, J.-F., Shariff, A., & Rahwan, I. (2016). The social dilemma of autonomous vehicles. *Science, 352*, 1573–1576.

Booch, G., Fabiano, F., Horesh, L., Kate, K., Lenchner, J., Linck, N. et al. (2020). Thinking fast and slow in AI. arXiv:2010.06002v1.

Booth, R.W., Sharma, D., & Leader, T.I. (2016). The age of anxiety? It depends where you look: Changes in STAI trait anxiety, 1970-2010. *Social Psychiatry and Psychiatric Epidemiology, 51*, 193–202.

Bor, D., & Seth, A.K. (2012). Consciousness and the prefrontal parietal network: Insights from attention, working memory, and chunking. *Frontiers in Psychology, 3*, Article No. 63.

Boratko, M., Li, X.L., O'Gorman, T., Das, R., Le, D., & McCallum, A. (2020). ProtoQA: A question answering dataset for prototypical common-sense reasoning. arXiv:2005.00771v3.

Bostrum, N. (2003). Ethical issues in advanced artificial intelligence. In I. Smit et al. (eds), *Cognitive, Emotive and Ethical Aspects of Decision Making in Humans and in Artificial Intelligence*, Vol. 2 (pp. 12–17). Tecumseh, ON: International Institute of Advanced Studies in Systems Research and Cybernetics.

Botella, M., Zenasni, F., & Lubart, T. (2018). What are the stages of the creative process? What visual art students are saying. *Frontiers in Psychology, 9*(2266), 1–28.

Bourdakos, N. (2017). Capsule networks are shaking up AI. *Hackernoon*, 9 November. https://hackernoon.com/capsule-networks-are-shaking-up-ai-heres-how-to-use-them-c233a0971952

Braga, A., & Logan, R.K. (2017). The emperor of strong AI has no clothes: Limits to artificial intelligence. *Information, 8*, Article No. 156.

Braga, A., & Logan, R.K. (2019). AI and the singularity: A fallacy or a great opportunity? *Information, 10*, Article No. 73.

Branas-Garza, P., Kujal, P., & Lenkei, B. (2019). Cognitive reflection test: Whom, how, when. *Journal of Behavioral and Experimental Economics, 82*, Article No. 101455.

Bräuer, J., Hanus, D., Pika, S., Gray, R., & Uomini, N. (2020). Old and new approaches to animal cognition: There is not "one cognition." *Journal of Intelligence, 8*, Article No. 28.

Bremner, J.G., Slater, A.M., & Johnson, S.P. (2015). Perception of object persistence: The origins of object permanence in infancy. *Child Development Perspectives, 9*, 7–13.

Bringsjord, S., & Licato, J. (2012). Psychometric artificial general intelligence: The Piaget-MacGuyver Room. In P. Wang & B. Goertzel (eds), *Theoretical Foundations of Artificial General Intelligence*. Atlantis Thinking Machines, Vol. 4. Paris: Atlantis Press.

Broadbent, D.E. (1971). *Decision and Stress*. London: Academic Press.

Brockman, J. (1998). Consciousness is a big suitcase: A talk with Marvin Minsky. *Edge*, 26 February, 1-28.

Brogaard, B., Chomanski, B., & Gatzia, D.E. (2020). Consciousness and information integration. *Synthese*. https://doi.org/10.1007/s11229-020-02613-3.

Brooks, R. (1986). *Flesh and Machines*. New York: Pantheon Books.

Brooks, R.A. (1991). Intelligence without representation. *Artificial intelligence, 47*, 139–159.

Brown, A.S., Caderao, K.C., Fields, L.M., & Marsh, E.J. (2015). Borrowing personal memories. *Applied Cognitive Psychology, 29*, 471–477.

Brown, K.F., Kroll, J.S., Hudson, M.J., Ramsay, M., Green, J., Vincent, C.A., et al. (2010). Omission bias and vaccine rejection by parents of healthy children: Implications for the influenza A/H1N1 vaccination programme. *Vaccine, 28*, 4181–4185.

Brown, N., & Sandholm, T. (2018). Superhuman AI for heads-up no-limit poker: Libratus beats top professionals. *Science, 359*, 418–424.

Brown, N., & Sandholm, T. (2019). Superhuman AI for multi-player poker. *Science, 365*, 885–890.

Brown, T.B., Mann, B., Ryder, N., Subbiah, M., Kaplan, J., Dhariwal, P., et al. (2020). Language models are few-shot learners. arXiv:2005.14165v4.

Brunoni, A.R., & Vanderhasselt, M.-A. (2014). Working memory improvement with non--invasive brain stimulation of the dorsolateral prefrontal cortex: A systematic review and meta-analysis. *Brain and Cognition, 86,* 1–9.

Buckner, C. (2013). Morgan's canon, meet Hume's dictum: Avoiding anthropofabulation in cross-species comparisons. *Biology & Philosophy, 28,* 853–871.

Buckner, C. (2019). The comparative psychology of artificial intelligences. Library Catalog: philsciarchive.pitt.edu.

Buckner, C. (2020). Black boxes or unflattering mirrors? Comparative bias in the science of machine behaviour. *The British Journal for the Philosophy of Science.* doi:10.1086/714960.

Bulley, A., & Schacter, D.L. (2020). Deliberating trade-offs with the future. *Nature Human Behaviour, 4,* 238–247.

Bullmore, E., & Sporns, O. (2012). The economy of brain network organisation. *Nature Reviews Neuroscience, 13,* 336–349.

Burdett, B.R.D., Charlton, S.G., & Starkey, N.J. (2018). Inside the commuting driver's wandering mind. *Transportation Research Part F, 57,* 59–74.

Burger, L., & Jara-Ettinger, J. (2020). *Mental Inference: Mind Perception as Bayesian Model Selection.* cogsci.yale.edu.

Caffrey, A.C. (2020). *The Impact of Machine Learning on the Norwegian Legal Industry.* Master's thesis, Nord University, Norway.

Cai, C.J., Reif, E., Hegde, N., Hipp, J., Kim, B., Smilkov, D., et al. (2019). Human-centred tools for coping with imperfect algorithms during medical decision-making. *CHI Proceedings of the 2019 CHI Conference on Human Factors in Computing Systems.* doi:10.1145/3290605.3300234.

Cai, Z.G., Gilbert, R.A., Davis, M.H., Gaskell, M.G., Farrar, L., & Adler, S. (2017). Accent modulates access to word meaning: Evidence for a speaker-model account of spoken word recognition. *Cognitive Psychology, 98,* 73–101.

Callaway, E. (2020). "It will change everything": DeepMind's AI makes gigantic leap in solving protein structures. *Nature News,* 30 November. www.nature.com/articles/d41586-020-03348-4

Calvillo, D.P., Swan, A.B., & Rutchick, A.M. (2020). Ideological belief bias with political syllogisms. *Thinking & Reasoning, 26,* 291–310.

Campbell, D.T. (1960). Blind variation and selective retention in creative thought as in other knowledge processes. *Psychological Review, 67,* 380–400.

Cane, J.E., Ferguson, H.J., & Apperly, I.A. (2018). Using perspective to resolve reference: The impact of cognitive load and motivation. *Journal of Experimental Psychology: Learning, Memory, and Cognition, 43*, 591–610.

Cann, H.W., & Raymond, L. (2018). Does climate denialism still matter? The prevalence of alternative frames in opposition to climate policy. *Environmental Politics, 27*, 433–454.

Caporael, L.R., & Heyes, C. (1997). Why anthropomorphise? Folk psychology and other stories. In R.W. Mitchell, N.S. Thompson, & H.L. Miles (eds), *Anthropomorphism, Anecdotes, and Animals* (pp. 59–73). Albany, NY: University of New York Press.

Carroll, J.B. (1993). *Human Cognitive Abilities: A Survey of Factor Analytic Studies*. New York: Cambridge University Press.

Carruthers, P., & Williams, D.M. (2019). Comparative metacognition. *Animal Behavior and Cognition, 6*, 278–288.

Cartmill, E.A., Beilock, S., & Goldin-Meadow, S. (2012). A word in the hand: Action, gesture and mental representation in humans and non-human primates. *Philosophical Transactions of the Royal Society B, 367*, 129–143.

Cattell, R.B. (1963). Theory of fluid and crystallised intelligence. *Journal of Educational Psychology, 54*, 1–22.

Cerullo, M.A. (2015). The problem with phi: A critique of integrated information theory. *PLoS: Computational Biology, 11*, e1004286.

Cervantes, J.-A., López, S., Rodriguez, L.-F., Cervantes, S., Cervantes, F., & Ramos, F. (2020). Artificial moral agents: A survey of the current status. *Science and Engineering Ethics, 26*, 501–532.

Chabris, C.F., Lee, J.J., Cesarini, D., Benjamin, D.J., & Laibson, D.I. (2015). The fourth law of behaviour genetics. *Current Directions in Psychological Science, 24*, 304–312.

Chalmers, D. (2010). The singularity: A philosophical analysis. *Journal of Consciousness Studies, 17*, 7–65.

Chamberlain, R., Mullin, C., Scheerlinck, B., & Wagemans, J. (2018). Putting the art in artificial: Aesthetic responses to computer-generated art. *Psychology of Aesthetics, Creativity, and the Arts, 12*, 177–192.

Charpentier, C.J., De Neve, J.-E., Li, X., Roiser, J.P., & Sharot, T. (2016). Models of affective decision making: How do feelings predict choice? *Psychological Science, 27*, 763–775.

Chater, N., & Christiansen, M.H. (2018). Language acquisition as skill learning. *Current Opinion in Behavioral Sciences, 21*, 205–208.

Cheek, N.N., & Schwartz, B. (2016). On the meaning and measurement of maximisation. *Judgment and Decision Making, 11*, 126–146.

Chen, Y., Yuan, X., Zhang, J., Zhao, Y., Zhang, S., Chen, K., et al. (2020). Devil's whisper: A general approach for physical adversarial attacks against commercial black-box speech recognition devices. *Proceedings of the 29th USENIX Security Symposium*, August 12–14, Boston, MA, USA, 2667–2684.

Chomsky, N. (1965). *Aspects of the Theory of Syntax*. Cambridge, MA: MIT Press.

Chomsky, N. (1980). *Rules and Representations*. Oxford: Basil Blackwell.

Christensen, K.D., Jayaratne, T., Roberts, J., Kardia, S., & Petty, E. (2010). Understandings of basic genetics in the United States: Results from a national survey of black and white men and women. *Public Health Genomics, 13*, 467–476.

Christiansen, M.H., & Chater, N. (2008). Language as shaped by the brain. *Behavioral and Brain Sciences, 31*, 489–558.

Clark, A.J. (2003). *Natural-Born Cyborgs: Minds, Technologies, and the Future of Human Intelligence*. New York: Oxford University Press.

Clark, D.D., & Sokoloff, L. (1999). Circulation and energy metabolism of the brain. In G.J. Siegel, B.W. Agranoff, R.W. Albers, S.K. Fisher, & M.D. Uhler (eds), *Basic Neurochemistry: Molecular, Cellular and Medical Aspects* (pp. 637–670). Philadelphia, PA: Lippincott.

Clayton, N.S. (2017). Episodic-like memory and mental time travel in animals. In J. Call, G.M. Burghardt, I M. Pepperberg, C.T. Snowdon, & T. Zentall (eds), *APA Handbook of Comparative Psychology: Perception, Learning, and Cognition* (pp. 227–243). Philadelphia, PA: Lippincott, Williams and Wilkins.

Clynes, M.E., & Kline, N. (1960). Cyborgs and space. *Astronautics*, 26–27 September, 74–75.

Cole, D. (2020). The Chinese room argument. *Stanford Encyclopaedia of Philosophy*. Palo Alto, CA: Stanford University.

Collin, G., Sporns, O., Mandl, R.C.W., & van den Heuvel, M.P. (2014). Structural and functional aspects relating to costs and benefit of rich club organisation in the human cerebral cortex. *Cerebral Cortex, 24*, 2258–2267.

Colman, A.M. (2015). *Oxford Dictionary of Psychology* (4th edn). Oxford: Oxford University Press.

Computer Shogi Association (2017). Results of the 27th world computer shogi championship. www2.computer-shogi.org/wcsc27/index_e.html

Copeland, B. (2004). *The Essential Turing—The Ideas That Gave Birth to the Computer Age*. Oxford: Clarendon Press.

Corbett-Davies, S., & and Goel, S. (2018). The measure and mismeasure of fairness: A critical review of fair machine learning. https://arxiv.org/abs/1808.00023.

Corbett-Davies, S., Pierson, E., Feller, A., Goel, S., & Aziz Huq, A. (2017). Algorithmic decision making and the cost of fairness. *Proceedings of the International Conference on Knowledge Discovery and Data Mining* pp. 797–806.

Cormier, D.C., Bulut, O., McGrew, K.S., & Frison, J. (2016). The role of Cattell-Horn-Carroll (CHC) cognitive abilities in predicting writing achievement during the school-age years. *Psychology in the Schools, 53*, 787–803.

Corneille, O., & Hütter, M. (2020). Implicit? What do you mean? A comprehensive review of the delusive implicitness construct in attitude research. *Personality and Social Psychology Review, 24*, 212–232.

Corner, A., Hahn, U., & Oaksford, M. (2011). The psychological mechanism of the slippery slope argument. *Journal of Memory and Language, 64*, 133–152.

Coulborn, S., Bowman, H., Miall, C., & Fernandez-Espejo, D. (2020). Effect of tDCS over the right inferior parietal lobule on mind-wandering propensity. *Frontiers In Human Neuroscience, 14*(230). doi: 10.3389/fnhum.2020.00230.

Cowan, N. (2005). *Working Memory Capacity*. Hove: Psychology Press.

Craycraft, N.N., & Brown-Schmidt, S. (2018). Compensating for an inattentive audience. *Cognitive Science, 42*, 1509–1528.

Crootof, R. (2019). "Cyborg justice" and the risk of technological-legal lock-in. *Columbia Law Review Forum, 119*, 233–251.

Crosby, M. (2020). Building thinking machines by solving animal cognition tasks. *Minds and Machines, 30*, 589–615.

Crosby, M., Beyret, B., Shanahan, M., Hernández-Orallo, J., Cheke, L., & Halina, M. (2020). The animal-AI testbed and competition. *Proceedings of Machine Learning Research, 123*, 164–176.

Cui, X.D., Zhang, W., Finkler, U., Saon, G., Picheny, M., & Kung, D. (2020). Distributed training of deep neural network acoustic models for automatic speech recognition: A comparison of current training strategies. *IEEE Signal Processing Magazine, 37*, 39–49.

Cunningham, W.A., Preacher, K.J., & Banaji, M.R. (2001). Implicit attitudes measures: Consistency, stability, and convergent validity. *Psychological Science, 12*, 163–170.

Cushman, F. (2020). Rationalisation is rational. *Behavioral and Brain Sciences, 43*(e28), 1–59.

Cuzzolin, F., Morelli, A., Cîrstea, B., & Sahakian, B.J. (2020). Knowing me, knowing you: Theory of mind in AI. *Psychological Medicine, 50*, 1057–1061.

Dale, R. (2018). Law and word order: NLP in legal tech. *Natural Language Engineering, 25,* 211–217.

Da Lio, Plebe, A., Bortoluzzi, D., Papini, G.P.R., & Dona, R. (2018). Autonomous vehicle architecture inspired by the neurocognition of human driving. *Proceedings of the 4th International Conference on Vehicle Technology and Intelligent Transport Systems (VEHITS 2018),* 507–513.

Danaher, J. (2016). Robots, law and the retribution gap. *Ethics and Information Technology, 18,* 299–309.

Darwin, C. (1859). *The Origin of Species.* London: Macmillan.

Darwin, C. (1871). *The Descent of Man* (2nd edn). New York: A.L. Burt.

Davis, E.S., & Marcus, G.F. (2020). Computational limits don't fully explain human cognitive limitations. *Behavioral and Brain Sciences, 43,* 21–22.

de Bode, S., Smets, L., Mathern, G.W., & Dubinsky, S. (2015). Complex syntax in the isolated right hemisphere: Receptive grammatical abilities after cerebral hemispherectomy. *Epilepsy & Behavior, 51,* 33–39.

Dehaene, S., Changeux, J.P., Naccache, L., Sackur, J., & Sergent, C. (2006). Conscious, preconscious, and subliminal processing: A testable taxonomy. *Trends in Cognitive Sciences, 10,* 204–211.

Dehaene, S., Lau, H., & Kouider, S. (2017). What is consciousness, and could machines have it? *Science, 358,* 486–492.

Dellermann, D., Ebel, P., Söllner, M., & Leimeister, J.M. (2019). Hybrid intelligence. *Business & Information Systems Engineering, 61,* 637–643.

Demertzi, A., Soddu, A., & Laureys, S. (2013). Consciousness supporting networks. *Current Opinion in Neurobiology, 23,* 239–244.

DeMiguel, V., Garlappi, L., & Budescu, D.V. (2009). Optimal versus naive diversification: How inefficient is the 1/N portfolio strategy? *Review of Financial Studies, 22,* 1915–1953.

Deutsch, M., & Gerrard, H.B. (1955). A study of normative and informational influence upon individual judgement. *Journal of Abnormal and Social Psychology, 51,* 629–636.

Devalla, S.K., Sripad, K., Liang, Z., Pham, T.H., Boote, C., Strouthidis, N.G., et al. (2020). Glaucoma management in the era of artificial intelligence. *British Journal of Ophthalmology, 104,* 301–311.

Devlin, J., Ming-Wei Chang, M.-W., & Toutanova, K. (2019). BERT: Pre-training of deep bi-directional transformers for language understanding. *Proceedings of the 2019 Conference of the North American Chapter of the Association for Computational Linguistics: Human Language Technologies, 1,* 4171–4186.

Deza, A., & Konkle, T. (2020). Emergent properties of foveated perceptual systems. arXiv:2006.07991.

Dismukes, R.K., & Nowinski, J.L. (2006). Prospective memory, concurrent task management, and pilot error. In A. Kramer, D. Wiegmann, & A. Kirlik (eds), *Attention: From Theory to Practice* (pp. 223–238). Oxford: Oxford University Press.

Dogramaci, S. (2020). What is the function of reasoning? On Mercier and Sperber's argumentative and justificatory theories. *Episteme*, 17(3), 316–330.

Dowsett, E., Semmler, C., Bray, H., Ankeny, R.A., & Chur-Hansen, A. (2018). Neutralising the meat paradox: Cognitive dissonance, gender, and eating animals. *Appetite*, 123, 280–288.

Dressel, J., & Farid, H. (2018). The accuracy, fairness, and limits of predicting recidivism. *Sciences Advances*, 4, Article No. Eaao5580.

Dror, I.E. (2020). Cognitive and human factors in expert decision making: Six fallacies and the eight sources of bias. *Analytical Chemistry*, 92, 7998–8004.

Dudokovic, N.M., Marsh, E.J., & Tversky, B. (2004). Telling a story or telling it straight: The effects of entertaining versus accurate retellings on memory. *Applied Cognitive Psychology*, 18, 125–143.

Dufner, M., Gebauer, J.E., Sedikides, C., & Denissen, J.J.A. (2019). Self-enhancement and psychological adjustment: A meta-analytic review. *Personality and Social Psychology Review*, 23, 48–72.

Du-Harpur, X., Watt, F.M., Luscombe, N.M., & Lynch, M.D. (2020). What is AI? Applications of artificial intelligence to dermatology. *British Journal of Dermatology*, 183, 423–430.

Dujmović, M., Malhotra, G., & Bowers, J.S. (2020). What do adversarial images tell us about human vision? *eLife*, 9, e55978.

Dunbar, R.I.M. (1998). The social brain hypothesis. *Evolutionary Anthropology*, 6, 178–190.

Dunbar, R.I.M., & Shultz, S. (2017). Evolution in the social brain. *Science*, 317, 1344–1347.

Duncan, J., Assem, M., & Shashidhara, S. (2020). Integrated intelligence from distributed brain activity. *Trends in Cognitive Sciences*, 24, 838–852.

Durisko, Z., Mulsant, B.H., & Andrews, P.W. (2015). An adaptationist perspective on the aetiology of depression. *Journal of Affective Disorders*, 172, 315–323.

Dutta, A. (2019). Cyborgs: Neuromuscular control of insects. *9th International IEEE EMBS Conference on Neural Engineering*, 20–23 March, San Francisco, CA, USA.

Echterhoff, G., & Higgins, E.T. (2018). Shared reality: Construct and mechanisms. *Current Opinion in Psychology, 23*, iv–vii.

Ehsan, U., Harrison, B., Chan, L., & Riedl, M.O. (2018). Rationalisation: A neural machine translation approach to generating natural language explanations. *Proceedings of the 2018 AAAI/ACM Conference on AI, Ethics, and Society*, 81–87.

Eil, D., & Lien, J.W. (2014). Staying ahead and getting even: Risk attitudes of experienced poker players. *Games and Economic Behavior, 87*, 50–69.

Einstein, G.O., & McDaniel, M.A. (2005). Prospective memory: Multiple retrieval processes. *Current Directions in Psychological Science, 14*, 286–290.

Elsayed, G.F., Shankar, S., Cheung, B., Papernot, N., Kurakin, A., Goodfellow, I., et al. (2018). Adversarial examples that fool both computer vision and time-limited humans. *Advances in Neural Information Processing Systems*, 3910–3920.

Enke, B., Gneezy, U., Hall, B., Martin, D., Nelidov, V., Offerman, T., & van de Ven, J. (2020). Cognitive biases: Mistakes or missing stakes? *CES Working Paper*, No. 8168.

Epley, N. (2018). A mind like mine: The exceptionally ordinary underpinnings of anthropomorphism. *Journal of the Association for Consumer Research, 3*, 591–598.

Epley, N., Waytz, A., & Cacioppo, J. T. (2007). On seeing human: A three-factor theory of anthropomorphism. Psychological Review, 114, 864–886.

Esteva, A., Kuprel, B., Novoa, R.A., Ko, J., Swetter, S.M., Blau, H.M., et al. (2017). Dermatologist-level classification of skin cancer with deep neural networks. *Nature, 542*, 115–118.

Evans, J.S.B.T., & Stanovich, K.E. (2013a). Dual-process theories of higher cognition: Advancing the debate. *Perspectives on Psychological Science, 8*, 223–241.

Evans, N., & Levinson, S. (2009). The myth of language universals: Language diversity and its importance for cognitive science. *Behavioral and Brain Sciences, 32*, 429–492.

Evans, S., McGettigan, C., Agnew, Z.K., Rosen, S., & Scott, S.K. (2016). Getting the cocktail party started: Masking effects in speech perception. *Journal of Cognitive Neuroscience, 28*, 483–500.

Everaert, J., Duyck, W., & Koster, E.H.W. (2014). Attention, interpretation, and memory biases in subclinical depression: A proof-of-principle test of the combined biases hypothesis. *Emotion, 14*, 331–340.

Eysenck, M.W. (1982). *Attention and Arousal: Cognition and Performance*. Berlin: Springer.

Eysenck, M.W. (2022). *Simply Psychology* (5th edn). Abingdon: Routledge.

Eysenck, M.W., & Derakshan, N. (2011). New perspectives in attentional control theory. *Personality and Individual Differences, 50*, 955–960.

Eysenck, M.W., Derakshan, N., Santos, R., & Calvo, M.G. (2007). Anxiety and cognitive performance: Attentional control theory. *Emotion, 7*, 336–353.

Eysenck, M.W., & Groome, D. (2020). Memory failure and its causes. In M.W. Eysenck & D. Groome (eds), *Forgetting: Explaining Memory Failure*. London: SAGE.

Eysenck, M.W., & Keane, M.T. (2020). *Cognitive Psychology: A Student's Handbook* (8th edn). Abingdon: Psychology Press.

Faes, L., Liu, X., Wagner, S.K., Fu, D.F., Balaskas, K., Sim, D.A., et al. (2020). A clinician's guide to artificial intelligence: How to critically appraise machine learning studies. *Translational Vision Science & Technology, 9*(2), Article No. 7.

Fan, D.-P., Ji, G.P., Sun, G., Cheng, M.-M., Shen, J., & Shao, L. (2020). Camouflaged object detection. *Proceedings of the IEEE/CVF Conference on Computer Vision and Pattern Recognition (CVPR)*, 2777–2787.

Farrar, B.G., & Ostojic´, L. (2019). The illusion of science in comparative cognition, 2 October. https://doi.org/10.31234/osf.io/hduyx.

Fawcett, J.M., & Hulbert, J.C. (2020). The many faces of forgetting: Toward a constructive view of forgetting in everyday life. *Journal of Applied Research in Memory and Cognition, 9*, 1–18.

Feinberg, T.E., & Mallatt, J.M. (2016). *The Ancient Origins of Consciousness: How the Brain Created Experience*. Cambridge, MA: MIT Press.

Fernbach, P.M., Light, N., Scott, S.E., Inbar, Y., & Rozin, P. (2019). Extreme opponents of genetically modified foods know the least but think they know the most. *Nature Human Behaviour, 3*, 251–256.

Ferreira, V.S. (2019). A mechanistic framework for explaining audience design in language production. *Annual Review of Psychology, 70*, 29–51.

Festinger, L., Riecken, H., & Schacter, S. (1956). *When Prophecy Fails: A Social and Psychological Study of a Modern Group That Predicted the Destruction of the World*. Minneapolis, MN: University of Minnesota Press.

Fildes, A., Charlton, J., Rudisill, C., Littlejohns, P., Prevost, A.T., & Gulliford, M.C. (2015). Probability of an obese person attaining normal body weight: Cohort study using electronic health records. *American Journal of Public Health, 105*, e54–e59.

Finlayson, S.G., Bowers, J.D., Ito, J., Zittreain, J.L., Beam, A.L., & Kohane, I.S. (2019). Adversarial attacks on medical machine learning. *Science, 363*, 1287–1289.

Firestone, C. (2020). Performance vs competence in human-machine comparisons. *Proceedings of the National Academy of Sciences, 117*, 26562–26571.

Firth, J.R. (1957). A synopsis of linguistic theory, 1930-1955. *Studies in Linguistic Analysis*. In F.R. Palmer (ed.) (1968), *Selected Papers of J.R. Firth 1951-1959*. London: Longman.

Fischer, L., & Läubl, S. (2020). What's the difference between professional human and machine translation? A blind multi-language study on domain-specific MT. arXiv:2006.04781v1 [cs.CL].

Fiske, S.T. (2010). *Social Beings: Core Motives in Social Psychology* (2nd edn). Hoboken, NJ: Wiley.

Fiske, S.T., & Taylor, S.E. (1991). *Social Cognition*. New York: McGraw-Hill.

Flynn, J.R. (1987). Massive IQ gains in 14 nations – What IQ really measures. *Psychological Bulletin, 101*, 171–191.

Formanowicz, M., Goldenberg, A., Saguyc, T., Pietraszkiewicza, A., Walkered, M., & Gross, J.J. (2018). Understanding dehumanisation: The role of agency and communion. *Journal of Experimental Social Psychology, 77*, 102–116.

Formos, P., & Ryan, M. (2020). Making moral machines: Why we need artificial moral agents. *AI & Society*. https://doi.org/10.1007/s00146-020-01089-6.

Fotuhi, O., Fong, G.T., Zanna, M.P., Borland, R., Yong, H.-H., & Cummings, L.M. (2013). Patterns of cognitive dissonance-reducing beliefs among smokers: A longitudinal analysis from the international tobacco control (ITC) four country survey. *Tobacco Control, 22*, 52–58.

Frederick, S. (2005). Cognitive reflection and decision making. *Journal of Economic Perspectives, 19*, 25–42.

Freed, E.M., Hamilton, S.T., & Long, D.L. (2017). Comprehension in proficient readers: The nature of individual variation. *Journal of Memory and Language, 97*, 135–153.

Freeman, J., & Simoncelli, E.P. (2011). Metamers of the ventral stream. *Nature Neuroscience, 14*, 1195–1201.

Friedman, N.P., & Miyake, A. (2017). Unity and diversity of executive functions: Individual differences as a window on cognitive structure. *Cortex, 86*, 186–204.

Funke, C.M., Borowski, J., Stosio, K., Brendel, W., Wallis, T.S.A., & Bethge, M. (2020). Five points to check when comparing visual perception in humans and machines. arXiv:2004.09406v2.

Gao, H., Wang, W., & Fan, Y. (2012). Divide and conquer: An efficient attack on Yahoo! CAPTCHA. *Proceedings of the 2012 IEEE 11th International Conference on Trust, Security and Privacy in Computing and Communication*, 9–16.

Garrett, B. (2011). *Convicting the Innocent: Where Criminal Prosecutions Go Wrong*. Cambridge, MA: Harvard University Press.

Garson, J. (2015). Connectionism. *Stanford Encyclopedia of Philosophy*. Stanford, CA: Stanford University.

Gibson, E., Tan, C., Futrell, R., Mahowald, K., Konieczny, L., Hemworth, B., & Fedorenko, E. (2017). Don't underestimate the benefits of being misunderstood. *Psychological Science, 28*, 703–712.

Gigerenzer, G. (2018). The bias bias in behavioral economics. *Review of Behavioral Economics, 5*, 303–336.

Gilbert, D.T. (2006). *Stumbling on Happiness*. New York: Alfred A. Knopf.

Glas, D.F., Minato, T., Ishi, C.T., Kawahara, T., & Ishiguro, H. (2016). ERICA: The ERATO intelligent conversational android. *25th IEEE International Symposium on Robot and Human Interactive Communication (RO-MAN)*, 26–31 August, Columbia University, NY, USA.

Gleick, J. (1992). *Genius: The Life and Science of Richard Feynman*. New York: Pantheon Books.

Glockner, M., Shwartz, V., & Goldberg, Y. (2018). Breaking NLI systems with sentences that require simple lexical inferences. arXiv:1805.02266v1.

Goel, S., Shroff, R., Skeem, J.L., & Slobogin, C. (2021). The accuracy, equity, and jurisprudence of criminal risk assessment. In R. Vogel (ed.), *Research Handbook on Big Data Law*. Cheltenham: Edward Elgar.

Goertzel, B., Iklé, M., & Wigmore, J. (2012). The architecture of human-like general intelligence. In P. Wang & B. Goertzel (eds), *Theoretical Foundations of Artificial General Intelligence*. Atlantis Thinking Machines, Vol. 4. Paris: Atlantis Press.

Gogoll, J., & Müller, J.F. (2017). Autonomous cars: In favour of a mandatory ethics. *Science and Engineering Ethics, 23*, 681–700.

Golumbic, E.Z., Cogan, G.B., Schroeder, C.E., & Poeppel, D. (2013). Visual input enhances selective speech envelope tracking in auditory cortex at a "cocktail party". *Journal of Neuroscience, 33*, 1417–1426.

Goodfellow, I., Pouget-Abadie, J., Mirza, M., Xu, B., Warde-Farley, D., Ozair, S., et al. (2014). Generative adversarial nets. *Advances in Neural Information Processing Systems* (pp. 2672–2680). Cambridge, MA: MIT Press.

Gopnik, A., O'Grady, S., Lucas, C.C., Griffiths, T.L., Wente, A., Bridgers, S., et al. (2017). Changes in cognitive flexibility and hypothesis search across human life history from childhood to adolescence to adulthood. *Proceedings of the National Academy of Sciences, 114*, 7892–7899.

Gordon, S., Todder, D., Deutsch, I., Garbi, D., Alkob, O., Shkedy-Rabani, A., et al. (2020). Effects of neurofeedback and working memory-combined training on executive functions in healthy young adults. *Psychological Research, 84*, 1586–1609.

Graber, M.L. (2013). The incidence of diagnostic error in medicine. *BMJ Quality & Safety, 22*, ii21–ii27.

Grace, K., Salvatier, J., Defoe, A., Zhang, B., & Evans, O. (2018). When will AI exceed human performance? Evidence from experts. *Journal of Artificial Intelligence Research, 62*, 729–754.

Graf, P. (2012). Prospective memory: Faulty brain, flaky person. *Canadian Psychology, 53*, 7–13.

Greene, J.D., Nystrom, L.E., Engell, A.D., Darley, J.M., & Cohen, J.D. (2004). The neural bases of cognitive conflict and control in moral judgement. *Neuron, 44*, 389–400.

Grice, H.P. (1975). Logic and conversation. In P. Cole & J.L. Morgan (eds), *Syntax and Semantics, III: Speech Acts* (pp. 41–58). New York: Academic Press.

Groome, D., Eysenck, M.W., & Law, R. (2020). Motivated forgetting: Forgetting what we want to forget. In M.W. Eysenck & D. Groome (eds), *Forgetting: Explaining Memory Failure* (pp. 147–167). London: SAGE.

Groopman, J. (2007). *How Doctors Think*. New York: Houghton Mifflin.

Grosz, B.J. (2018). Smart enough to talk with us? Foundations and challenges for dialogue-capable AI systems. *Computational Linguistics, 44*, 1–15.

Gruetzemacher, R., Paradice, D., & Bok, L.K. (2020). Forecasting extreme labour displacement: A survey of AI practitioners. *Technological Forecasting and Social Change, 161*, Article No. 120323.

Gu, R., Zhang, S.-X., Xu, Y., Chen, L., Zou, Y., & Yu, D. (2020). Multi-modal multi--channel target speech separation. *IEEE Journal of Selected Topics in Signal Processing, 14*, 530–541.

Guizzo, E., & Ackerman, E. (2015). The hard lessons of DARPA's robotics challenge. *IEEE Spectrum, 52*, 11–13.

Hahn, U., & Oaksford, M. (2014). *The Fallacies Explained*. Oxford: Oxford University Press.

Haigh, M., Wood, J.S., & Stewart, A.J. (2016). Slippery slope arguments imply opposition to change. *Memory & Cognition, 44*, 819–836.

Hampson, M., Ruis, S., & Ushiba, J. (2020). Neurofeedback. *NeuroImage, 218*, Article No. 116473.

Harley, T.A. (2010). *Talking the Talk: Language, Psychology and Science*. Hove: Psychology Press.

Hassin, R.R. (2013). Yes it can: On the functional abilities of the human unconscious. *Perspectives on Psychological Science, 8*, 195–207.

Hawkins, A.J. (2020). Waymo pulls back the curtain on 6.1 million miles of self-driving car data in Phoenix. *The Verge*, 30 October.

Hawley-Dolan, A., & Winner, E. (2011). Seeing the mind behind the art: People can distinguish abstract expressionist paintings from highly similar paintings by children, chimps, monkeys, and elephants. *Psychological Science, 22*, 435–441.

Heaven, D. (2019). Deep trouble for deep learning: Artificial-intelligence researchers are trying to fix the flaws of neural networks. *Nature, 574*, 163–166.

Heaven, W.D. (2020). OpenAI's new language generator GPT-3 is shockingly good—And completely mindless. *MIT Technology Review*, 29 July, 1–6. www.technologyreview.com/2020/07/20/1005454/openai-machine-learning-language-generator-gpt-3-nlp/

Heikkinen, H., Patja, K., & Jallinoja, P. (2010). Smokers' accounts on the health risks of smoking: Why is smoking not dangerous for me? *Social Science & Medicine, 71*, 877–883.

Hendrycks, D., Zhao, K., Basart, S., Steinhardt, J., & Song, D. (2021). Natural adversarial examples. arXiv:1907.07174v4 [cs.LG].

Henrich, J. (2016). *The Secret of Our Success: How Culture is Driving Human Evolution, Domesticating Our Species; And Making Us Smarter*. Princeton, NJ: Princeton University Press.

Henrich, J., & Muthukrishna, M. (2021). The origins and psychology of human co-operation. *Annual Review of Psychology, 72*, 207–240.

Herbranson, W.T., & Schroeder, J. (2010). Are birds smarter than mathematicians? Pigeons (*Columba livia*) perform optimally on a version of the Monty Hall Dilemma. *Journal of Comparative Psychology, 124*, 1–13.

Herculano-Houzel, S. (2012). The remarkable, yet not extraordinary, human brain as a scaled-up primate brain and its associated cost. *Proceedings of the National Academy of Sciences, 109* (Supplement 1), 10661–10668.

Hesselmann, G., & Moors, P. (2015). Definitely maybe: Can unconscious processes perform the same functions as conscious processes? *Frontiers in Psychology, 6*, Article No. 584.

Hildt, E. (2019). Multi-person brain-to-brain interfaces: Ethical issues. *Frontiers of Neuroscience, 13*, Article No. 1177.

Hockey, G.R.J. (1997). Compensatory control in the regulation of human performance under stress and high workload: A cognitive-energetical framework. *Biological Psychology, 45*, 73–93.

Hodges, B.H. (2014). Rethinking conformity and imitation: Divergence, convergence, and social understanding. *Frontiers in Psychology*, 5, Article No. 726.

Hofer, F., & Schwaninger, A. (2005). Using threat image projection data for assessing individual screeners performance. *WIT Transactions on the Built Environment*, 82, 417–426.

Hoffrage, U., Hafenbrädle, S., & Marewski, J.N. (2018). The fast-and-frugal heuristics programme. In L.J. Ball & V.A. Thompson (eds), *Routledge International Handbook of Thinking and Reasoning* (pp. 325–345). Abingdon: Routledge.

Hoffrage, U., Lindsey, S., Hertwig, R., & Gigerenzer, G. (2000). Communicating statistical information. *Science*, 290, 2261–2262.

Hofstadter, D.R. (2001): Analogy as the core of cognition. In D. Gentner, K.L., Holyoak, & B.N. Kokinov (eds), *The Analogical Mind: Perspectives from Cognitive Science* (pp. 499–538). Cambridge, MA: MIT Press/A Bradford Book.

Horowitz, M. (2019). When speed kills: Lethal autonomous weapon systems, deterrence and stability. *Journal of Strategic Studies*, 42, 764–788.

Horschler, D.J., MacLean, E.L., & Santos, L.R. (2020). Do non-human primates really represent others' beliefs? *Trends in Cognitive Sciences*, 24, 594–605.

Horton, W.S., & Gerrig, R.J. (2016). Revisiting the memory-based processing approach to common ground. *Topics in Cognitive Science*, 8, 780–795.

Huang, S.G., Yang, J., Fong, S., & Zhao, Q. (2020). Artificial intelligence in cancer diagnosis and prognosis: Opportunities and challenges. *Cancer Letters*, 471, 61–71.

Humberg, S., Dufner, M., Schönbrodt, F.D., Geukes, K., Hutteman, R., Küfner, A.C.P., et al. (2019). Is accurate, positive, or inflated self-perception most advantageous for psychological adjustment? A competitive test of key hypotheses. *Journal of Personality and Social Psychology*, 116, 835–859.

Huo, J., Herold, C., Gao, Y., Dahimann, L., Khadivi, S., & Ney, H. (2020). Diving deep into context-aware neural machine translation. arXiv:2010.09482v1 [cs.CL].

Ilyas, A., Santurkar, S., Tsipras, D., Engstrom, L., Tran, B., & Ma, A. (2019). Adversarial examples are not bugs, they are features. arXiv:1905.02175. *International Federation of Robotics (IFR)* World Robotics 2019 Edition.

James, W. (1890). *The Principles of Psychology*. New York: H. Holt and Company.

Janssen, E.M., Raoelison, M., & de Neys, W. (2020). "You're wrong!": The impact of accuracy feedback on the bat-and-ball problem. *Acta Psychologica*, 206, Article No. 103042.

Jara-Ettinger, J. (2019). Theory of mind as inverse reinforcement learning. *Current Opinion in Behavioral Sciences*, 29, 105–110.

Jaušovec, N. (2019). The neural code of intelligence: From correlation to causation. *Physics of Life Reviews, 31*, 171–187.

Jeffrey, K. (2015). In our image. In J. Brockman (ed), *What to Think About Machines that Think*. New York: Harper Perennial.

Jia, R., & Liang, P. (2017). Adversarial examples for evaluating reading comprehension systems. arXiv:1707.07328.

Jiang, L.X., Stocco, A., Losey, D.M., Abernethy, J.A., Prat, C.S., & Rao, R.P.N. (2019). BrainNet: A multi-person brain-to-brain interface for direct collaboration between brains. *Scientific Reports, 9*, Article No. 6115.

Jiang, Z., Xu, F.F., Arak, J., & Neubig, G. (2020). How can we know what language models know? *Transactions of the Association for Computational Linguistics, 8*, 423–438.

Kac, E. (2000). GFP Bunny. www.ekac.org/gfpbunny.html

Kahan, D.M., Peters, E., Wittlin, M., Slovic, P., Ouellette, L.L., & Braman, D. (2012). The polarising impact of science literacy and numeracy on perceived climate change risks. *Nature Climate Change, 2*, 732–735.

Kahneman, D. (2011). *Thinking, Fast and Slow*. New York: Farrar, Straus & Giroux.

Kahneman, D., & Tversky, A. (1979). Prospect theory: An analysis of decision under risk. *Econometrica, 47*, 263–291.

Kahneman, D., & Tversky, A. (1984). Choices, values and frames. *American Psychologist, 39*, 341–350.

Kalra, N., & Paddock, S.M. (2016). *Driving to Safety: How Many Miles of Driving Would it Take to Demonstrate Autonomous Vehicle Reliability?* Santa Monica, CA: RAND Corporation. www.rand.org/pubs/research_reports/RR1478.html

Karimi, H., & Ferreira, F. (2016). Good-enough linguistic representations and online cognitive equilibrium in language processing. *Quarterly Journal of Experimental Psychology, 69*, 1013–1040.

Kellogg, R.T., & Whiteford, A.P. (2012). The development of writing expertise. In E.L. Grigorenko, E. Mambrino, & D.D. Preiss (eds), *Writing: A Mosaic of New Perspectives* (pp. 109–124). Hove: Psychology Press.

Kelly, K. (1995). Singular visionary. *Wired*, 1 June. www.wired.com>article>magazine-3.06

Kemker, R., McClure, M., Abitino, A., Hayes, T., & Kanan, C. (2018). Measuring catastrophic forgetting in neural networks. *Proceedings of the AAAI Conference on Artificial Intelligence, 32*(1), 3390-3398.

Kidd, E., & Donnelly, S. (2020). Individual differences in first language acquisition. *Annual Review of Linguistics, 6*, 319–340.

King, J.-R., Sitt, J.D., Faugeras, F., Rohaut, B., El Karoui, I., Cohen, L., et al. (2013). Information sharing in the brain indexes consciousness in non-communicative patients. *Current Biology, 23*, 1914-1919.

Kitahara, C.M., Flint, M.J., de Gonzalez, A.B., Bernstein, L., Brotzman, M., MacInnis, R.J., et al. (2014). Association between class III obesity (BMI of 40-59 kg/m^2) and mortality: A pooled analysis of 20 prospective studies. *PLoS Medicine, 11*, e1001673.

Kleinberg, J., Lakkaraju, H., Leskovec, J., Ludwig, J., & Mullainathan, S. (2017). Human decisions and machine predictions. *Quarterly Journal of Economics, 133*, 237-293.

Kline, M.A., & Boyd, R. (2010). Population size predicts technological complexity in Oceania. *Proceedings of the Royal Society B, 277*, 2559-2564.

Köbis, N., & Mossink, L.D. (2020). Artificial intelligence versus Maya Angelou: Experimental evidence that people cannot differentiate AI-generated from human-written poetry. *Computers in Human Behavior, 114*, 106553.

Koch, C. (2018). Scientists are beginning to unravel a mystery that has long vexed philosophers. *Nature, 557*, 2-5.

Kocijan, V., Cret, A.-M., Camburu, O.-M., Yordanov, Y., & Lukasiewicz, T. (2019). A surprisingly robust trick for the Winograd Schema Challenge. arXiv:1905.06290v2.

Koleva, S.P., Graham, J., Iyer, R., Ditto, P.H., & Haidt, J. (2012). Tracing the threads: How five moral concerns (especially purity) help explain culture war attitudes. *Journal of Research in Personality, 46*, 184-194.

Konishi, M., & Smallwood, J. (2016). Shadowing the wandering mind: How understanding the mind-wandering state can inform our appreciation of conscious experience. *Wiley Interdisciplinary Reviews – Cognitive Science, 7*, 233-246.

Koopman, P., Kane, A., & Black, J. (2019). Credible autonomy safety argumentation. *27th Safety-Critical Systems Symposium, Safety-Critical Systems Club*, 5-7 February, Bristol.

Kovacs, K., & Conway, A.R.A. (2016). Process overlap theory: A unified account of the general factor of intelligence. *Psychological Inquiry, 27*, 151-177.

Kovacs, K., & Conway, A.R.A. (2019). A unified cognitive/differential approach to human intelligence: Implications for IQ testing. *Journal of Applied Research in Memory and Cognition, 8*, 255-272.

Krause, B., Dresler, M., Loo, C.Y., Sarka, A., & Kadosh, R.C. (2019). Neuroenhancement of high-level cognition: Evidence for homeostatic constraints of non-invasive brain stimulation. *Journal of Cognitive Enhancement, 3*, 388-395.

Krizhevsky, A., Sutskever, I., & Hinton, G.E. (2012). Imagenet classification with deep convolutional neural networks. *Proceedings of the 25th International Conference on Neural Information Processing Systems*, 1097–1105.

Kruger, J.M., & Dunning, D. (1999). Unskilled and unaware of it: How difficulties in recognising one's own incompetence lead to inflated self-assessments. *Journal of Personality and Social Psychology, 77*, 1121–1134.

Kurdi, B., Seitchik, A.E., Axt, J.R., Carroll, T.J., Karapetyan, A., Kaushik, N., et al. (2019). Relationship between the implicit association test and intergroup behaviour: A meta--analysis. *American Psychologist, 74*, 569–586.

Kurzweil, R. (2005). *The Singularity is Near: When Humans Transcend Biology*. New York: Vintage Books.

LaCurts, K. (2002). Criticisms of the Turing Test and why you should ignore (most of) them. Official blog of MIT's course: Philosophy and Theoretical Computer Science. https://people.csail.mit.edu/katrina/papers/6893.pdf

Laird, J.E., Lebiere, C., & Rosenbloom, P.S. (2017). A standard model of the mind: Toward a common computational framework across artificial intelligence, cognitive science, neuroscience, and robotics. *AI Magazine, 38*, 1–19.

Laland, K., & Seed, A. (2021). Understanding human cognitive uniqueness. *Annual Review of Psychology, 72*, 689–716.

Lamme, V.A.F. (2018). Challenges for theories of consciousness: Seeing or knowing, the missing ingredient and how to deal with panpsychism. *Philopsophical Transactions of the Royal Society B, 373*, Article No. 2017.0344.

Lammers, J., Crusius, J., & Gast, A. (2020). Correcting misperceptions of exponential coronavirus growth increases support for social distancing. *Proceedings of the National Academy of Sciences, 117*, 16264–16266.

LawGeex (2018). *Comparing the Performance of Artificial Intelligence to Human Lawyers in the Review of Standard Business Contracts*. February, 1–37. https://images.law.com/contrib/content/uploads/documents/397/5408/lawgeex.pdf

Lee, W.E., Wadsworth, M.E.J., & Hotop, M. (2006). The protective role of trait anxiety: A longitudinal cohort study. *Psychological Medicine, 36*, 345–351.

Lenat, D. (2019). What AI can learn from Romeo & Juliet. *Forbes*, 3 July. www.forbes.com>cognitiveworld>2019/07/03

Lents, N.H. (2018). *Human Errors: A Panorama of Our Glitches, from Pointless Bones to Broken Genes*. London: Weidenfeld & Nicolson.

Levine, M. (1971). Hypothesis theory and non-learning despite ideal S-R reinforcement contingencies. *Psychological Review, 78*, 130–140.

Levinson, J.D., Cai, H., & Young, D. (2010). Guilty by implicit racial bias: The guilty/Not guilty implicit association test. *Ohio State Journal of Criminal Law, 8*, 187–208.

Levinson, J.D., Smith, R.J., & Young, D.M. (2014). Devaluing death: An empirical study of implicit racial bias on jury-eligible citizens in six death penalty states. *New York University Law Review, 89*, 513–581.

Levis, J., & Barriuso, T.A. (2011). Non-native speakers' pronunciation errors in spoken and read English. *Proceedings of Pronunciation in Second Language Learning and Teaching, 3*, 187–194.

Liang, H., Tsui, B., Ni, H., Valentim, C.C.S., Baxter, S.L., Liu, G., et al. (2019). Evaluation and accurate diagnoses of pediatric diseases using artificial intelligence. *Nature Medicine, 25*, 433–438.

Lichtenstein, S., Slovic, P., Fischhoff, B., Layman, M., & Coombs, J. (1978). Judged frequency of lethal events. *Journal of Experimental Psychology: Human Learning and Memory, 4*, 551–578.

Lieder, F., & Griffiths, T.L. (2020). Resource-rational analysis: Understanding human cognition as the optimal use of limited computational resources. *Behavioral and Brain Sciences, 43*, 1–60.

Limpo, T., & Alves, R.A. (2018). Effects of planning strategies on writing dynamics and final texts. *Acta Psychologica, 188*, 97–109.

Lin, Z., Jung, J., Goel, S., & Skeem, J. (2020). The limits of human predictions of recidivism. *Science Advances, 6*, Article No. Eaaz0652.

Lindsey, S., Hertwig, R., & Gigerenzer, G. (2003). Communicating statistical DNA evidence. *Jurimetrics, 43*, 147–163.

Littrell, S., & Fugelsang, J. (2020). A bullshit blind spot? Dunning-Kruger effects in bullshit detection. *Society for Judgment and Decision Making* (poster). www.sjdm.org/presentations/2020-Poster-Littrell-Shane-BullshitDetect-DunningKruger-Blindspot.pdf

Littrell, S., Risko, E.F., & Fugelsang, J.A. (2021). "You can't bullshit a bullshitter" (or can you?): Bullshitting frequency predicts receptivity to various types of misleading information. *British Journal of Social Psychology 60*, 1484–1505.

Liu, F., Shi, Y., & Liu, Y. (2019). Intelligence quotient and intelligence grade of artificial intelligence. *Annals of Data Science, 4*, 179–191.

Liu, X., Faes, L., Kle, A.U., Wagner, S.K., Fu, D.J., Bruynseels, A., et al. (2019). A comparison of deep learning performance against health-care professionals in detecting diseases from medical imaging: A systematic review and meta-analysis. *Lancet Digital Health, 1*, e271–297.

Lobera, J., Rodriguez, C.J., & Torres-Albero, C. (2020). Privacy, values and machines: Predicting opposition to artificial intelligence. *Communication Studies, 71*, 448–465.

Lung, T., Jan, S., Tan, E.J., Killedar, A., & Hayes, A. (2019). Impact of overweight, obesity and severe obesity on life expectancy of Australian adults. *International Journal of Obesity, 43*, 782–789.

Luria, A.R. (1968). *The Mind of a Mnemonist*. New York: Basic Books.

Ma, W.J., & Woodford, M. (2020). Multiple conceptions of resource rationality. *Behavioral and Brain Sciences, 43*(e1), 30–31.

Ma, X., Niu, Y., Gu, L., Wang, Y., Zhao, Y., Bailey, J., et al. (2020). Understanding adversarial attacks on deep learning based medical image analysis systems. *Pattern Recognition, 110*, Article No. 107332.

MacCann, C., Jiang, Y.X., Brown, L.E.R., Double, K.S., Bucich, M., & Minbashian, A. (2020). Emotional intelligence predicts academic performance: A meta-analysis. *Psychological Bulletin, 146*, 150–186.

MacNeilage, P.F., Rogers, L.J., & Vallortigara, G. (2009). Evolutionary origins of your right and left brain. *Scientific American, 301*, 60–67.

Mackworth, N.H. (1948). The breakdown of vigilance during prolonged visual search. *Quarterly Journal of Experimental Psychology, 1*, 6–21.

Maetschke, S., Iraeola, D.M., Barnarda, P., Bavania, E.S., Zhonga, P., Xua, Y., et al. (2021). Understanding in artificial intelligence. arXiv:2101.06573v1.

Malanchini, M., Rimfeld, K., Allegrini, A.G., Ritchie, S.J., & Plomin, R. (2020). Cognitive ability and education: How behavioural genetic research has advanced our knowledge and understanding of their association. *Neuroscience and Biobehavioral Reviews, 111*, 229–245.

Malhotra, G., Evans, B.D., & Bowers, J.S. (2020). Hiding a plane with a pixel: Examining shape-bias in CNNs and the benefit of building in biological constraints. *Vision Research, 174*, 57–68.

Malle, B.F. (2020). Moral judgements. *Annual Review of Psychology, 72*, 293–318.

Malle, B.F., Magar, S.T., & Scheutz, M. (2019). AI in the sky: How people morally evaluate human and machine decisions in a lethal strike dilemma. In M.I.A. Ferreira, J.S.

Sequeira, G.S. Virk, & E.E. Kadar (eds), *Robotics and Well-Being* (pp. 111–133). Geneva: Springer Nature Switzerland

Malle, B.F., Scheutz, M., Arnold, T., Voiklis, J., & Cusimano, C. (2015). Sacrifice one for the good of many? People apply different moral norms to human and robot agents. *10th ACM/IEEE International Conference on Human-Robot Interaction (HRI)*, 2–5 March. Portland, OR, USA, 117–124.

Malle, B.F., Guglielmo, S., & Monroe, A.E. (2014). A theory of blame. *Psychological Inquiry, 25*, 147-186.

Mallpress, D.E.W., Fawcett, T.W., Houston, A.I., & McNamara, J.M. (2015). Risk attitudes in a changing environment: An evolutionary model of the fourfold pattern of risk preferences. *Psychological Bulletin, 122*, 364–375.

Malouff, J.M., Schutte, N.S., & Thorsteinsson, E.B. (2014). Trait emotional intelligence and romantic relationship satisfaction: A meta-analysis. *American Journal of Family Therapy, 42*, 53–66.

Mandelbaum, E. (2019). Troubles with Bayesianism: An introduction to the psychological immune system. *Mind & Language, 34*, 141–157.

Marcus, G. (2008). *Kluge: The Haphazard Evolution of the Human Mind*. Boston, MA: Houghton Mifflin.

Marcus, G. (2018). Deep learning: A critical appraisal. https://arxiv.org/abs/1312.6197.

Marcus, G. (2020). The next decade in AI: Four steps towards robust artificial intelligence. arXiv:2002.06177.

Marcus, G., & Davis, E. (2019). *Rebooting AI: Building Artificial Intelligence We Can Trust*. New York: Pantheon.

Marcus, G., & Davis, E. (2020). GPT-3, Bloviator: Open AI's language generator has no idea what it's talking about. *MIT Technology Review*, 8 August, 1–4. www.technologyreview.com

Marsh, A. (2018). Elektro the moto-man had the biggest brain at the 1939 World's Fair. *IEEE*, 28 September. https://spectrum.ieee.org>elektro-the-moto-man-had-the-biggest--brain-at-the-1939-world's-fair

Marsh, R.L., Hicks, J.L., & Landau, J.D. (1998). An investigation of everyday prospective memory. *Memory & Cognition, 26*, 633–643.

Marshall, A. (2017). My herky-jerky ride in General Motors' ultra cautious self-driving car. *Wired*, 29 November. www.wired.com/story/ride-general-motors-self-driving-car/

Massimini, M., Ferrarelli, F., Huber, R., Esser, S.K., Singh, H., & Tononi, G. (2005). Breakdown of cortical effective connectivity during sleep. *Science, 309*, 2228–2232.

Mathur, M.B., Reichling, D.B., Lunardini, F., Geminiani, A., Antonietti, A., Ruijten, P.A.M., et al. (2020). Uncanny but not confusing: Multi-site study of perceptual category confusion in the uncanny valley. *Computers in Human Behavior, 103*, 21–30.

Mazzone, M., & Elgammal, A. (2019). Art, creativity, and the potential of artificial intelligence. *Arts, 8*(26), 1–9.

McCarthy, J., Minsky, M., Rochester, N., & Shannon, C.E. (1955). A proposal for the Dartmouth summer research project on artificial intelligence. www.formal.stanford.edu/jmc/history/dartmouth/dartmouth.html

McCoy, R.T., Pavlick, E., & Linzen, T. (2019). Right for the wrong reasons: Diagnosing syntactic heuristics in natural language inference. *Proceedings of the 57th Annual Meeting of the Association for Computational Linguistics*, 3328–3448.

McDermott, D. (2007) Artificial intelligence and consciousness, in P. Zelazo, M. Moscovitch, & E. Thompson, E. (eds), *Cambridge Handbook of Consciousness* (pp. 117–150). Cambridge: Cambridge University Press.

McDermott, R., Fowler, J.H., & Smirnov, O. (2008). On the evolutionary origin of prospect theory preferences. *Journal of Politics, 70*, 335–350.

McGurk, H., & MacDonald, J. (1976). Hearing lips and seeing voices. *Nature, 264*, 746–748.

McKinney, S.M., Sieniek, M., Godbole, V., Godwin, J., Antropova, N., Ashrafian, H., et al. (2020). International evaluation of an AI system for breast cancer screening. *Nature, 577*, 89–113.

Mendel, R., Traut-Mattausch, E., Leucht, S., Kane, J.M., Maino, K., Kissling, W., et al. (2011). Why psychiatrists stick to wrong preliminary diagnoses. *Psychological Medicine, 41*, 2651–2659.

Mercier, H., & Sperber, D. (2017). *The Enigma of Reason*. Cambridge, MA: Harvard University Press.

Michotte, A. (1946/1963). *The Perception of Causality*. New York: Basic Books (translated by T. Miles & E. Miles; original work published 1946).

Mikhalevich, I., Powell, R., & Logan, C. (2017). Is behavioural flexibility evidence of cognitive complexity? How evolution can inform comparative cognition. *Interface Focus, 7*, Article No. 20160121.

Mikhaylovskiy, N. (2020). How do you test the strength of AI?. In B. Goertzel, A. Panov, A. Potapov, & R. Yampolskiy (eds), *Artificial General Intelligence. AGI 2020. Lecture Notes in Computer Science*, Vol. 12177. Springer, Cham.

Minsky, M. (1986). *The Society of Mind*. New York: Simon & Schuster.

Michie, D. (1973). Machines and the theory of intelligence. *Nature, 241,* 507–512.

Mitroff, S.R., & Biggs, A.T. (2014). The ultra-rare-item effect: Visual search for exceedingly rare items is highly susceptible to error. *Psychological Science, 25,* 284–289.

Monroe, A.E., Dillon, K.D., & Malle, B.F. (2014). Bringing free will down to Earth: People's psychological concept of free will and its role in moral judgement. *Consciousness and Cognition, 27,* 100–108.

Montoya, R.M., Horton, R.S., & Kirchner, J. (2008). Is actual similarity necessary for attraction? A meta-analysis of actual and perceived similarity. *Journal of Social and Personal Relationships, 25,* 889–922.

Moor, J.H. (2006). The nature, importance, and difficulty of machine ethics. *IEEE Intelligent Systems, 21,* 18–21.

Moore, G.E. (1965). Cramming more components onto integrated circuits. *Electronics, 38,* 114–117.

Moore, G.E. (2015). The man whose name means progress, the visionary engineer reflects on 50 years of Moore's Law. *IEEE Spectrum: Special Report*: 50 years of Moore's Law (interview with Rachel Courtland). *IEEE Spectrum*, 30 March. http://spectrum.ieee.org/computing/hardware/gordon-moore-the-man-whose-name-means-progress

Moors, A. (2016). Automaticity: Componential, causal, and mechanistic explanations. *Annual Review of Psychology, 67,* 263–287.

Moravec, H. (1988). *Mind Children*. Harvard, MA: Harvard University Press.

Moravčík, M., Schmid, M., Burch, N., Lisy, V., Morrill, D., Bard, N., et al. (2017). Deepstack: Expert-level artificial intelligence in heads-up no-limit poker. *Science, 356,* 508–513.

Morgan, C.L. (1903). *An Introduction to Comparative Psychology*. London: W. Scott.

Morgenroth, E., Saviola, F., Gilleen, J., Allen, B., Luhrs, M., Eysenck, M.W., & Allen, P. (2020). Using connectivity-based real-time fMRI neurofeedback to modulate attentional and resting state networks in people with high trait anxiety. *NeuroImage-Clinical, 25,* Article No. 102191.

Mori, M. (1970). The uncanny valley. *Energy, 7*(4), 33–35.

Morse, S.C. (2019). When robots make legal mistakes. *Oklahoma Law Review, 72,* 214–230.

Motta, M., Callaghan, T., & Sylvester, S. (2018). Knowing less but presuming more: Dunning-Kruger effects and the endorsement of anti-vaccine policy attitudes. *Social Science & Medicine, 211,* 274–281.

Mueller, S.T. (2020). Cognitive anthropomorphism of AI: How humans and computers classify images. *Ergonomics in Design: The Quarterly of Human Factors Applications, 28*(3), 12–19.

Müller, V.C. (2020). Ethics of artificial intelligence and robotics. *Stanford Encylopedia of Philosophy*. Palo Alto, CA: Stanford University.

Müller, V.C., & Bostrom, N. (2016), Future progress in artificial intelligence: A survey of expert opinion. In V.C. Müller (ed.), *Fundamental Issues of Artificial Intelligence* (pp. 553–571). Berlin: Springer.

Muthukrishna, M., Doebeli, M., Chudek, M., & Henrich, J. (2018). The cultural brain hypothesis: How culture drives brain expansion, sociality, and life history. *PLoS Computational Biology, 11*, e1006504.

Nachar, R.A., Inaty, E., Bonnin, P.J., & Alayli, Y. (2015). Breaking down captcha using edge corners and fuzzy logic segmentation/recognition technique. *Security and Communication Networks, 8*, 3995–4012.

Nairne, J.S. (2015). The three "Ws" of episodic memory: What, when, and where. *American Journal of Psychology, 128*, 267–279.

Nangia, N., & Bowman, S.R. (2019). Human vs muppet: A conservative estimate of human performance on the GLUE benchmark. *Proceedings of the Association of Computational Linguistics (ACL)*, 28 July–2 August, Florence, Italy, 4566–4575.

National Academies of Sciences and Medicine (2017). *Human Genome Editing: Science, Ethics, and Governance*. Washington, DC: National Academies Press.

National Center for Statistics and Analysis (2019). Alcohol-impaired driving: 2018 data. *(Traffic Safety Facts. Report No. DOT HS 812 864)*. Washington, D.C: National Highway Traffic Safety Administration.

Navarrete-Dechent, C., Dusza, S.W., Liopyris, K., Marghoob, A.A., Halpen, A.C., & Marchetti, M.A. (2018). Automated dermatological diagnosis: Hype or reality? *Journal of Investigative Dermatology, 138*, 2277–2279.

Nelson, B., Thompson, A., & Yung, A.R. (2012). Basic self-disturbance predicts psychosis onset in the ultra high risk for psychosis "prodromal" population. *Schizophrenia Bulletin, 38*, 1277–1287.

Newell, A., Shaw, J.C., & Simon, H.A. (1958). Elements of a theory of human problem solving. *Psychological Review, 65*, 151–166.

Ng, N.F., Schafer, R.J., Simone, C.M., & Osman, A.M. (2020). Perceptions of brain training: Public expectations of cognitive benefits from popular activities. *Frontiers of Human Neuroscience, 14*, Article No. 15.

Niiler, E. (2019). Can AI be a fair judge in court? Estonia thinks so. *Wired*, 25 March. www.wired.com/story/can-ai-be-fair-judge-court-estonia-thinks-so/

Nobandegani, A.S., da Silva, K., O'Donnell, T.J., & Shultz, T.R. (2019). On robustness: An undervalued dimension of human rationality. *Proceedings of the 17th International Conference on Modelling*, 19–22 July, Montreal, QC, Canada.

Norby, S. (2015). Why forget? On the adaptive value of memory loss. *Perspectives on Psychological Science, 10*, 551–578.

Norris, D., & Kinoshita, S. (2012). Reading through a noisy channel: Why there's nothing special about the perception of orthography. *Psychological Review, 119*, 517–545.

Novack, M.A., & Waxman, S. (2020). Becoming human: Human infants link language and cognition, but what about the other great apes? *Philosophical Transactions of the Royal Society B, 375*, Article No. 20180408.

Nurullah, A.S. (2015). Cell phone conversation while driving. In Z. Yan (ed.), *Encyclopaedia of Mobile Phone Behaviour*, Vol. III (pp. 1328–1339). Hershey, PA: IGI Global.

Nyholm, S. (2018). The ethics of crashes with self-driving cars: A roadmap, 1. *Philosophy Compass, 13*, Article No. e12507.

O'Boyle, E.H., Humphrey, R.H., Pollack, J.M., Hawver, T.H., & Story, P.A. (2011). The relation between emotional intelligence and job performance: A meta-analysis. *Journal of Organizational Behavior, 32*, 788–818.

Ogunleye, O.O., Mabiala, M., & Anderson, R. (2019). Accuracy of self-reported weight compared to measured BMI among rural middle school students in Michigan. *Journal of Public Health: From Theory to Practice, 27*, 603, 612.

Olah, C., Satyanarayan, A., Johnson, I., Carter, S., Schubert, L., Ye, K., et al. (2018). The building blocks of interpretability. *Distill, 3*, Article No. e10.

Onishi, K.H., & Baillargeon, R. (2005). Do 15-month-old infants understand false beliefs? *Science, 308*, 255–258.

O'Reilly, R.C., Wyatte, D., Herd, S., Mingus, B., & Jilk, D.J. (2013). Recurrent processing during object recognition. *Frontiers in Psychology, 4*, Article No. 124.

Orne, M.T. (1962). On the social psychology of the psychological experiment: With particular reference to demand characteristics and their implications. *American Psychologist, 17*, 776–783.

Pachet, F. (2002). Playing with virtual musicians: The Continuator in practice. *Journées d'Informatique Musicale*, May, 185–190.

Pais-Vieira, M., Chiuffa, G., Lebedev, M., Yada, A., & Nicolelis, M.A.L. (2015). Building an organic computing device with multiple interconnected brains. *Scientific Reports, 5*, Article No. 11869.

Palomäki, J., Laakasyi, M., Cowley, B.U., & Lapp, O. (2020). Poker as a domain of expertise. *Journal of Expertise, 3*, 603–612.

Papazova, I., Strube, W., Wienert, A., Henning, B., Schwippel, T., Fallgatter, A.J., et al. (2020). Effects of 1 mA and 2 mA transcranial direct current stimulation on working memory performance in healthy participants. *Consciousness and Cognition, 83*, Article No. 102959.

Parker, D.A., Summerfield, L.J., Walmsley, C., O'Byrne, R., Dave, H.P., & Crane, G. (2021). Trait emotional intelligence and interpersonal relationships: Results from a 15-year longitudinal study. *Personality and Individual Differences, 169*, Article No. 110013.

Parthasarathi, S.H.K., Sivakrishnan, N., Ladkat, P., & Strom, N. (2019). Realising petabyte scale acoustic modelling. *Journal on Emerging and Selected Topics in Circuits and Systems, 9*, 422–432.

Patrick, J.R. (1934a). Studies in rational behaviour and emotional excitement: I. Rational behaviour in human subjects. *Journal of Comparative Psychology, 18*, 1–22.

Patrick, J.R. (1934b). Studies in rational behaviour and emotional excitement: II. The effect of emotional excitement on rational behaviour in human subjects. *Journal of Comparative Psychology, 18*, 153–195.

Paxton, R., & Hampton, R.R. (2009). Tests of planning and the Bischof-Köhler hypothesis in rhesus monkeys (*Macaca mulatta*). *Behavior Processes, 80*, 238–246.

Pelegrin-Borondo, J., Arias-Oliva, M., Murata, K., & Souto-Romero, M. (2020). Does ethical judgement determine the decision to become a cyborg? Influence of ethical judgement on the cyborg market. *Journal of Business Ethics, 161*, 5–17.

Peng, P., Barnes, M., Wang, C., Wang, W., Li, S., & Swanson, H.L. (2018). A meta-analysis on the relation between reading and working memory. *Psychological Bulletin, 144*, 48–76.

Pennartz, C.M.A. (2018). Consciousness, representation, action: The importance of being goal-directed. *Trends in Cognitive Sciences, 22*, 137–153.

Pennartz, C.M.A., Farisco, M., & Evers, K. (2019). Indicators and criteria of consciousness in animals and intelligent machines: An inside-out approach. *Frontiers in Systems Neuroscience, 13*, Article No. 25.

Peretti-Watel, P., Constance, J., Guilbert, P., Gautier, A., Beck, F., & Moatti, J.-P. (2007). Smoking too few cigarettes to be at risk? Smokers' perceptions of risk and risk denial, a French survey. *Tobacco Control, 16*, 351–356.

Petrovic´, D., Mijailović, R., & Pešić, D. (2020). Traffic accidents with autonomous vehicles: Type of collisions, manoeuvres and errors of conventional vehicles' drivers. *Transportation Research Procedia, 45*, 161–168.

Pfungst, O. (1911). *Clever Hans (The Horse of Von Osten)* (translated by C.L. Rahm). New York: Henry Holt & Co.

Pinker, S. (1997). *How the Mind Works*. New York: W.W. Norton.

Plebe, A., & Grasso, G. (2019). The unbearable shallow understanding of deep learning. *Minds and Machines, 29*, 515–553.

Pope, D.G., & Schweitzer, M.E. (2011). Is Tiger Woods loss averse? Persistent bias in the face of experience, competition, and high stakes. *American Economic Review, 101*, 129–157.

Pope, J.W. (2014). False uniqueness effect. In K.D. Keith (ed), *The Encyclopedia of Cross-Cultural Psychology*. Oxford: Wiley Blackwell.

Pope, S.M., Meguerditchian, A., & Hopkins, W.D. (2015). Baboons (*Papio Papio*), but not humans, break cognitive set in a visuo-motor task. *Animal Cognition, 18*, 1339–1346.

Popel, M., Tomkova, M., Tomek, J., Kaiser, L., Uszkoreit, J., Bojar, O., et al. (2020). Transforming machine translation: A deep learning system reaches news translation quality comparable to human professionals. *Nature Communications, 11*, Article No. 4381.

Porot, N., & Mandelbaum, E. (2020). The science of belief: A progress report. *WIREs Cognitive Science, 11*, e1539, 1–17.

Posner, M.I., & Barbey, A.K. (2020). General intelligence in the age of neuroimaging. *Trends in Neuroscience and Education, 18*, Article No. 100126.

Proudfoot, D. (2011). Anthropomorphism and AI: Turing's much misunderstood imitation game. *Artificial Intelligence, 175*, 950–957.

Pulsifer, M.B., Brandt, J., Salorio, C.F., Vining, E.P.G., Carson, B.S., & Freeman, J.M. (2004). The cognitive outcome of hemispherectomy in 71 children. *Epilepsia, 45*, 243–254.

Puri, A. (2020). Moral imitation: Can an algorithm really be ethical? *Rutgers Law Record*. http://lawrecord.com/files/48_Rutgers_L_Rec_47.pdf

Rabinowitz, N., Perbet, F., Song, F., Zhang, C., Eslami, S.M.A., & Botvinick, M. (2018). Machine theory of mind. *Proceedings of the 35th International Conference on Machine Learning, 80*, 4218–4227.

Radford, A., Wu, J., Child, R., Luan, D., Arnold, D., & Sutskever, I. (2019). Language models are unsupervised multi-task learners. *OpenAI* blog, 14 February. https://openai.com/blog/better-language-models/

Raichle, M.E. (2010). Two views of brain function. *Trends in Cognitive Sciences*, 14, 180–190.

Raichle, M.E. (2015). The brain's default mode network. *Annual Review in Neuroscience*, 38, 433–447.

Ramnerö, J., Molander, O., Lindner, P., & Carlbring, P. (2019). What can be learned about gambling from a learning perspective? A narrative review. *Nordic Psychology*, 71, 303–322.

Raoult, A., & Yampolskiy, R. (2015). Reviewing tests for machine consciousness. www.researchgate.net/publication/284859013_DRAFT_Reviewing_Tests_for_Machine_Consciousness

Raven, J.C. (1936). *Mental Tests Used in Genetic Studies: The Performance of Related Individuals on Tests Mainly Educative and Mainly Reproductive*. M.Sc. thesis, University of London.

Reggia, J.A., Huang, D.-W., & Karz, G. (2015). Beliefs concerning the nature of consciousness. *Journal of Consciousness Studies*, 22, 146–171.

Regier, T., & Xu, Y. (2017). The Sapir-Whorf hypothesis and inference under uncertainty. *Wiley Interdisciplinary Reviews – Cognitive Science*, 8, Article No. UNSP e1440.

Remez, R.E., Ferro, D.F., Dubowski, K.R., Meer, J., Broder, R.S., & Davids, M.L. (2010). Is desynchrony tolerance adaptable in the perceptual organisation of speech? *Attention, Perception & Psychophysics*, 72, 2054–2058.

Ricci, M., Cadène, R., & Serre, T. (2021). Same-different conceptualisation: A machine vision perspective. *Current Opinion in Behavioral Sciences*, 37, 47–55.

Richards, B.A., & Frankland, P.W. (2017). The persistence and transience of memory. *Neuron*, 94, 1071–1084.

Richens, J.G., Lee, C.M., & Johri, S. (2020). Improving the accuracy of medical diagnosis with causal machine learning. *Nature Communications*, 11, Article No. 3923.

Richerson, P.J., & Boyd, R. (2005). *Not by Genes Alone: How Culture Transformed Human Evolution*. Chicago, IL: The University of Chicago Press.

Ricker, T. (2016). Elon Musk: We're already cyborgs. *The Verge*, 2 June. www.theverge.com/2016/6/2/11837854/neural-lace-cyborgs-elon-musk

Rindermann, H., Flores-Mendoza, C., & Mansur, M. (2010). Reciprocal effects between fluid and crystallized intelligence and their dependence on parents' socio-economic status and education. *Learning and Individual Differences*, 20, 544–548.

Rini, R. (2020). The digital zeitgeist ponders our obsolescence. *Daily Nous, Philosophers on GPT-3 (updated with replies by GPT-3)*, 30 July. https://dailynous.com/2020/07/30/philosophers-gpt-3/#rini

Ritchie, S.J., & Tucker-Drob, E.M. (2018). How much does education improve intelligence? A meta-analysis. *Psychological Science, 29*, 1358–1369.

Roberts, P., & Stewart, B.A. (2019). Defining the "generalist specialist" niche for pleistocene *Homo sapiens. Nature Human Behaviour, 2*, 542–550.

Robison, M.K., Miller, A.L., & Unsworth, N. (2020). A multi-faceted approach to understanding individual differences in mind-wandering. *Cognition, 198*, Article No. 104078.

Roff, H.M., & Danks, D. (2018). Trust but verify. *Journal of Military Ethics, 17*, 2–20.

Rogers, A., Kovaleva, O., & Rumshisky, A. (2020). A primer in BERTology: What we know about how BERT works. *Transactions of the Association for Computational Linguistics, 8*, 842–866.

Ross, L.D., Amabile, T.M., & Steinmetz, J.L. (1977). Social roles, social control, and biases in social-perception processes. *Journal of Personality and Social Psychology, 35*, 485–494.

Russakovsky, O., Deng, J., Su, H., Krause, J., Satheesh, S., Ma, S., et al. (2015). ImageNet large scale visual recognition challenge. *International Journal of Computer Vision, 115*, 211–252.

Rumelhart, D.E., & Ortony, A. (1977). The representation of knowledge in memory. In R.C. Anderson, R.J. Spiro, & W.E. Montague (eds), *Schooling and the Acquisition of Knowledge* (pp. 99–135). Hillsdale, NJ: Lawrence Erlbaum Associates.

Ryskin, R., Futrell, R., Kiran, S., & Gibson, E. (2018). Comprehenders model the nature of noise in the environment. *Cognition, 181*, 141–150.

Šabanović´, S., Bennett, C.C., & Lee, H.R. (2014). Towards culturally robust robots: A critical social perspective on robotics and culture. *Proceedings of the Workshop on Culturally Aware Robots. 9th International Conference on Human-Robot Interaction*, 3–6 March, Bielefeld, Germany.

Sakata, R., McGale, P., Grant, E.J., Ozasa, K., Peto, R., & Darby, S.C. (2012). Impact of smoking on mortality and life expectancy in Japanese smokers: A prospective cohort study. *BMJ, 345*, e7093.

Sala, G., & Gobet, F. (2017). Does far transfer exist? Negative evidence from chess, music, and working memory training. *Current Directions in Psychological Science, 26*, 515–520.

Sala, G., & Gobet, F. (2020). Cognitive and academic benefits of music training with children: A multi-level meta-analysis. *Memory & Cognition, 48*, 1429–1441.

Salles, A., Evers, K., & Farisco, M. (2020). Anthropomorphism in AI. *AJOB Neuroscience, 11*, 88–95.

Samhita, L., & Gross, H.J. (2013). The "Clever Hans Phenomenon" revisited. *Communicative & Integrative Biology*, 6, e27122.

Sanbonmatsu, D.M., Strayer, D.L., Biondi, F., Behrends, A.A., Ward, N., & Watson, J.M. (2016). Why drivers use cell phones and support legislation to restrict this practice. *Accident Analysis and Prevention*, 92, 22–33.

Sandberg, A. (2013) Feasibility of whole brain emulation. In V. Müller (ed), *Philosophy and Theory of Artificial Intelligence. Studies in Applied Philosophy, Epistemology and Rational Ethics*, Vol. 5 (pp. 251–264). Berlin: Springer.

Saon, G., Kurata, G., Sercu, T., Audhkhasi, K., Thomas, S., Dimitriadis, D., et al. (2017). English conversational telephone speech recognition by humans and machines. *Eighteenth Annual Conference of the International Speech Communication Association (Interspeech 2017), 20–24 August, Stockholm, Sweden; Vols 1–6: Situated Interaction*, 132–136.

Sauce, B., & Matzel, L.D. (2018). The paradox of intelligence: Heritability *and* malleability co-exist in hidden gene-environment interplay. *Psychological Bulletin*, 144, 26–47.

Savage, J.E., Jansen, P.R., Stringer, S., Watanabe, K., Bryois, J., de Leeuw, C.A., et al. (2018). Genome-wide association meta-analysis in 269,867 individuals identifies new genetic and functional links to intelligence. *Nature Genetics*, 50, 912–919.

Schacter, D.L., & Addis, D.R. (2007). The cognitive neuroscience of constructive memory: Remembering the past and imagining the future. *Philosophical Transactions of the Royal Society B: Biological Sciences*, 362, 773–786.

Schacter, D.L., & Madore, K.P. (2016). Remembering the past and imagining the future: Identifying and enhancing the contribution of episodic memory. *Memory Studies*, 9, 245–255.

Schild, C., Stern, J., Penke, L., & Zettler, I. (2020). Voice pitch - A valid indicator of one's unfaithfulness in committed relationships? *Adaptive Human Behavior and Physiology*. doi:10.1007/s40750-020-00154-0.

Schmidhuber, J. (2015). Deep learning in neural networks: An overview. *Neural Networks*, 61, 85–117.

Schnell, A.K., Amodio, P., Boeckle, M., & Clayton, N.S. (2021). How intelligent is a cephalopod? Lessons from comparative cognition. *Biological Reviews*, 96, 162–178.

Schönherr, L., Kohls, K., Zeiler, S., Holz, T., & Kolossa, D. (2018). Adversarial attacks against automatic speech recognition systems via psychoacoustic hiding. arXiv:1808.05665.

Schooler, J.W. (2002). Re-representing consciousness: Dissociations between experience and meta-consciousness. *Trends in Cognitive Science, 6*, 339–344.

Schooler, J.W., Reichle, E.D., & Halpern, D.V. (2005). Zoning-out during reading: Evidence for dissociations between experience and meta-consciousness. In D.T. Levin (ed), *Thinking and Seeing: Visual Meta-Cognition in Adults and Children* (pp. 204–226). Cambridge, MA: MIT Press.

Schrittwieser, J., Antonoglou, I., Hubert, T., Simonyan, K., Sifre, L., Schmitt, S., et al. (2020). Mastering Atari, Go, chess and shogi by planning with a learned model. *Nature, 388*, 604–609.

Schwark, J., Sandry, J., MacDonald, J., & Dolgov, I. (2012). False feedback increases detection of low-prevalence targets in visual search. *Attention, Perception & Psychophysics, 74*, 1583–1589.

Schwartz, B., Ward, A., Monterosso, J., Lyubormirsky, S., White, K., & Lehman, D.R. (2002). Maximising versus satisficing: Happiness is a matter of choice. *Journal of Personality and Social Psychology, 83*, 1178–1197.

Searle, J. (1980). Minds, brains and programs. *Behavioral and Brain Sciences, 3*, 417–457.

Searle, J. (2010). Why dualism (and materialism) fail to account for consciousness. In R.E. Lee (ed), *Questioning Nineteenth Century Assumptions about Knowledge (III: Dualism)*. New York: SUNY Press.

Searle, J.R. (2014). What your computer can't know. *The New York Review of Books*, 9 October, 1–7. www.nybooks.com/articles/2014/10/09/what-your-computer-cant-know

Serre, T., Oliva, A., & Poggio, T. (2007). A feedforward architecture accounts for rapid categorisation. *Proceedings of the National Academy of Sciences U.S.A., 104*, 6424–6429.

Shah, H., Warwick, K., Bland, I., Chapman, C.D., & Allen, M.J. (2012). Turing's Imitation game: Role of error-making in intelligent thought. *Turing in Context II*, 10–12 October, Brussels, 31–32.

Shah, S.S.H. (2019). The perils of AI for nuclear deterrence. *CISS Insight Journal, 7*, 1–16.

Shamma, S.A., Elhilali, M., & Micheyl, C. (2011). Temporal coherence and attention in auditory scene analysis. *Trends in Neurosciences, 34*, 114–123.

Shanahan, M., Crosby, M., Beyrer, B., & Clarke, L. (2020). Artificial intelligence and the common sense of animals. *Trends in Cognitive Sciences, 24*, 862–872.

Shank, D.B., & DeSanti, A. (2018). Attributions of morality and mind to artificial intelligence after real-world moral violations. *Computers in Human Behavior, 86*, 401–411.

Shank, D.B., DeSanti, A., & Maninger, T. (2019a). When are artificial intelligence versus human agents faulted for wrongdoing? Moral attributions after individual and joint decisions. *Information, Communication & Society, 22*, 648–663.

Shank, D.B., Graves, C., Gotta, A., Gamez, P., & Rodriguez, S. (2019b). Feeling our way to machine minds: People's emotions when perceiving mind in artificial intelligence. *Computers in Human Behavior, 98*, 256–266.

Shariff, A.F., Greene, J.D., Karremans, J.C., Luguri, J.B., Clark, C.J., Schooler, J.W., et al. (2014). Free will and punishment: A mechanistic view of human nature reduces retribution. *Psychological Science, 25*, 1563–1570.

Sharkey, N. (2012). The inevitability of autonomous robot warfare. *International Review of the Red Cross, 94*, 787–799.

Sharot, T. (2010). The optimism bias. *Current Biology, 21*, R941–R945

Sheetz, K.H., Claflin, J., & Dimick, J.B. (2020). Trends in the adoption of robotic surgery for common surgical procedures. *JAMA Network Open, 3*, e1918911.

Shereena, E.A., Gupta, R.K., Bennett, C.N., Sagar, K.J.V., & Rajeswaran, J. (2019). EEG neurofeedback training in children with attention deficit/hyperactivity disorder: A cognitive and behavioural outcome study. *Clinical EEG and Neuroscience, 50*, 242–255.

Shevlin, H. (2021). Rethinking creative intelligence: Comparative psychology and the concept of creativity. *European Journal for Philosophy of Science, 11*, Article No. 16.

Silver, D., Hubert, T., Schrittwieser, J., Antonoglkou, I., Lai, M., Lanctot, M., et al. (2018). A general reinforcement learning algorithm that masters chess, shogi, and go through self-play. *Science, 362*, 1140–1144.

Silver, D., Schrittwieser, J., Simonyan, K., Antonoglou, I., Huang, A., Guez, A., et al. (2017). Mastering the game of go without human knowledge. *Nature, 550*, 354–362.

Simon, H.A. (1957). *Models of Man: Social and Rational*. New York: Wiley.

Simon, H.A. (1960). *The New Science of Management Decision*. New York: Harper & Row.

Simon, H.A. (1990). Invariants of human behaviour. *Annual Review of Psychology, 41*, 1–19.

Simons, D.J., Boot, W.R., Charness, N., Gathercole, S.E., Chabris, C.F., Hambrick, D.Z., et al. (2016). Do "brain-training" programs work? *Psychological Science in the Public Interest, 17*, 103–186.

Simons, D.J., & Chabris, C.F. (2011). What people believe about how memory works: A representative survey of the US population. *PLoS ONE, 6*, Article No. e22757.

Simonson, I., & Staw, B.M. (1992). De-escalation strategies: A comparison of techniques for reducing commitment to losing courses of action. *Journal of Applied Psychology, 77*, 419–426.

Simonton, D.K. (2015). On praising convergent thinking: Creativity as blind variation and selective retention. *Creativity Research Journal, 27*, 262–270.

Singh, J.S. (2015). Critical reasons for crashes investigated in the national motor vehicle crash causation survey, Washington, DC, USA, Tech. Rep. DOT HS 812 115.

Skinner, B.F. (1938). *The Behaviour of Organisms: An Experimental Analysis.* New York: Appleton-Century-Crofts.

Skipper, J.I., Devlin, J.T., & Lametti, D.R. (2017). The hearing ear is always found close to the speaking tongue: Review of the role of the motor system in speech perception. *Brain & Language, 164*, 77–105.

Sloan, N.P., Byrne, L.K., Enticott, P.G., & Lum, J.A.G. (2021). Non-invasive brain stimulation does not improve working memory in schizophrenia: A meta-analysis of randomised controlled trials. *Neuropsychology Review, 31*, 115–138.

Smith, B.C. (2019). *The Promise of Artificial Intelligence: Reckoning and Judgement.* Cambridge, MA: MIT Press.

Society of Automotive Engineers (2016). Taxonomy and definitions for terms related to driving automation systems for on-road motor vehicles. *SAE Tech*, Paper J3016_201806.

Spearman, C. (1904). General intelligence, objectively determined and measured. *American Journal of Psychology, 15*, 201–293.

Spearman, C. (1927). *The Abilities of Man.* London: Macmillan.

Spille, C., & Meyer, B.T. (2014). Identifying the human-machine differences in complex binaural scenes: What can be learned from our auditory system. *15th Annual Conference of the International Speech Communication Association (Interspeech 2014)*, Singapore, 14–18 September; Vols 1–4, 626–630.

Spratley, S., Ehinger, K., & Miller, T. (2020). A closer look at generalisation in RAVEN. ecva.net.

Šprogar, M. (2018). A ladder to human-comparable intelligence: An empirical metric. *Journal of Experimental & Theoretical Artificial Intelligence, 30*, 1037-1050.

Staddon, J.E.R. (2014). *The New Behaviourism* (2nd edn). New York: Psychology Press.

Stango, V, & Zinman, J. (2009). Exponential growth bias and household finance. *Journal of Finance, 64*, 2807–2849.

Stanovich, K.E. (2018). Miserliness in human cognition: The interaction of detection, override and mindware. *Thinking & Reasoning, 24*, 423–444.

Stanovich, K.E., West, R.F., & Toplak, M.E. (2013). Myside bias, rational thinking, and intelligence. *Current Directions in Psychological Science, 22*, 259–264.

Staufenbiel, S.M., Brouwer, A.-M., Keizer, A.W., & van Wouwe, N.C. (2014). Effect of beta and gamma neurofeedback on memory and intelligence in the elderly. *Biological Psychology, 95*, 74–85.

Sternberg, R.J. (2019). A theory of adaptive intelligence and its relation to general intelligence. *Journal of Intelligence, 7*, Article No. 23.

Sternberg, R.J., & Powell, J.S. (1983). Comprehending verbal comprehension. *American Psychologist, 36*, 878–893.

Stramaccia, D.F., Meyer, A.-K., Rischer, K.M., Fawcett, J.M., & Benoit, R.G. (2020). Memory suppression and its deficiency in psychological disorders: A focused meta-analysis. *Journal of Experimental Psychology: General, 150*, 828-850.

Strayer, D.L., & Fisher, D.L. (2016). SPIDER: A framework for understanding driver distraction. *Human Factors, 58*, 5–12.

Süssenbach, P., Sarah Niemeier, S., & Glock, S. (2013). Effects of and attention to graphic warning labels on cigarette packages. *Psychology & Health, 28*, 1192–1206.

Symmonds, M., Emmanuel, J.J., Drew, M.E., Batterham, R.L., & Dolan, R.J. (2010). Metabolic state alters economic decision making under risk in humans. *PLoS ONE, 5*, e11090.

Szegedy, C., Zaremba, W., Sutskever, I., Bruna, J., Erhan, D., Goofellow, I., et al. (2014). Intriguing properties of neural networks. arXiv: 1312.6199v1.

Tajfel, H., & Turner, J.C. (1979). An integrative theory of intergroup conflict. In W.G. Austin & S. Worchel (eds), *The Social Psychology of Intergroup Relations* (pp. 33–47). Monterey, CA: Brooks/Cole.

Tan, K.H., & Lim, B.P. (2018). The artificial intelligence renaissance: Deep learning and the road to human-level machine intelligence. *APSIPA Transactions on Signal and Information Processing, 7*, e6.

Taub, G.E., & McGrew, K.S. (2014). The Woodcock–Johnson tests of cognitive abilities III's cognitive performance model. *Journal of Psychoeducational Assessment, 32*, 187–201.

Taylor, S.E., & Brown, J.D. (1988). Illusion and well-being: A social psychological perspective on mental health. *Psychological Bulletin, 103*, 193–210.

Tegmark, M. (2018). *Life 3.0: Being Human in the Age of Artificial Intelligence*. London: Penguin.

Tennie, C., Call, J., & Tomasello, M. (2009). Ratcheting up the ratchet: On the evolution of cumulative culture. *Proceedings of the Royal Society B, 364*, 2405–2415.

Tetlock, P.E. (2002). Social functionalist frameworks for judgment and choice: Intuitive politicians, theologians, and prosecutors. *Psychological Review, 109*, 451–471.

Thorndike, E.L., & Woodworth, R.S. (1901). The influence of improvement in one mental function upon the efficiency of other functions (i). *Psychological Review, 8*, 384–395.

Tian, Y., Pei, K., Jana, S., & Ray, B. (2018). DeepTest: Automated testing of deep-neural-network-driven autonomous cars. *Proceedings of the 40th International Conference on Software Engineering (ICSE)*, 303–314.

Todd, P.M., & Miller, G.F. (1999). From pride and prejudice to persuasion: Satisficing in mate search. In G. Gigerenzer, P.M. Todd, and the ABC Group (eds), *Simple Heuristics That Make Us Smart* (pp. 287–308). Oxford: Oxford University Press.

Tolstoy, L. (1897/1995). *What Is Art?* (translated by Richard Pevear and Larissa Volokhonsky). London: Penguin.

Tomasello, M. (1999). *The Cultural Origins of Human Cognition*. Cambridge, MA: Harvard University Press.

Tononi, G. (2008). Consciousness as integrated information: A provisional manifesto. *Biological Bulletin, 215*, 216–242.

Tononi, G., Boly, M., Massimini, M., & Koch, C. (2016). Integrated information theory: From consciousness to its physical substrate. *Nature Reviews Neuroscience, 17*, 450–461.

Tononi, G., & Koch, C. (2015). Consciousness: Here, there and everywhere? *Philosophical Transactions of the Royal Society B, 370*, 20140167.

Toral, A., & Way, A. (2018). What level of quality can neural machine translation attain on literary text? In J. Moorkens, S. Castilho, F. Gaspari, & S. Doherty (eds), *Translation Quality Assessment, Machine Translation: Technologies and Applications*, Vol. 1 (pp. 263–287). Berlin: Springer.

Trahan, L.H., Stuebing, K.K., Fletcher, J.M., & Hiscock, M. (2014). The flynn effect: A meta-analysis. *Psychological Bulletin, 140*, 1332–1360.

Trickett, S.B., & Trafton, J.G. (2007). "What if...?": The use of conceptual simulations in scientific reasoning. *Cognitive Science, 31*, 843–875.

Truesdale, K.P., & Stevens, J. (2008). Do the obese know they are obese? *North Carolina Medical Journal, 69*, 188–194.

Tsimenidis, S. (2020). Limitations of deep neural networks: A discussion of G. Marcus' critical appraisal of deep learning. arXiv:2012.15754 [cs.AI].

Turchin, A., & Denkenberger, D. (2020). Classification of global catastrophic risks connected with artificial intelligence. *AI & Society*, 35, 147–163.

Turing, A.M. (1937). On computable numbers, with an application to the Entscheidungsproblem. *Proceedings of the London Mathematical Society*, s2-42, 230–265.

Turing, A. (1992 [1948]). Intelligent machinery. Technical report, National Physical Laboratory, London. In D.C. Ince (ed.) *Collected Works of A.M. Turing: Mechanical Intelligence*. Amsterdam: Elsevier.

Turing, A.M. (1950). Computing machinery and intelligence. *Mind*, 40, 433–460.

Tversky, A., & Kahneman, D. (1974). Judgement under uncertainty: Heuristics and biases. *Science*, 185, 1124–1130.

Tversky, A., & Kahneman, D. (1983). Extensional versus intuitive reasoning: The conjunction fallacy in probability judgement. *Psychological Review*, 91, 293–315.

Tversky, A., & Shafir, E. (1992). The disjunction effect in choice under uncertainty. *Psychological Science*, 3, 305–309.

Twenge, J.M., & Im, C. (2007). Changes in the need for social approval, 1958-2001. *Journal of Research in Personality*, 41, 171–189.

United States Department of Health and Human Services (2014). *The Health Consequences of Smoking—50 Years of Progress. A Report of the Surgeon General.* Atlanta, GA: U.S. Department of Health and Human Services, Centers for Disease Control and Prevention, National Center for Chronic Disease Prevention and Health Promotion, Office on Smoking and Health.

Utrera, F., Kravitz, E., Erichson, N.B., Khanna, R., Mahoney, M.W., Van den Brink, D., et al. (2020). Adversarially-trained deep nets transfer better. arXiv:2007.05869v1.

Van Bavel, J.J., Reinero, D.A., Harris, E., Robertson, C.E., & Pärnamets, P. (2020). Breaking groupthink: Why scientific identity and norms mitigate ideological epistemology. *Psychological Inquiry*, 31, 66–72.

van den Berg, R., & Ma, W.J. (2018). A resource-rational theory of set size effects in human visual working memory. *ELife*, 7, e34963.

Van den Brink, D., Van Berkum, J.J.A., Bastiaansen, M.C.M., Tesink, C.M.J.Y., Kos, M., Buitelaar, J.K., et al. (2012). Empathy matters: ERP evidence for inter-individual differences in social language processing. *Social Cognitive and Affective Neuroscience*, 7, 173–183.

van der Linden, D., Pekaar, K.A., Bakker, A.B., Schermer, J.A., Vernon, P.A., Dunkel, C.S., et al. (2017). Overlap between the general factor of personality and emotional intelligence: A meta-analysis. *Psychological Bulletin, 43*, 36–52.

van der Woerdt, S., & Haselager, P. (2019). When robots appear to have a mind: The human perception of machine agency and responsibility. *New Ideas in Psychology, 54*, 93–100.

van Dyke, J.A., Johns, C.L., & Kukona, A. (2014). Low working memory capacity is only spuriously related to poor reading comprehension. *Cognition, 131*, 373–403.

Van Gerven, M., & Bohte, S. (2017). Editorial: Artificial neural networks as models of neural information processing. *Frontiers in Computational Neuroscience, 11*, Article No. 114.

Vanlancker-Sidtis, D. (2004). When only the right hemisphere is left: Studies in language and communication. *Brain and Language, 91*, 199–211.

van Schaik, C.P., & Burkart, J.M. (2011). Social learning and evolution: The cultural intelligence hypothesis. *Philosophical Transactions of the Royal Society B, 366*, 1008–1016.

Vanschoren, J. (2018). Meta-learning: A survey. http://arXiv.org/abs/arXiv:1810.03548.

van Wynsberghe, A., & Robbins, S. (2019). Critiquing the reasons for making artificial moral agents. *Science and Engineering Ethics, 25*, 719–735.

Vinge, V. (1993). The coming technological singularity: How to survive in the post-human era. In *Vision 21: Interdisciplinary Science and Engineering in the Era of Cyberspace*. (pp. 11–22). Cleveland, OH: National Aeronautics and Space Administration, Office of Management, Scientific and Technical Information Program.

von Frisch, K. (1967). *The Dance Language and Orientation of Bees*. Cambridge, MA: Harvard University Press.

Voss, P. (2016). On intelligence. *Medium*, 10 October. https://medium.com/@petervoss/on-intelligence-1714ef5693ef

Wagenaar, W.A., & Sagaria, S.D. (1975). Misperception of exponential growth. *Perception & Psychophysics, 18*, 416–422.

Walker, N.K., & Burkhardt, J.F. (1965). The combat effectiveness of various human operator controlled systems. *Proceedings of the 17th Military Operations Research Symposium*, 58–66.

Wallach, W.V., & Allen, C. (2009). *Moral Machines: Teaching Robots Right From Wrong*. OxfordSuperGLUE: A stickier benchmark for general-purpose language understanding systems. arXiv preprint 1905.00537.

Wang, A., Singh, A., Michael, J., Hill, F., Levy, O., & Bowman, S.R. (2019). GLUE: A multi-task benchmark and analysis platform for natural language understanding. *Proceedings of the 2018 EMNLP Workshop BlackboxNLP: Analysing and Interpreting Neural Networks for NLP* (pp. 353–355). Brussels: Association for Computational Linguistics. https://aclanthology.org/W18-54

Wang, J.X. (2021). Meta-learning in natural and artificial intelligence. *Current Opinion in Behavioral Sciences, 38*, 90–95.

Ward, T.B., & Sifonis, C.M. (1997). Task demands of generative thinking: What changes and what remains the same? *Journal of Creative Behavior, 31*, 245–259.

Ward, T.B., Smith, S.M., & Finke, R.A. (1995). *The Creative Cognition Approach*. Cambridge, MA: MIT Press.

Warnell, K.R., & Redcay, E. (2019). Minimal coherence among varied theory of mind measures in childhood and adulthood. *Cognition, 191*, Article No. 103997.

Warwick, K., & Shah, M. (2016). Can machines think? A report on Turing Test experiments at the Royal Society. *Journal of Experimental & Theoretical Artificial Intelligence, 28*, 989–1007.

Watson, D. (2019). The rhetoric and reality of anthropomorphism in artificial intelligence. *Minds and Machines, 29*, 417–440.

Watson, J.B. (1913). Psychology as the behaviourist sees it. *Psychological Review, 20*, 158–177.

Waytz, A., Heafner, J., & Epley, N. (2014). The mind in the machine: Anthropomorphism increases trust in an autonomous vehicle. *Journal of Experimental Social Psychology, 52*, 113–117.

Webb, T.W., & Graziano, M.S.A. (2015). The attention schema theory: A mechanistic account of subjective awareness. *Frontiers in Psychology, 6*, Article No. 500.

Wee, Y., Kuo, L.-Y., & Ngu, C.-Y. (2020). A systematic review of the true benefit of robotic surgery. *Ergonomics, 16*, e2113.

Wegner, D.M., & Gray, K. (2017). *The Mind Club: Who Thinks, What Feels, and Why it Matters*. London: Penguin.

Weiner, B. (1995). *Judgements of Responsibility: A Foundation for a Theory of Social Conduct*. New York: Guilford Press.

Weissenborn, D., Wiese, G., & Seiffe, L. (2017). Making neural QA as simple as possible but not simpler. *Proceedings of the 21st Conference on Computational Natural Language Learning (CoNLL)*, 271–280.

Wendel, W.B. (2019). The promise and limitations of artificial intelligence in the practice of law. *Okalahoma Law Review, 72*, 21–49.

Wheeler, G. (2018). Bounded rationality. *Stanford Encylopedia of Philosophy*. Palo Alto, CA: Stanford University.

Wild, C., Davis, M.H., & Johnsrude, J.S. (2012). The perceptual clarity of speech modulates activity in primary auditory cortex: fMRI evidence of interactive processes in speech perception. *NeuroImage, 60*, 1490–1502.

Wixted, J.T., & Wells, G.L. (2017). The relationship between eyewitness confidence and identification accuracy: A new synthesis. Psychological Science in the Public Interest, 18, 10-65.

Woollett, K., & Maguire, E.A. (2011). Acquiring "The Knowledge" of London's layout drives structural brain changes. *Current Biology, 21*, 2109–2114.

Xiong, W., Droppo, J., Huang, X., Seide, F., Seltzer, M., Stolcke, A., et al. (2017a). The Microsoft 2016 conversational speech recognition system. *2017 IEEE International Conference on Acoustics, Speech and Signal Processing (ICASSP)* 5–9 March, New Orleans, LA, USA, 5255–5259.

Xiong, W., Droppo, J., Huang, X.D., Seide, F., Seltzer, M.L., Stolcke, A., et al. (2017b). Toward human parity in conversational speech recognition. *IEEE-ACM Transactions on Audio Speech and Language Processing, 25*, 2410–2423.

Xiong, Wu, L., Alleva, F., Droppo, J., Huang, X., & Stolcke, A. (2018). The Microsoft 2017 conversational speech recognition system. *2018 IEEE International Conference on Acoustics, Speech and Signal Processing (ICASSP)*, Calgary, AB, Canada, 15–20 April, 5934–5938.

Xue, A. (2021). End-to-end Chinese landscape painting creation using generative adversarial networks. *Proceedings of the IEEE/CVF Winter Conference on Applications of Computer Vision (WACV)*, 3863–3871.

Yang, Z., Dai, Z., Yang, Y., Carbonell, J., Salakhutdinov, R., Quoc, V., & Le, Q.V. (2019). XLNet: Generalized autoregressive pretraining for language understanding. *Advances in Neural Information Processing Systems (NeurIPS), Vol. 32* (eds H. Wallach, H. Larochelle, A. Beygelzimer, F. d'Alché-Buc, F., E. Fox, & R. Garnett), 5754–5764.

Ye, J., Yeung, D.Y., Liu, E.S.C., & Rochelle, T.L. (2019). Sequential mediating effects of provided and received social support on trait emotional intelligence and subjective happiness: A longitudinal examination in Hong Kong Chinese University students. *International Journal of Psychology, 54*, 478–486.

Yin, D. & Kaiser, M. (2021). Understanding neural flexibility from a multi-faceted definition. NeuroImage, 235, 118027.

Yin, D., Liu, W., Zeljic, K., Wang, Z., Lv, Q., Fan, M., Cheng, W., et al. (2016). Dissociable changes of frontal and parietal cortices in inherent functional flexibility across the human life span. *Journal of Neuroscience, 36*, 10060–10074.

Yong, J.C., Li, N.P., & Kanazawa, S. (2021). Not so much rational but rationalising: Humans evolved as coherence-seeking, fiction-making animals. *American Psychologist*. doi:10.1037/amp0000674.

Yurtsever, E., Lambert, J., Carballo, A., & Takeda, K. (2020). A survey of autonomous driving: Common practices and emerging technologies. *IEEE Access, 8*. doi:10.1109/ACCESS.2020.2983149.

Zador, A.M. (2019). A critique of pure learning and what artificial neural networks can learn from animal brains. *Nature Communications, 10*, Article No. 3770.

Zamir, E., & Teichman, D. (2021). Mathematics, psychology, and law: The legal ramifications of the exponential growth bias.

Zamir, E. and Teichman, D. (2021). Mathematics, psychology, and law: The legal ramifications of the exponential growth bias. Hebrew University of Jerusalem Legal Research Paper No. 21-11, 14 March. https://ssrn.com/abstract=3804329.

Zell, E., Strickhouser, J.E., Sedikides, C., & Alicke, M.D. (2020). The better-than-average effect in comparative self-evaluation: A comprehensive review and meta-analysis. *Psychological Bulletin, 146*, 118–149.

Zhang, C., Gao, F., Jia, B., Zhu, Y., & Zhu, S.-C. (2019). RAVEN: A dataset for Relational and Analogical Visual rEasoNing. arXiv:1903.02741 [cs.CV].

Índice

A Origem das Espécies (Darwin), 2
abordagem de modelagem avançada, 78
Abrams, D., 167
Addis, D.R., 81
Adiwardana, D., 113, 116
agência moral e IA, 205-208
agentes morais, produzindo, 213-215
Aican (rede contraditória criativa), 130
ajuste para a audiência, 77-78
Alba, 292
Albert (um Bert leve), 39
Alexa, 10
Algoritmo de MuZero, 28, 135
algoritmos, 8-9
Al-Jazari, Ismail, 13
AlphaFold 2, 57
AlphaGo, 25-27
AlphaGo Zero, 27-28, 295
AlphaZero, 135
Alter, Harrison, 152
Alves, R.A., 110
animais vs. inteligência artificial, 121-126; habilidades cognitivas de, 123-124; inteligência vs. inteligência artificial, 121-126; testes de inteligência, 125-126
ansiedade, 182-183
antropocentrismo, 261-265
antropofabulação, 261-265
antropormorfismo, 235-240

antropomorfismo cognitivo, 236
Apocalipse, 279-280
Appel, M., 205
Apple, 45
aprendizado: profundo, 9-13, 240-241; transferência de, 147-149; e medicina, 51; e xadrez, 23
Arcade Learning Environment, 28
Argumento da Sala Chinesa, 212, 223
Aristóteles, 162
Arnold, T., 214
Asch, Solomon, 166-168
ataques de caixa branca, 106
ataques de caixa preta, 106
Atari, 27-29
atenção sustentada, 139-141
autoengano, 173-176
autoengrandecimento 169-170, 173-176
autoestima, 169-170
Automaton, 21
Avaliação Crítica para Previsão de Estrutura (Casp), 56-57
avaliação geral da compreensão da linguagem (Glue), 39, 218
avarentos cognitivos, 247-248
aversão à perda, 158-162
Awad, E., 184, 194

Baddeley, A.D. 74
Baidu, 102

Baumeister, R.F., 174, 209
Bentham, Jeremy, 193
Berra, Yogi, 269
Bert (do inglês *Bi-directional Encoder Representation from Transformers* – "representação de codificador bidirecional de transformadores"), 39-40, 108, 218, 225
Binsted, L., 127
boa e velha IA (GOFAI), 22, 97
Boden, M.A., 127
Bolt, Usain, 35
Bonnefon, J.-F., 193-194
Booch, G., 242
Booth, R.W., 180
Bostrum, N., 205
Botnik, 111
Boyd, R., 64, 246
Braga, A., 278
BrainNet, 287-288
Broadbent, 181
Brogaard, B., 233
Brooks, R., 96-97, 98
Brown, Joshua, 187
Buckner, C., 261, 264
Bullmore, E., 65-66
Burdett, B.R.D., 141
Burkhardt, J.F., 180
Byron De La Beckwith, 46

Cai, C.J., 54
Campbell, D.T., 179
capacidade de armazenamento de memória do cérebro humano, 68
capacidade limitada, limitações devido a, 138-151
Capek, Karel, 13
Captcha (do inglês *Completely Automated Turing test to tell Computers and Humans Apart* – "teste de Turing completamente automatizado para diferenciar computadores e humanos"), 95, 96
Cattell, R.B., 92
cérebro humano, 60-70; capacidade de armazenamento de memória, 68; ciborgues, 289-291; Conectoma, 65-68; e evolução, 60-63; engenharia genética, 291-294; flexibilidade, 68-70, 69; hipótese do cérebro cultural, 63-65; interfaces cérebro-cérebro, 287-289; interfaces cérebro-máquina, 289-291; memória de trabalho e controle de atenção, 74-75; orna-lo mais eficaz, 286-294; ressalvas e uma perspectiva mais ampla, 84-89; simulação episódica, 82; tamanho, 61; teoria da herança dupla, 63-65; teoria da mente, 83-84; vs. outras espécies, 70-89
Chabris, C.F, 81
Chalmers, D., 277
chatbots, 117-118
Chen, Y., 106
Chomsky, N., 75-77
Chou, Jimmy, 30
Chung-Jen Tan 3 Cleverbot, 113-114
ciborgues, 289-291
clube de ricos, 67
cobots (robôs colaborativos), 17-18
Cole, D., 224
Colman, Andrew, 5
Compas (*Correctional Offender Management Profiling for Alternative Sanctions*), 47-51
compreensão da linguagem"), 39
compreensão de textos e IA, 38-40
comunicação e linguagem, 64; e cérebro social, 63
Conectoma, 65-68
conformidade, 166-168

consciência, 71-74, 230-235; consciência externa, 72; consciência interna, 72; humano vs. Outras espécies, 73
conversa, 38
convolução, 11
Conway, A.R.A., 93
Cook, Alastair, 239
Cooperação entre IA e humanos, 294-295
Corbett-Davies, S., 50
Corner, A., 163
Cotton, Ronald, 146
Coulborn, S., 282
covid-19, 180, 255, 257, 275
crianças, 244-245
criatividade: arte, 128-133; limitações humanas, 178-180; sistemas de inteligência artificial vs. habilidades humanas, 126-134; tipos de, 127
criatividade combinatória, 127
criatividade exploratória, 127
criatividade transformacional, 127
Croskerry, Pat, 153-154
Cubbitt, 41
Cubo de Rubik, 19-20
Cunningham, W.A., 46

da Vinci, Leonardo, 14
Danks, D., 200
Darwin, Charles, 2, 72
Davis, E., 228
de IA, 102
Deep Blue, 3-4, *4*, 6, 22
Dehaene, S., 230
Demertzi, A., 71-72
depressão, 182-183
Desafio do Esquema de Winograd, 109-110
DeSanti, A., 206
desenvolvimento da IA: efeitos na sociedade, 278-280; grandes mudanças transformadoras, 270-276; mudanças não transformadoras, 276-277; pequenas mudanças transformadoras, 276-277
Devalla, S.K., 54
Discriminador, 129-130
Dismukes, R.K., 144
dissonância cognitiva, 176
DNA: vs. genes, 2; humano, 2; pseudogenes, 3
DNA-lixo, 2
Dressel, J., 48, 49
Dufner, M., 174
Dunbar, R.I.M., 62
Duncan, J., 93
Dutta, A., 289
Dyson, Sir James, 179

Edison, Thomas, 179
"efeito catraca", 65
efeito "dizer é acreditar", 143
Efeito Dunning-Kruger, 169
efeito Flynn, 149
Efeito McGurk, 105
efeitos do estresse, 180-182
Eil, D., 33, 159
Elektro (robô), 14, *15*
Elgammal, A., 130
Elias, Darren, 31
Elmo, 27
emoções negativas, 182-183; ansiedade e depressão, 182-183
emprego/carreiras: e inteligência artificial (IA), 44-58; profissão jurídica, 45-47
engenharia genética, 291-294
equipamento militar: sistemas de armas autônomas, 195-200; "robôs assassinos", 195-200
Erica (robô), 15-16, *17*
escorbuto, 3

espécie, florescimento, 243-244
espécie humana: Darwin sobre, 2; habilidade linguística, 35; Terra, 1-5
especificidade da tarefa, 222-223
esquecimento, 141-147
estados emocionais
estimulação cerebral não invasiva, 280-284
estimulação transcraniana por corrente contínua (tDCS), 281-284
Eugene Goostman (*chatbot*), 38, 115
Evers, Medgar, 46
Exterminador do Futuro 2, 195
Eysenck, M.W., 181, 284

falácia *ad hominem*, 164
Farid, H., 48, 49
fatores sociais e limitações humanas, 166-168
Fawcett, J.M., 145
Feinberg, T.E., 73
Ferguson, Chris, 31, 32
Ferreira, V.S., 78
Festinger, L., 175, 176
Feynman, Richard, 2
Fildes, 252
Fischer, L., 41
Fiske, S.T., 173
flexibilidade do cérebro humano, 68-70, 69
Formula Medicine, 141
Frankenstein (Shelley), 14
Frederick, S., 247
Fugaku, 138, 258

Galton, Sir Francis, 291
Garrett, B., 145
Gates, Bill, 5
Geminoid-DK, 14-15

genes: descrição, 2; humanos, 2; vs. DNA, 2
Gerador, 129
Gilbert, D.T., 176
Glue (do inglês *General Language Understanding Evaluation* – "avaliação geral da linguagem"), 39, 218
Go: inteligência artificial, 24-27; jogos complexos, 24-27
Goel, S., 50
GOFAI (boa e velha IA), 22, 97
Google, 39
Google Translate, 40
Gopnik, Alison, 245
Grace, K., 275, 279
grandes mudanças transformadoras, 270-276
Griffiths, T. L., 260
Gruetzemacher, R., 275
Guardian, 4
Guerra Civil Americana, 180

habilidade linguística: inteligência artificial, 35-44; cérebro humano, 75-77; compreensão de textos, 38-40; conversa, 38; e inteligência humana, 35; geração de texto, 42-44; reconhecimento de fala, 35-38; tradução, 40-42
habilidades interdependentes: pontos fortes dos humanos, 89-93; inteligência, 92-93
habilidades linguísticas e IA, 104; compreensão de textos, 107-110; e inteligência, 104-121; geração de textos, 110-112; habilidades linguísticas gerais, 112-113; limitações, 117-118; reconhecimento de fala, 104-107; Teste de Turing, 113-117; tradução, 119-120

Haigh, M., 164
Harris, Sam, 23
Hawking, Stephen, 279
Heaven, D., 229
Hefesto (Deus Grego), 13
Hemingway, Ernest, 192
Hendrycks, D., 219-220
Henrich, J., 64
Herzberg, Elaine, 187-188
hipótese Bischof-Köhler, 83
hipótese do cérebro cultural, 63-65
hipótese do cérebro social, 62-63
história evolutiva, 246-247
Hitch, G.J., 74
Hockey, G.R.J., 181
Hodges, B.H., 167
Hoffrage, U., 172
Hofstadter, Doug, 5
Homo habilis, 60
Homo sapiens, 60, 243
Horowitz, M. 196
Houdebine, Louis-Marie 292
Huang, S.G. 54
Hulbert, J.C. 145
humanos: crianças, 244-245; avarentos cognitivos, 247-248; consequências fatais, 250-253; espécies, florescimento de, 243-244; história evolutiva, 246-247; limitações, 246-257; matemática, 253-256; obesidade, 251-253; pontos fortes, 242-245; priorização entre múltiplas metas, 248-250; quão racionais são, 170-178; relação custo-benefício entre velocidade e exatidão, 247-248; tabagismo, 250-251; viés do crescimento exponencial, 253-256
Humberg, S., 174

identidade social, 172-173

imagens, classificação, 219-222
inteligência artificial (IA), 4-5; antropormorfismo, 235-240; aprendizado profundo, 9-13, 240-241; capacidade linguística, 35-44; carreiras de pessoas, 44-58; classificação de imagens, 219-222; conclusões, 229-230; conclusões gerais, 242; consciência, 230-235; criatividade, 127-133; definição, 5; desenvolvimento, 269-278; domínio, 19-59; e inteligência, 101; e medicina, 51-57; e responsabilidade moral, 211-213; especificidade da tarefa, 222-223; estimulação cerebral não invasiva, 280-284; facilitando a descoberta de drogas, 56-57; grandes mudanças transformadoras, 270-276; história de, 7-9; humanos respondendo a, 280-286; humanos, limitações de, 246-257; humanos, pontos fortes de, 242-245; inteligência artificial geral, 227-229; jogos complexos, 21-35; limitações, 218-241; limitações linguísticas, 223-227; (não) inteligência de, 95-136; *neurofeedback*, 284-286; pequenas mudanças não transformadoras, 276-277; percebida como moralmente responsável, 208-211; plausibilidade biológica, 6; pontos fortes, 216-218; racionalidade limitada, 259-261; redes neurais, 6-7; ter agência moral, 205-208; testes de inteligência, 125-126; Transformador Gerativo Pré-treinado 3 (GPT-3), 227-229; visão geral, 5-7; vs. inteligência animal, 121-126
inteligência: artificial geral, 100, 134-135, 227-229; alta e os humanos, 99; artificial estreita, 100; definição, 98-99;

e inteligência artificial, 101; estreita, 100; geral, 99-100; humana, 100; testes, 101-104
inteligência cultural, 62
inteligência de máquina de alto nível (HLMI – *high-level machine intelligence*), 275
inteligência ecológica, 61
inteligência emocional, 100
inteligência fluida, 93
inteligência humana, 100
inteligência social, 61
Intelligent Conversational Android, 15
interfaces cérebro-cérebro, 287-289
interfaces cérebro-máquina, 289-291
irracionalidade: limitações humanas, 164-170; limitações devido a, 152-164; propensão a, 164-170

Jape, 127
Jeffrey, K., 267
Jennings, Ken, 34
Jeopardy!, 33-35
Jia, R., 109
Jiang, Z., 287-288
jogos complexos: inteligência artificial, 21-35; Go, 24-27; *Jeopardy!*, 33-35; pôquer, 29-33; shogi e Atari, 27-29; xadrez, 21-24
Joyce, James, 119

Kac, Eduardo, 292
Kahneman, D., 152-153, 156-158
Kant, Immanuel, 193
Kardashian, Kim, 221-222
Kasparov, Garry, 3-4, 6, 21-22, 29
Keech, Marian, 175-176
Kellogg, R.T., 110
Kelly, Kevin, 274
Kim, Dong, 30

King, J.-R., 231
Kleinberg, J., 48
Kline, M.A., 64
Ko Ju-yeon, 26
Köbis, N., 42
Koch, C., 234
Konishi, M., 280
Koopman, P., 191
Kovacs, K., 93
Krause, B., 283
Krizhevsky, A. 11
Kurdi, B., 47
Kurzweil, Raio, 4-5

Laland, K., 81
Läubl, S., 41
LawGeex, 45
Lee Sedol, 27
Leela Chess Zero, 12, 23
Les, Jason, 30, 31
Levine, M., 150
Levinson, J.D., 47
Liang, P., 109
Libratus (IA) 30-31, 33
Lieder, F., 260
Lien, J.W., 33, 159
limitações humanas; ansiedade e depressão, 182-183; atenção sustentada, 139-141; autoengano e autoengrandecimento, 173-177; autoengrandecimento e autoestima, 169-170; aversão à perda, 158-162; conformidade, 166-168; criatividade, 178-180; devido a estados emocionais, 180-183; devido a limitações de capacidade, 138-151; devido a vieses cognitivos e "irracionalidade", 152-164; efeitos do estresse, 180-182; emoções negativas, 182-183; esquecimento, 141-147; fatores

sociais, 166-168; humanos racionais, 170-178; identidade social, 172-173; propensos a vieses e irracionalidade, 164-170; raciocínio lógico, 162-164; racionalidade limitada, 171-172; *set* mental, 149-151; transferência de aprendizado, 147-149; vieses cognitivos e irracionalidade, 156-157
limitações linguísticas: inteligência artificial, 223-227; questões gerais, 223-227
Limpo, T., 110
Lin, Z., 49
Lindsey, S., 156
linguagem: e comunicação, 64; flexibilidade e cérebro humano, 77-81; hipótese do cérebro cultural, 64
Liu, F., 101-102
Liu, X. 53 Logan, R.K. 278
Lovelace, Ada, 7
Lubat, Bernard, 128
Lung, T., 251

Maetschke, S., 239-240
Mallatt, J.M., 73
Malle, B.F., 199, 210
Manet, Édouard, 127
Marcus, G., 228, 240, 246
Markowitz, Harry, 157
Marsh, R.L., 145
Massimini, M., 233
matemática, 253-256
Mathur, M.B., 204
Matrizes Progressivas de Raven, 102-103
Mazzone, M., 130-131
McAulay, Daniel, 30
McCarthy, J., 7
McDermott, D., 230
McDermott, R., 161
McKinley, Evan, 153-154

medicina e inteligência artificial, 51-57; diagnóstico, 51-55; e aprendizado profundo, 51; facilitando a descoberta de drogas, 56-57; robôs cirúrgicos, 55-56
memória de trabalho, 74-75, 282
memória prospectiva, falhas, 145
metaconsciência, 72-73
Miller, G.F., 171
Minsky, M., 96
modelos de reconhecimento de fala, 36-37
Monet, Claude, 127
Moore, Gordon, 270
moralidade: robôs assassinos, 198-200; e robôs, 184-215
Moravec, Hans, 95
Morgenroth, E., 284
Mori, M., 203
Mossink, L.D., 42
mudanças não transformadoras, 276-277
Musk, Elon, 279, 291

Nachar, R.A., 96
Nairne, J.S., 81
National Academies of Sciences and Medicine, 293
National Institutes of Health, 65
Nestelbacher, Reinhard, 292
neurofeedback, 284-286
Newell, Allen, 6
Ng, N.F., 147
Nowinski, J.L., 144

O dia em que um computador escrever um romance, 111
obesidade, 251-253
Ogunleye, O.O., 252
Ortony, A. 80.
Oxford Dictionary of Psychology (Colman), 5

Pachet, F., 128
Pais-Vieira, M., 287
Paradoxo de Moravec, 95-98, 100
Patrick, JR, 180.
Pennartz, C.M.A., 72
pensamento convergente, 126
pensamento divergente, 126-127
pequenas mudanças transformadoras, 276-277
Pesquisa do Google, 10
Pfungst, Oskar, 224
Pinker, S., 71
Pluribus (IA), 31, 33
pontos fortes da IA: antropocentrismo e antropofabulação, 261-265; subestimando, 261-265
Pope, D.G., 160
Pope, J.W., 150
Popel, M., 41
pôquer e inteligência artificial, 29-33; jogos complexos, 29-33
predação, 63
princípio de controle de custos, 65
princípio de eficiência, 65
priorização entre múltiplos objetivos, 248-250
Projeto Conectoma Humano, 65-68
pseudogenes, 3

Quem quer ser um milionário, 160
questões éticas e veículos autônomos, 192-195

raciocínio lógico, 162-164
racionalidade limitada, 170-172, 259-261
Raichle, M.E., 67
RAND Corporation, 187
Realpolitik, 200

reconhecimento de fala, 35-38; automático, 36, 105-107; e ouvintes humanos, 105; segmentação, 36; Sistemas de IA, 104-107
redes neurais, 6-7; e aprendizado profundo, 10-11
relação custo-benefício entre velocidade e precisão, 247-248
Renoir, Auguste, 127
Retrato de Edmond de Belamy, 128-129, 129
Richens, J.G., 51
Richerby, David, 259
Richerson, P.J., 246
Ritchie, S.J., 149
RoBERTA, 39
robôs, 13-18, 200-213; e moralidade, 184-215; equipamento militar, 195-200; na produção de carros, 57-58; produzir agentes morais, 213-215; programação de, 205; robôs, 200-213; "robôs assassinos", 195-200; sistemas de armas autônomas, 195-200; tratamento, 202-204; veículos autônomos, 184-195
robôs assassinos, 195-200; conclusões, 200; questões morais, 198-200
robôs cirúrgicos, 55-56
Roff, H.M., 200
Rogers, Carl, 174
Rumelhart, D.E., 80
Russell, Bertrand, 169
Rutter, Brad, 34

Sagaria, S.D., 253-254
Samsung, 45
Sandberg, A., 271
Saon, G., 37
Schacter, D.L., 81

Schärfe, Henrik, 15, *16*
Scheutz, M., 214
Schooler, J.W., 71
Schrittwieser, J., 28
Schwark, J., 139
Schweitzer, M.E., 160
Searle, Jonn, 276-277
Seed, A., 81
segmentação, 36
Segunda Guerra Mundial, 139
Senhor dos Anéis, 203
set mental, 149-151
Shafir, E., 158
Shank, D.B., 206, 207
Shariff, A.F., 209
Shaw, John, 6
Sheetz, K.H., 55
Shelley, Mary, 14, 33
Shereshevskii, Solomon, 142
shogi, 27-29
Sifonis, C.M., 179
Silver, D., 27
Simon, Herb, 6, 7, 44, 170-171, 260
Simon, Herbert, 98
Simons, D.J., 81, 148
Simonson, I., 160
Simonton, D.K., 179
Siri, 10, 102
sistemas de armas autônomas, 195-200
sistemas de reconhecimento automático de fala, 36, 105-107
Smallwood, J., 280
Smily (Similar Medical Images Like Yours), 54-55
Smith, Brian Cantwell, 135
sociedade e avanços da IA, 278-280
Solucionador de Problemas Gerais, 5-6
Spearman, Charles, 92
Sporns, O., 65-66

Spratley, S., 103
Star Trek, 289
Star Wars, 289
Staw, B.M., 160
Stockfish, 27-28
Stramaccia, D.F., 143
Supercomputador Sunway TaihuLight, 20
supercomputadores, 20-21
SuperGlue, 108
SuperVision, 11-12

tabagismo, 250-251
Taiwan Ing Foundation, 24
Tegmark, 46, 259
teoria da dupla herança, 63-65
teoria da mente, 83-84
Teoria Geneplore, 178
Terra: domínio humano, 1-5; descobertas científicas sobre a importância de, 1
Teste da Sala Piaget-MacGuyver, 126
Teste de Associação Implícita, 47
Teste de Griess, 155
Teste de Reflexão Cognitiva, 247
Teste de Turing, 38, 113-117
testes de inteligência (testes de QI), 100
The Promise of Artificial Intelligence: Reckoning and Judgement (Smith), 135
Thompson, Jennifer, 146
Thorndike, E.L., 148
Todd, P.M., 171
Tononi, G., 234
Toral, A., 119
tradução automática neural, 41
tradução e IA, 40-42
transferência de aprendizagem, 147-149
transferência distante, 147
transferência próxima, 147
Transformador Gerativo Pré-treinado (GPT-3), 12, 42-44, 112-113, 227-229

trunfos humanos: cérebro humano, 60-70; habilidades interdependentes, 89-93; humanos vs. outras espécies, 70-89; subestimando, 265-267
Tsimenidis, S., 242
Tucker-Drob, E.M., 149
Turing, Alan, 7-8, 38, 236, 262, 271
Tversky, A., 152, 153, 156, 157, 158

Ulisses (Joyce), 119
usos jurídicos e IA, 45-47

Vanschoren, J., 218
veículos autônomos, 184-195; conclusões, 192; programação de, 190-19; questões éticas, 192-195; resultados, 187-190
veículos, autônomos, 184-195
Velsberg, Ott, 46
viés do crescimento exponencial, 253-256
vieses cognitivos, 152-164; e humanos irracionais, 156-157; limitações devido a, 152-164
vieses: cognitivo, 152-164; crescimento exponencial, 253-256; limitações humanas, 164-170; propensão a, 164-170

Vinge, Vernor, 273-274, 276
Vohs, K.D., 174
Voss, P., 99

Wagenaar, W.A., 253-254
Walker, N.K., 180
Wang, A., 39
Ward, T.B., 178
Watson (IA), 34-35
Watson, Thomas, 34
Way, A., 119
Weiner, B., 209
Whiteford, A.P., 110
Wikipédia, 34
Wittgenstein, Ludwig, 104
Woodworth, R.S., 148
Wozniak, Steve, 125-126

xadrez: inteligência artificial, 21-24; Automaton, 21; e aprendizado profundo, 23; jogos complexos, 21-24
Xiaofa (robô), 46
Xiong, W., 37

Yusheng Du, 19

Zador, A.M., 97
Zell, E., 169
Zhang, C., 103